MARGRET HUCKO | MARTIN NOÉ

BENKOS LUFTSCHLOSS

Bibliografische Information der Deutschen Nationalbibliothek
Die Deutsche Nationalbibliothek verzeichnet diese Publikation in der Deutschen Nationalbibliografie. Detaillierte bibliografische Daten sind im Internet über https://dnb.de abrufbar.

Für Fragen und Anregungen
info@m-vg.de

Wichtiger Hinweis
Ausschließlich zum Zweck der besseren Lesbarkeit wurde auf eine genderspezifische Schreibweise sowie eine Mehrfachbezeichnung verzichtet. Alle personenbezogenen Bezeichnungen sind somit geschlechtsneutral zu verstehen.

Originalausgabe
1. Auflage 2024

Türkenstraße 89
80799 München
Tel.: 089 651285-0

Redaktion: Dr. Daniel Bussenius, Susanne Beinvogl
Umschlaggestaltung: Pamela Machleidt
Umschlagabbildung: Peter Rigaud/laif
Satz: Daniel Förster
Druck: GGP Media GmbH, Pößneck
Printed in Germany

ISBN Print 978-3-95972-800-3
ISBN E-Book (PDF) 978-3-98609-561-1
ISBN E-Book (EPUB, Mobi) 978-3-98609-562-8

MARGRET HUCKO | MARTIN NOÉ

BENKOS LUFTSCHLOSS

Warum René Benkos Immobilienimperium zusammenbrach
und was dem Pleitier nun droht

FBV

Inhalt

EINLEITUNG

Wirtschaftsgeschichte hautnah – unsere Treffen mit René Benko

Unser erstes Treffen hat gleich alles, was René Benko und sein Unternehmen Signa ausmachen: den Wunsch, sich zu verstecken und gleichzeitig zu gefallen, Ambition bis zur Großmannssucht und Gier, über die sich österreichischer Charme wie eine Kaschmirdecke legt.

Der Eingang zur Schweizer Signa-Dependance in der Bärengasse 29 liegt unauffällig am Rande der Züricher Altstadt. Ein kleiner Privatlift fährt uns ferngesteuert nach oben, nachdem wir uns an der Klingel zu erkennen gegeben haben. Wir treten ein in eine andere Welt, mit tiefschwarzen, glänzenden Oberflächen, spektakulären Blumengestecken und einem Blick, der über den Zürichsee bis zu den Glarner Alpen reicht, die im November 2019 den ersten Schnee tragen.

Es riecht nach Blumen, einem sanften Parfum und, vor allem, nach Geld.

Der Herbst 2019 wird sich später als der Höhepunkt von René Benkos Aufstieg zum Eigentümer des größten privat geführten europäischen Immobilienkonzerns entpuppen, eines prächtig wachsenden Konglomerats aus herausragenden Gebäuden wie dem Chrysler Building, dem Berliner KaDeWe und bald auch dem Elbtower nebst Handelsgeschäften, die vom deutschen Karstadt und Kaufhof über die Schweizer Kette Globus bis hin zum Luxusgeschäft à la Oberpollinger oder Alsterhaus reichen. Von da an geht es erst unmerklich und am Ende ganz rasant bergab, bis zur Pleite und zu staatsanwaltlichen Ermittlungen, die durchaus in Gefängnisstrafen münden könnten.

Aber davon wissen weder wir noch René Benko zu diesem Zeitpunkt. Stattdessen herrscht bei der Signa allergrößte Zuversicht. Gerade hat Benko dem kanadischen Unternehmen Hudson's Bay die Kaufhof-Kette geschickt abgeluchst und damit einen seit Jahrzehnten herumgeisternden Traum aller Händler real werden lassen: eine einzige konkurrenzlose deutsche Warenhauskette, die Fusion von Karstadt und Kaufhof.

Benko überlässt seinem Handelsexperten Dieter Berninghaus weitgehend die Präsentation, mit der die beiden Geschichte schreiben wollen. Ja, klar, in den Häusern werde weiter Ware verkauft, von Kleidung bis zu Töpfen. Aber genauso Reisen und Finanzgeschäfte, das sei schließlich »keine Rocket Science«, sagt Benko. Natürlich werde es alles auch online geben. Und ja, die Parkhäuser in deutschen Innenstädten seien noch unterentwickelt, darum werde man sich auch kümmern. Außerdem, keine Frage, die Warenhäuser würden zu Logistikzentren für viele Lieferdienste.

»Man traut sich«, schrieben wir 2019 im *manager magazin*, »nicht weniger zu als das Comeback der Innenstädte.«

René Benko, ein rundlicher, kleiner Mann mit wachen braunen Augen, sitzt derweil auf der Ledercouch, ergänzt hin und wieder und wirkt seinen Gästen ganz zugewandt. Ein freundlicher Mensch, ein Mensch, dem andere Menschen schnell vertrauen: vor allem sehr reiche.

Als wir uns verabschieden, stellt Benko uns noch schnell Ernst Tanner vor, der gerade aus dem Fahrstuhl kommt: Einer der vermögendsten Schweizer, lange der hoch erfolgreiche Boss der Schokoladenmarke Lindt & Sprüngli und einer der prominentesten Akteure der Schweizer Wirtschaft. Auch Ernst Tanner vertraut Benko, er hat knapp 200 Millionen Franken in die Signa investiert. So wie viele andere reiche Unternehmer, von der Beraterlegende Roland Berger über den Spediteur Klaus-Michael Kühne bis hin zu Robert Peugeot, dem Autodynasten. So wie Versicherungen und Stiftungen und Pensionskassen ihre Millionen und Milliarden den scheinbar goldenen Händen des Gründers anvertrauen.

Nach diesem Spätnovembertag werden wir René Benko noch mehrmals treffen. Kaum ein Unternehmer bietet so viel Stoff für Geschichten wie er, spektakuläres Wachstum genauso wie später den Fall ins Bodenlose. Für das *manager magazin*, für das wir nach Stationen beim *Spiegel* und *Handelsblatt* seit vielen Jahren arbeiten, ist das heiße Ware – zumal sich sehr bald die Krisenfälle in seinem Reich häufen. Einmal ging ein Feueralarm während des Gesprächs los, ganz passend zur kritischen Situation im von Corona geprägten Jahr 2020, wie wir fanden. Ein andermal erklärte er uns im Interview, es sei »viel Inkompetenz, Polemik und Neid unterwegs«, als wir ihn mit den Risiken seines Geschäftsmodells im Oktober 2021 konfrontierten. Und bei unserem bisher letzten Treffen im Mai 2023 in seinem Heimatort Innsbruck, als die Banken schon kein Geld mehr gaben, erklärte er uns, wie er sein Geschäft wieder auf eine solide Basis stellen wolle.

Es kam anders. Die Pleite der Signa hat Geld ihrer Investoren vernichtet, auch das von Ernst Tanner, genauso wie Steuergelder von bald 1 Milliarde Euro. Gläubiger bleiben auf ihren Forderungen sitzen. Benko hat einige Kaufhausruinen in den Innenstädten hinterlassen und vor sich hin bröckelnde Rohbauten. Mit der Pleite wurden Tausende Mitarbeiter und Mitarbeiterinnen arbeitslos, und die deutsche Immobilienkrise vertiefte die Signa zu einem Abgrund.

René Benko hat Großes erschaffen und dann vieles davon wieder vernichtet. Auf der Strecke blieben solides Wirtschaften und Vertrauen in die Solidität des Immobiliengeschäfts. Auch wenn die betriebswirtschaftliche und juristische Aufarbeitung noch Jahre dauern wird und es als wahrscheinlich gilt, dass Benko sich vor Gericht wird verantworten müssen, so hat er das Luftschloss namens Signa doch nicht allein errichtet. Er fand bereitwillig Geldgeber, darunter vermögende Privatleute, Bankmanager und Versicherungsleute, Stiftungsmanager und arabische Scheichs. Benko lud auf seine Yacht »Roma« oder sein Anwesen hoch über dem Gardasee ein oder er flog schnell mit seinem Privatflugzeug nach Dubai oder Abu Dhabi, nach Hamburg oder Wien. Und all die Wirtschaftsexperten gaben ihm bereitwillig Kapital, anscheinend ohne dass sie sein Geschäftsmodell wirklich überprüften. Genauso wie Wirtschaftsprüfer und Immobiliengutachter ihre Rollen im Illusionstheater des österreichischen Unternehmers spielten. Auch die Gesetzgeber in Deutschland und Österreich, die Lücken ließen, durch die der findige Aufsteiger durchschlüpfte, tragen eine Teilschuld.

Letztlich könnte René Benko eine Roman- oder Filmfigur darstellen. Moderner als Thomas Manns Felix Krull, raffinierter und fleißiger auch. Ein Wolf of Wien, anders als ihn Leonardo DiCaprio als Banker an der Wall Street verkörperte, aber genauso hungrig. Einer, der mit seinem Charme und seinem Talent die Menschen becircte. Und sich dabei deren Gier und deren Angst vor einer verpassten Geschäftschance zunutze machte.

Dieses Buch handelt von Europas größter Immobilienpleite. Es erzählt, wie René Benko einen Palast aus Träumen erbaute, warum er wirklich einstürzte und was nun aus den Trümmern werden wird. Wer mag, kann es als Lehrstück lesen: Er lernt dabei viel über das Wesen des Kapitalismus und das seiner reichsten Vertreter.

KAPITEL 1

Aufstieg aus dem Nichts – der junge Mann wird zum Schillingmillionär

Immer wenn René nach Hause kam, sei es vom Klettern oder aus der Schule, hatte er, ohne es zu wissen, einen Meister vor Augen. Bog er ein in seine Straße im Innsbrucker Arbeiterviertel Pradl, dann stand da in großen Lettern der Name Gumpp. Nicht Forrest Gump, der freundliche Autist aus dem Kino, sondern Christoph Gumpp. Gumpp der Jüngere, das wissen vielleicht Historiker, war einer der Großen seiner Zunft, und das bereits in jungen Jahren. 1633 von Erzherzogin Claudia zum Hofbaumeister ernannt, errichtete er für das Land Tirol etwa die Mariahilfkirche am linken Ufer des Inn.

Vom barocken Prunk des Namensgebers seiner Wohnstraße bekam Benko wenig zu spüren. Pradl, der Stadtteil seiner Kindheit, war bekannt für pragmatischen Wohnungsbau. Viele Unterkünfte kamen selbst Ende der 1970er Jahre noch ohne eigene Toilette oder Badewanne aus. In diesem kleinbürgerlichen, bescheidenen Milieu wuchs René Benko auf, zusammen mit seiner vier Jahre jüngeren Schwester, als Sohn einer Kindergärtnerin und eines Angestellten bei den städtischen Gaswerken, der sein Gehalt mit Fahrradreparaturen aufbesserte.

Sein Sohn hingegen hegte größere Pläne: Schon in jungen Jahren hielt es René nicht am Boden. Als Jugendlicher trainierte er Sportklettern, sein damaliger Trainingsfreund Reini Scherer beschrieb ihn in der *Bild* als »Freigeist, ein Hippie, der jeden kannte. Er hat Rastalocken bis zum Popo gehabt.« Alte Schulbilder zeigen Benko mit langen Haaren, die Mädels standen auf ihn. Mit 14 Jahren schaffte es René zum Jugendstaatsmeister im Hallenklettern. Erstmalig ging es für ihn nach oben.

Benko, das war offensichtlich, wollte raus aus der Enge des Kleinbürgertums. Vier Jahre nach seinem sportlichen Erfolg zog er zu Hause aus. Die realen Kreisläufe des Geldes interessierten den Burschen mehr als John Maynard Keynes oder sonstiger Unterrichtsstoff, der in der Schule gelehrt wurde. Er glänzte durch Abwesenheit. Wenn er da war, bestach er durch Charme: »Er konnte was, hatte einen Schalk im Nacken, war aber nie frech, sondern charismatisch«, erinnerte sich seine Italienisch-Lehrerin in der *Bild*.

»Das ist wahrlich so, ich war im letzten Schuljahr, im Maturajahr, so wenig in der Schule, dass ich dann aufgrund der vielen Fehlstunden nicht mehr zur Matura zugelassen wurde«, erzählte er vor etlichen Jahren in einem Interview im Österreichischen Rundfunk. Zum Leidwesen seiner Eltern, insbesondere sein Vater hoffte immer, der Bub würde es einmal besser haben als er.

Benko wird den Kontakt zu seinen Eltern nie abreißen lassen, seine Schwester übernimmt zeitweise sein Vorzimmer. Bei späteren Treffen, etwa im Chalet N in Lech, einem luxuriösen Hideaway, benannt nach Benkos zweiter Ehefrau Nathalie, sitzen die Eltern zusammen mit Geschäftspartnern an einer langen Tafel, »ganz normale Leute«, wie ein langjähriger Signa-Vorstand erzählt. Die Mutter wird vom Sohn geherzt, der Vater fällt als großer Schweiger auf. Man habe mit Renés Vater nicht ins Gespräch kommen können, sagt einer, der bei den Abendessen dabei war. Er hätte fast den Eindruck gehabt, dass der Vater seinem Sohn misstraue.

Früh schon ist Benko vor allem am Geldverdienen interessiert. Statt sich mit gleichaltrigen Halbstarken in Diskotheken oder beim Fußball zu vergnügen, sucht Benko Arbeit und den Kontakt zu einflussreichen, älteren Herren.

Er startet eine Ausbildung beim Finanzvertrieb AWD, da ist er gerade mal 17 Jahre alt. Der AWD des deutschen Aufsteigers Carsten Maschmeyer ist damals eines jener Unternehmen, das jungen Leuten schnelles Geld verspricht, wenn sie Lebensversicherungen an ihr Umfeld verticken. Und eines, bei dem die oberen Chargen stark von den Abschlüssen der Berater unten in der Hierarchie profitieren. Talent hat er. Benko gilt bis heute als Zahlengenie, detailverliebt und arbeitsversessen. Erste Mails verschickte er noch vor 6 Uhr in der Früh, die letzten um Mitternacht. »Freunde«, sagt einer, der ihn lange begleitete, kenne Benko nicht, nur Geschäftspartner.

Als AWD-Mitarbeiter lernt er den lokalen Innsbrucker Immobilienfürsten Johann Zittera kennen, der mit dem Ausbau von Dachböden in zentraler Lage zu Geld gekommen war. Benko überzeugt Zittera mit seinem gewinnenden, souveränen Auftreten. Benko versteht es schon damals, mit seiner bloßen Anwesenheit den Raum zu füllen. Eine Gabe, die ihm auch später beim Akquirieren seiner Investoren helfen wird.

Zittera und der junge Mann kommen ins Geschäft. Benko treibt die Liquidität auf, die Zittera für seine Projekte benötigt. Dafür soll dieser ihm im Gegenzug hin und wieder seinen Ferrari für Geschäftstermine geliehen haben.

Benko, das Kind bodenständiger Eltern, dringt nun in neue Sphären vor. Und lernt, wie viel Marge im Kauf und Verkauf von Immobilien steckt, wenn man es richtig angeht.

Als Zittera um das Jahr 2000 herum sein Business einstellt, startet Benko durch – er macht sich selbstständig. Das erlernte Geschäftsmodell behält er bei – billig kaufen, sanieren, teuer verkaufen. Doch er verfeinert es und erweitert den Ausbau von Dachgeschosswohnungen zu teuren Penthouse-Immobilien um Ärzte- und Gesundheitszentren. So erwirbt Benko früh eine Kaufoption auf die bekannte Tiroler Wellness-Oase »Lanserhof«, als die Besitzer Geld benötigten. Gewinnbringend reicht er diese weiter. Damit schafft er es früh zum Schillingmillionär.

Einer, der für Benkos Karriere wie ein Katalysator wirkt, ist Karl Kovarik, ein schwerreicher Erbe eines Tankstellenimperiums, der den jungen Innsbrucker Geschäftsmann finanziert, nachdem Benko zuvor dem Schwager Kovariks eine Dachgeschosswohnung verkauft hat. Rund 25 Millionen Euro investiert der Tankstellen-König in Benkos erste Firma, die Immofina, 2006 in Signa umbenannt. Benko und Kovarik halten je die Hälfte.

Vielleicht noch wichtiger als sein Geld sind die Kontakte, mit denen der öffentlichkeitsscheue Kovarik Benko versorgt. Er öffnet ihm die Türen bei Banken.

Teure Kleidung, der erste Ferrari, viel Bling-Bling – Benko war angekommen im Club der Neureichen. Da ist es fast eine Fügung des Schicksals, dass er dem ehemaligen Tiroler Volksbankdirektor Helmut Holzmann auffällt.

Holzmann, ein Kümmerer, organisiert Benko ein Gremium älterer Herren, das dem Jüngling beratend zur Seite steht, darunter der frühere Chef der Bremer Landesbank, Peter Haßkamp, der Immobilienexperte Rainer de Backere oder auch der Tiroler Skiweltmeister Harti Weirather, der eine erfolgreiche Sportmarketingagentur betreibt. Sie alle wirken, wie es Haßkamp im *manager magazin* einmal formulierte, »dämpfend« auf Benkos Lebensstil ein – jedoch wie sich später herausstellen sollte, allenfalls vorübergehend.

Auf das Geschäft hingegen, das ist unbestritten, wirkt sein Netzwerk wie ein Beschleuniger. So sollte es Benko auch in späteren Jahren beibehalten. Benko ist ein Meister darin, sich einflussreiche Freunde zu machen, ist schnell per Du mit allen und blitzgescheit. Bis zum Untergang der Signa liest sich die Liste der Berater und Beiräte wie das Who is Who der österreichischen Polit-Szene und auch der deutschen Unternehmer.

Mit Kovariks Geld kann Benko dann auch die Projekte angehen, für die er später berühmt werden sollte – das erste davon liegt in der Maria-Theresien-Straße seiner Heimatstadt Innsbruck. In ihr reihen sich die Geschäfte internationaler Marken aneinander, hübsche Barockbauten erfreuen das Auge und am Ende schweift der Blick der Passanten auf Alpengipfel.

Inmitten der umtriebigen Fußgängerzone steht das, was René Benko selbst sein »Gesellenstück« nennt: das Kaufhaus Tyrol. Benko, der als Kind die Spielzeugabteilung regelmäßig an der Hand seines Großvaters besuchte, hatte es 2004 überraschend erworben, später gegen Widerstände abreißen und dann neu bauen lassen.

Das Tyrol ist heute ein Shoppingcenter mit mehr als 50 Geschäften, gestaltet durch den Star-Architekten David Chipperfield, in dem Modemarken wie Benetton oder COS, diverse Cafés, Feinkostläden oder Friseure ihren Geschäften nachgehen. Auch Benkos Signa Holding residiert dort, der Eingang befindet sich dezent am Rande des Kaufrausch-Palasts.

Beinahe wäre Benko damals am Tyrol gescheitert, als der Landeshauptmann von Tirol die gesamte Maria-Theresien-Straße unter Denkmalschutz stellen ließ. Zum wichtigsten Helfer und Lobbyisten für das Projekt sei damals Alfred Gusenbauer geworden, erzählte Benko bei einem Treffen der Immobilienwirtschaft 2019 in Berlin. Den SPÖ-Politiker, der 2007 zum Bundeskanzler aufsteigen wird und noch später als Berater und Aufsichtsratschef der Signa mit Millionen überschüttet wird, zählt Benko zu seinen »engen Freunden«.

Gusenbauer verschafft Benko einige Kontakte und wird bis zum Scheitern der Signa deren eifrigster Lobbyist bleiben, Geld jedoch kann er ihm keines geben. Benko braucht neue Finanziers für seinen ständigen Drang nach Wachstum. Nicht immer besitzen die Geldgeber einen tadellosen Ruf. 2009 steigt der griechische Reeder George Economou bei Benko ein, den er auf einer Veranstaltung der HSH Nordbank in Athen kennenlernt. »Real Estate meets Shipping« heißt das Treffen, zu dem neben dem US-Immobiliengiganten Hines auch Benko geladen wird.

Economou und Benko verstehen sich sofort. Es folgen gegenseitige Einladungen. Am Ende gewinnt Benko Economou für seine Interessen, der griechische Reeder investiert in einzelne Signa-Immobilien. Kurz vor seinem Tod hatte Tankstellen-König Kovarik seine Anteile an Benko zurückgegeben. An seine Stelle rückt Economou auf, mit 50 Prozent der Anteile an der Signa Holding bringt er das Immobiliengeschäft auf ein neues Niveau.

Allerdings kommt mit dem Wachstum der Firma nun die Zeit, in der sich die Öffentlichkeit, aber auch die Staatsanwaltschaft zunehmend für Benkos spezielle Art des Wirtschaftens interessiert. Der Jungunternehmer und sein Steuerberater sehen sich mit Korruptionsvorwürfen in einer italienischen Steuerangelegenheit konfrontiert. 2012 führen diese für beide zu einer Verurteilung mit Haft auf Bewährung durch das Straflandgericht in Wien. Benko gesteht seine Schuld nie ein, er persönlich verstehe das Urteil nicht, sagte er danach gegenüber Gesprächspartnern. Im August des Folgejahres bestätigt die Berufungsinstanz den Spruch.

Generell erschwert eine Vorstrafe die Kreditaufnahme bei Banken.

Als Konsequenz zieht sich Benko als Chef der Signa zurück und übernimmt den Beirat der Dachgesellschaft. Benko selbst bestreitet, aufgrund des Korruptionsurteils den Chefposten geräumt zu haben, aber die zeitliche Koinzidenz ist auffällig. Für die Organisation der Signa ändert sich nichts, alle Fäden laufen weiterhin bei René Benko zusammen.

Nach der Verurteilung werden private Investoren für ihn umso wichtiger. Als der Reeder Economou 2015 aussteigen will, holt Benko zwei weitere Investoren in die Holding: zum einen den damaligen Lindt & Sprüngli-CEO Ernst Tanner, der als untadeliger Geschäftsmann gilt, zum anderen aber auch die Schweizer Falcon Private Bank. Sie ist über mehrere Ecken im Staatsbesitz von Abu Dhabi, genießt nicht den besten Ruf und wird sich wenig später wegen Geldwäsche verantworten müssen.

Benkos Expansionsdrang, seinen unbedingten Willen, aus sich und der Signa etwas ganz Großes zu machen, bremsen die Schwierigkeiten mit einzelnen Geldgebern nicht. Österreich ist ihm längst zu klein geworden. Er strebt nach Deutschland und dort in die Innenstädte.

Unter dem Projektnamen K2 plant er die Fusion von Karstadt und Kaufhof. Auch dabei scheint ihn der Leumund seiner Geldgeber wenig zu interessieren. In einem ersten Schritt gelingt es ihm, einen Teil des Premium- und Sportgeschäfts von Karstadt zu kaufen. Das Geld dafür bringt er zusammen mit dem israelischen Diamantenhändler Beny Steinmetz auf, den er 2012 als Finanzier gewinnen kann.

Benko hat Steinmetz beim Hahnenkammrennen in Kitzbühel kennengelernt, traditionell eine große Party für die »Snowciety« und ausgerichtet von Benkos altem Berater und Kumpel Harti Weirather.

Steinmetz ist laut *Forbes*-Liste damals der reichste Israeli. Dass seine Geschäfte anrüchig sind, wird in den kommenden Jahren offenbar werden. Von Genf aus ist er im Rohstoff- und Diamantenhandel aktiv, was Schmiergeld- und Geldwäscheermittlungen nach sich ziehen wird.

Doch das wissen die deutschen Bürgermeister und Politiker nicht, mit denen Benko nach seinem Einstieg ins deutsche Warenhausgeschäft häufiger zu tun haben wird. René Benko wird ihnen bald als der Mann gelten, der frisches Geld in deutsche Innenstädte bringt. Der Junge aus dem Arbeiterviertel ist binnen eines Jahrzehnts zu einem der größten Immobilienhändler Europas aufgestiegen. Der Anfang ist gemacht.

KAPITEL 2

René Benko gibt sich seriös – der Immobilienmann dringt in die höchsten politischen Kreise und die Wirtschaftselite vor

Roland Berger ist ein bekannter Mann in Berlin. Der Gründer der gleichnamigen Beratung hat schon Bundeskanzler Helmut Kohl geholfen (und zur Zeit der Wiedervereinigung die Treuhandanstalt mit erfunden), war eng mit dessen Nachfolger Gerhard Schröder, und selbst Angela Merkel, die Anfang der 2010er Jahre die Regierung anführt und von selbstbewussten Alphamännern wenig hält, hört gelegentlich auf seinen Rat. Wer sich mit Roland Berger in Berlins Politpromi-Lokal »Borchardt« am Gendarmenmarkt sehen lässt, der will gesehen werden.

Im Jahr 2013 setzen sich René Benko und Roland Berger an einen der weißgedeckten Tische. Man isst teuer-bürgerlich im Borchardt, ein den ganzen Teller ausfüllendes Wiener Schnitzel gehört zu den beliebtesten Gerichten. Gelegentlich kommt einer der anderen Gäste um die Mittagszeit an den Tisch und begrüßt Berger, der dann den jungen Mann und erfolgreichen Unternehmer an seiner Seite vorstellt. Gerade ist Benkos Signa bei der Warenhauskette Karstadt eingestiegen und sollte bald alle Anteile vom gescheiterten US-Unternehmer Nicolas Berggruen übernehmen. So wird Benko auf einen Schlag zu einem hoch relevanten Immobilieninvestor in deutschen Innenstädten.

Roland Berger, der damals ein Vermögen von etwa 500 Millionen Euro besitzt, hat Benko selbst erst vor Kurzem kennengelernt und ist eingestiegen in dessen Immobiliensparte Signa Prime Selection.

Der ehemalige *Bild*-Chef Hans-Hermann Tiedje hatte Berger den aufstrebenden Unternehmer empfohlen. Der gelernte Boulevardjournalist Tiedje, ein Liebhaber dicker Zigarren und breitbeinigen Auftretens, leitete damals die Berliner PR-Agentur WMP Eurocom, die viele Reiche und Mächtige beriet. Genauso wie Berger war auch der frühere Porsche-Chef Wendelin Wiedeking Teilhaber bei WMP Eurocom, und Wiedeking geriet ins Schwärmen über den findigen Österreicher; steil seien die Wachstumsraten und satt die jährlichen Dividenden aufs eingesetzte Kapital.

Berger investiert erst 5 Millionen Euro, verdoppelt dann bald auf 10 Millionen bei der nächsten Kapitalerhöhung, später steigt er mit weiteren Millionen ins Retail-Geschäft ein und auch in die Signa Development, die im Projektgeschäft unterwegs ist. Eine mittlere zweistellige Millionensumme kommt so bald zusammen. Jedes Jahr gibt es 6 Prozent Rendite aufs eingesetzte Kapital, gleichzeitig erhöht sich der Wert der Anteilsscheine drastisch. Kosten sie Berger am Anfang etwa 20 Euro das Stück, sind sie knapp zehn Jahre später über 80 Euro wert, jedenfalls auf dem Papier.

Beide, Wiedeking wie Berger, mögen riskante Investments mit hohen Renditen, und sie trauen sich zu, mit selbstbewussten Unternehmern umzugehen. Sie sind genau das Investorenmaterial, das Benko nun braucht, nachdem er sich, zumindest nach außen, notgedrungen von Investoren wie dem Diamantenhändler und Minenbesitzer Beny Steinmetz trennen muss. Der hat zwar Geld, aber auch ständig Probleme mit der Justiz – und etliche Banken haben Benko klargemacht, dass sie der Signa kein Geld mehr geben würden, sollte Steinmetz dort weiter einc Rolle spielen. Der Israeli sollte Jahre später in Genf denn auch zu einer Haftstrafe wegen Bestechung verurteilt werden.

Berger und der ehemalige Porsche-Chef Wiedeking sind da als Investoren von ganz anderer Qualität. Wiedeking ist zwar mit dem Versuch der VW-Übernahme gescheitert und daraufhin gefeuert worden, aber er hat nun sehr viel Zeit und auch Geld. Spätestens seit dem erzwungenen Ausscheiden bei Porsche 2009 ist er ein wohlhabender Mann. 50 Millionen Euro Abfindung nahm er mit.

Das sind in den Dimensionen, in denen Benko schon damals denkt, zwar keine riesigen Summen. Aber für Wiedeking gilt das Gleiche wie für Berger, dem schnell klar war, »dass das Wertvollste, was Benko von mir wollte, nicht mein Geld war, sondern mein Name«. Zwar habe er selbst keine Werbung für Benko gemacht, aber dem Österreicher zugleich gesagt, er könne ja nicht verhindern, wenn der mit ihm renommiere.

Benko spricht von Wiedeking schon mal als »engen Freund«. Der Manager hat sich nicht nur mit 3 Prozent an Benkos Immobiliengesellschaft Signa Prime Selection beteiligt, er beaufsichtigt sie sogar als Aufsichtsrat. Roland Berger sichert sich ebenfalls 3 Prozent, geht aber nur in den haftungsrechtlich unbedenklicheren Beirat.

Berger hat viel Erfahrung mit unternehmerischen Grenzgängern. So hat er damals etliche Millionen Euro in einen anderen Jungunternehmer investiert, der oft am Rande der Legalität und der Pleite arbeitet: Lars Windhorst und dessen Sapinda-Gruppe, die später als Investor beim Fußballverein Hertha BSC einer breiteren Öffentlichkeit bekannt werden würde.

Berger ist schnell zu begeistern, wenn innovative Geschäftsmodelle hohe Renditen versprechen, Risiken nimmt er in Kauf. So ging er zu der Zeit auch mit zwei Kompagnons eine Geschäftsbeziehung ein, die sich als verlustreich erwies. Mit dem Investmentbanker Florian Lahnstein und dem Ex-Bertelsmann- und zwischenzeitlichem Karstadt-Boss Thomas Middelhoff brachte Berger den ersten Spac nach Europa; der Name steht für »Special Purpose Acquisition Company«. Dabei platzieren Unternehmer zunächst eine Firma an der Börse, die aber noch kein Geschäft hat, sondern nur eine leere Hülle darstellt. Mit dem Erlös des Börsengangs suchen die Initiatoren dann erst eine attraktive Unternehmensbeteiligung, die schließlich in den Börsenmantel schlüpft. Investoren in den Spac müssen also großes Vertrauen in das Können der Initiatoren haben. Allerdings scheiterte das Engagement, die Aktie geriet zum Pennystock. Und Middelhoff wurde später wegen Untreue während seiner Zeit bei Karstadt zu einer Gefängnisstrafe verurteilt, die er auch tatsächlich absitzen musste, bis er wegen guter Führung vorzeitig entlassen wurde.

Berger, der bei allem Spaß am Risiko ein realistischer Mensch ist, weiß seinen Nutzen für Benko solide einzuschätzen. Auch dank des nahezu unerschöpflichen Netzwerks des Beraters kann Benko Verbindungen in die Politik gewinnen und neue Investoren. So fasst Robert Peugeot aus der gleichnamigen Autodynastie wohl auch deshalb Vertrauen und investiert in Benkos Unternehmen, weil sein guter alter Bekannter Roland Berger mit unter den Anteilseignern ist. Und für Klaus-Michael Kühne, Mehrheitseigentümer der Spedition Kühne & Nagel, zählt der Name Robert Peugeot, als er Jahre später zum Investorenkreis stößt.

Auch unter den ganz Reichen gibt es ein Gruppenverhalten, Herdentrieb genannt. Keiner will abseitsstehen, wenn es Geld zu verdienen gibt. Benko macht sich das zunutze – und verdient dabei als größter Anteilseigner selbst am meisten. Benko habe »sich jahrelang 30, 50 Millionen Euro an Dividende ausbezahlt«, sagt der österreichische Sanierer Erhard Grossnigg dem Nachrichtenmagazin *Profil* im März 2024. Grossnigg rückte im Dezember 2023 in den Vorstand der Signa Immobiliengesellschaften ein, scheiterte aber beim Versuch, die Insolvenzen zu verhindern.

Das Modell Wiedeking und Berger wird typisch werden für Benko. Ein Investor erzählt dem anderen von hohen Renditen und dem so zupackenden wie charmanten jungen Mann, der so fleißig sei wie kompetent. In der Schweiz gewinnt Benko früh Ernst Tanner, der Lindt & Sprüngli zu einer weltbekannten Schokoladenmarke gemacht hat. Auch die Schweizer Familie Eugster, die mit Kaffeemaschinen und anderen Haushaltsgeräten viel Geld verdient, wird schließlich mit einem Anteil von 10 Prozent an der Signa Holding zu Benkos wichtigsten Investoren gehören.

In Österreich kommt er mit dem Miteigentümer des Bauunternehmens Strabag, Hans Peter Haselsteiner, ins Geschäft. 2013 kauft sich Haselsteiner in die Prime ein. Damit hat Benko seinen vielleicht wichtigsten Anteilseigner überhaupt gewonnen. Denn Haselsteiner, der auch in Deutschland mit Übernahmen wie Züblin zu einem der größten Bauunternehmer geworden ist, hat viel Geld und ein Netzwerk, das tief in die Politik reicht. Er war selbst Abgeordneter für die Liberalen im Nationalrat, dem österreichischen Parlament. Und politische Kontakte sind für einen Bauherrn wie Benko so wichtig wie anderen das täglich Brot.

2014 stößt ein weiterer deutscher Investor dazu, der als Unternehmer außergewöhnlich erfolgreich ist: Torsten Toeller, Gründer und Eigentümer der Tierfutterkette »Fressnapf«, hatte kurz zuvor seine Trinkgut-Märkte an den Handelsriesen Edeka verkauft und war auf der Suche nach gewinnbringenden Investitionen. Beim Formel-1-Rennen in Monaco treffen sich Benko und

Toeller – und der deutsche Unternehmer ist schwer beeindruckt. Wenige Monate später investiert Toeller in die Immobiliensparte Prime der Signa.

»Mir ist es wichtig, dass die Firmen, in die ich investiere, über einen starken Unternehmergeist verfügen und dass ich noch von ihnen lernen kann«, sagte Toeller rückblickend im Oktober 2020 in einem Interview mit dem *manager magazin*. Dass Benko sich für die Formel 1 gar nicht interessierte, ist dem Händler egal. Auch Niki Lauda, als Rennfahrer wie als Unternehmer erfolgreich, stört sich nicht an Benkos gnadenloser Ausrichtung aufs Geschäft. Im Gegenteil: Er investiert ebenfalls in die Signa.

2013 und 2014 können als die Jahre gelten, in denen Benko geschäftlich einen großen Sprung nach vorn macht. Er steigt ein bei Karstadt und wird damit zur relevanten Größe in Deutschland. Seine Einkaufs- und Büromeile in Wien, werbeträchtig »Goldenes Quartier« getauft, öffnet nach und nach ihre Läden und Büroetagen. Und ein solider Investor nach dem anderen kauft ihm Anteile an der Signa ab, die fast gesetzmäßig Jahr für Jahr im Wert steigen – bis sie nach den diversen Pleiten Ende 2023 nahezu oder gänzlich wertlos sind. Benko jedenfalls wird in den nächsten Jahren auch persönlich zunehmend vermögend und das Rad, das er geschäftlich drehen kann, wird dank der gewachsenen Kapitalbasis immer größer.

Die Menschen fressen Benko aus der Hand und die Milliardäre füttern ihn mit frischem Geld. Seine Erzählung von der Signa als dem Immobilienunternehmen, das dank des unternehmerischen Genies seines Gründers besser sei als alle anderen, passt perfekt zu seiner Klientel. Einer seiner frühen Fans, der Unternehmer Torsten Toeller, zählt mit dem Wissen von heute noch einmal die Stärken Benkos auf, mit denen der blenden konnte: »Ich habe die Tatkraft und das strategische Verständnis eines jungen vermeintlichen Ausnahme-Unternehmers leider zu lange überschätzt und die Geschichte hinter der Geschichte, die René Benko immer so eloquent erzählt hat, nicht erkannt.«

Wobei: Nicht alles läuft gut für ihn in diesen Jahren. 2013 verurteilt ihn das Oberlandesgericht Wien in zweiter Instanz zu einer Bewährungsstrafe von einem Jahr, ein Urteil, das der Oberste Gerichtshof ein Jahr später bestätigt. Benko wollte nach Ansicht des Gerichts einen Signa-Steuerfall in Italien schnell und zu seinen Gunsten beenden. Er hatte dazu einem ehemaligen kroatischen Premier 150.000 Euro versprochen, auf dass der auf den italienischen Premier Silvio Berlusconi einwirke. Die Wiener Richterin spricht von einem »Musterfall für Korruption«.

Benko hielt dem zwar immer entgegen, dass nie Geld geflossen sei. Und seinen Investoren erzählt er, der gesamte Prozess sei politisch inszeniert, was die nur zu gerne glauben wollen, und sie lassen ihn so weiter mit ihrem Geld arbeiten. Die Unternehmer haben großes Verständnis, Ärger mit der Steuer hat schließlich fast jeder mal, offensichtlich gilt den Geldgebern derlei als lässliche Sünde. Benko selbst reagiert konsequenter. Er zieht sich aus allen operativen Funktionen als Geschäftsführer und auch als Aufsichtsrat bei der Signa zurück und wechselt in den Beirat. Damit bringt er sich für etwaige künftige Vergehen der Signa aus der Schusslinie. Und er macht es Banken leichter, der Signa weiter Kredite zu geben, wenn ihre Regeln Vorbestrafte ausschließen. Auch ohne Amt allerdings wird Benko in den kommenden Jahren viele Entscheidungen von Gewicht fällen. Viele Signa-Insider sehen ihn als den faktischen Geschäftsführer, was Benko nach der Insolvenz abstreiten wird.

Auch die meisten aktiven Politiker stören sich nicht an der Verurteilung. Das zeigt sich Jahr für Jahr bei Benkos begehrten Einladungen zum Törggelen im November, einem Südtiroler Brauch, den der findige Unternehmer nach Wien ins pompöse Palais Harrach importierte, seine Unternehmenszentrale. Dort trifft man sich zum Verkosten des Jungen Weins unter hohen Decken, trinkt und isst und lässt sich bereitwillig fotografieren, so dass die Bedeutung des Hausherrn auch in österreichischen Medien sichtbar wird. Der damalige Kanzler Sebastian Kurz von der ÖVP ist ebenso bei der Verkostung des neuen Weins zugegen wie der zeitweilige FPÖ-Chef Heinz-Christian Strache, der später europaweit mit seinem Ibiza-Video Aufsehen erregen sollte.

Benko denkt immer ans Geschäft – und das parteiübergreifend. Die frühere FPÖ-Vize Susanne Riess dient Benko als Aufsichtsrätin. Sie hatte sich als Gehilfin von FPÖ-Boss Jörg Haider den Spitznamen »Königskobra« verdient, weil sie Haiders Konkurrenten wegbiss. Benkos wichtigster Mann jedoch ist von den Sozialdemokraten: Alfred Gusenbauer, ein kräftig gebauter Kunst- und Weinkenner, der sich nach seiner Zeit als SPÖ-Parteivorsitzender und Kurzzeit-Kanzler dem Geldverdienen widmet. Er darf sich Aufsichtsratschef bei der Signa Prime nennen und sollte im Laufe der kommenden Jahre zweistellige Millionenbeträge für sogenannte Beratungsleistungen kassieren.

Gusenbauer hat zweifelsfrei einen großen Wert für Benko. Das zeigt sich nicht zuletzt daran, dass ihm gelegentlich ein ganz besonderer Rotwein aus dem Weinkeller kredenzt wird. Während die anderen Manager, Aufsichts- und Beiräte am Tisch einen guten Italiener trinken, hat Gusenbauer eine Flasche feinsten Bordeaux für sich, erinnert sich Berger an einen gemeinsamen Abend hoch über dem Gardasee.

Aber Benko zahlt nicht nur in Naturalien. So stellt Gusenbauer Rechnungen aus für die Beratung von Galeria Karstadt Kaufhof, als das Unternehmen mal wieder insolvent geht. Er ist so weit entfernt von seinem Beratungsgegenstand, dass er den Namen der Firma und den des deutschen staatlichen Wirtschaftsstabilisierungsfonds, bei dem er sich um Geld bemüht haben will, mehrfach falsch schreibt – wie seine Rechnungen zeigen. Allerdings gelang es ihm wohl, einen guten Kontakt zu den mitregierenden Sozialdemokraten herzustellen, so dass am Ende der deutsche Steuerzahler mit 680 Millionen Euro für Galeria einspringt. Allein im Zeitraum von Anfang 2020 bis März 2022 stellte die Projektgesellschaft des Ex-Kanzlers der Signa Holding mehr als 7 Millionen Euro in Rechnung.

Seinen Signa-Investor Haselsteiner darf Benko natürlich auch beim Törggelen begrüßen. Inzwischen hat sich Benko, der gebürtige Innsbrucker, in Wien richtiggehend breitgemacht. Beim Wiener Promi-Italiener »Fabios«, an dem Benko Anteile hält, wird er häufiger mit Geschäftsfreunden gesehen. Oder man speist in Signas Park Hyatt Hotel, wo 2016 das dazugehörige Restaurant »The Bank« eröffnet. Man trifft sich und man hilft sich. So sponsorte die Signa mit einem Millionenbetrag Haselsteiners Festspiele Erl, ein jährlich stattfindendes Opern- und Konzertfestival in Tirol.

Auch Sebastian Kurz profitiert offensichtlich von Benko und umgekehrt. Kurz nimmt Benko mit in die Kanzlermaschine Richtung Vereinigte Arabische Emirate (VAE), verschenkt da auf Staatskosten einen Lipizzaner für 15.000 Euro und sorgt so für gute Stimmung unter den Scheichs – die denn auch in die Signa investieren. In Wien stellt Kurz seinen Schützling dem russischen Imperator Wladimir Putin als »einen unserer erfolgreichsten Unternehmer« vor. Kann ja nicht schaden – zumal Putin nahestehende Unternehmer wie der Autozulieferer-Boss Siegfried Wolf (Magna, Vitesco) sich ebenfalls gern mit Benko zeigten. Sei es bei den Jagden im Burgenland oder Tirol, zu denen Benko regelmäßig lädt. Oder sei es beim Törggelen.

Dass Kurz sich recht bald nach seiner erzwungenen Demission als Kanzler von Benko bezahlen ließ, weiß man übrigens, weil seine Firma nach der Insolvenz eine Restforderung von 1,65 Millionen Euro eingereicht hat. Das Geld soll ihm zustehen als Teil einer Vermittlungsgebühr für einen 100-Millionen-Euro-Kredit aus den Vereinigten Arabischen Emiraten.

Wo Benko ist, da ist Geld und die Aussicht auf mehr Geld. Und das zeigt der Unternehmer wie ein Bodybuilder seine Muskeln – beim Törggelen in Wien und jährlich beim Hahnenkammrennen in Kitzbühel auch für die breitere Öffentlichkeit. Da tritt er breit grinsend auf, als gewinnender Typ mit im Laufe der Jahre immer dichter werdendem Bart und immer dickerem Bauch. Das Wohlleben steht Benko zunehmend ins Gesicht geschrieben. An seiner Seite unverändert seine sehr schlanke und große zweite Frau, Nathalie, deren lange Beine neben dem allenfalls mittelgroßen Benko umso mehr auffallen.

Benko lernt Nathalie auf einer Party in Seefeld kennen. Er macht ihr den Hof, legt sich eine neue Frisur zu, macht ihr Geschenke. 2010 heiraten die beiden, für Benko ist es die zweite Ehe. Unter ihrem Mädchennamen Sterchele hatte Nathalie zuvor hier und da gemodelt und mit 19 an einer Misswahl teilgenommen; beim Austria-Top-Model-Wettbewerb, gesponsert vom Jeanshersteller Mustang, erreichte sie Platz drei, wie die *Dorfzeitung* aus Salzburg 2002 online berichtete.

Nathalie entdeckt schnell die Vorzüge des Luxuslebens an der Seite René Benkos. Oft nutzt sie die beiden Flugzeuge der Signa.

Auch Benko bemüht sich eifrig um ihre Bedürfnisse. Bekommt sie mal eine der limitierten Handtaschen von Hermès nicht mehr – rare Birkin-Handtaschen werden teils für sechsstellige Summen gehandelt –, so klemmt sich ihr Mann gelegentlich trotz all der Arbeit ans Telefon und engagiert sich, das begehrte Accessoire zu besorgen. Er kennt ja inzwischen so viele Leute, bis hin zu den Vorständen der wichtigsten Luxushersteller.

2011 kauft Benko, ein guter Skifahrer, ein baufälliges Hotel im Wintersportort Oberlech und baute das Areal zum »Chalet N« aus, liebevoll nach dem Anfangsbuchstaben seiner Frau benannt.

Theoretisch kann man das Haus mieten für 350.000 Euro die Woche, praktisch aber nutzt Benko es vor allem im Winter selbst. Seine Familie ist dort jedes Jahr etliche Wochen, und häufig lädt er Geschäftspartner ein oder auch Mitarbeiter für Strategietreffen. So trifft man sich in größerer Runde vor der Fusion von Karstadt und Kaufhof und überlegt die nächsten Schritte.

Seine Gäste loben das Haus mit seinen zehn Suiten als echten Treffpunkt und irrsinnig geschmackvoll. Tatsächlich fehlt hier, anders als in anderen Häusern und Wohnungen Benkos, der Protz, die Marmorlastigkeit und der Hang zum Gold; von »Russen-Schick«, wie Besucher das abfällig nennen, keine Spur. Stattdessen dominiert Holz die Räume, es knistert der Kamin, und, klar, der Weinkeller ist auch gut gefüllt. Der Rotweinliebhaber Benko, so erzählen es frühere Vertraute, habe regelmäßig Raritäten aus dem Keller holen lassen, die Flasche, nicht selten im Wert von mehreren Tausend Euro, sei immer schnell leer gewesen.

Morgens dann knallt der Hausherr spätestens um 7 Uhr die Skischuhe zu und um 10.30 Uhr, wenn sich die Lifte in Lech füllen, geht es wieder an den Schreibtisch oder ans Telefon. Benko braucht nicht viel Schlaf.

Auch auf Benkos Yacht »Roma«, auf der man sich während des Sommerhalbjahres regelmäßig trifft, sind die Sonne und das Mittelmeer nur eine Zutat zum Üblichen: Arbeit. Benko reist in der Regel per Privatjet an – mit der größeren Bombardier oder auch mal mit der kleineren Cessna. Immer aber mit mehreren Personenschützern, mit denen sich Benko früh umgibt. Seine Leibwächter, um die fünf an der Zahl, kommen meist aus einer österreichischen Eliteeinheit, dem Einsatzkommando Cobra, das hochrangige Politiker schützt.

An Bord der »Roma« wuseln 18 Crewmitglieder, kochen und putzen und richten die Spielzeuge der Passagiere her, wie die Jetskis, mit denen sich die maximal zwölf Gäste an Bord Bewegung verschaffen können.

Benko ist sichtlich in seinem Element, mit der Gewissheit im Kopf, es geschafft zu haben. Vor allem aber geht es auch auf der Yacht ums Geschäft. Wichtige Mitarbeiter empfängt Benko oft im Stundentakt auf dem Schiff. Ein kurzes Geplänkel, wie geht's der Familie, dann kommt Benko schnell zur Sache. Eigentlich sei es immer um Themen rund ums Geschäft gegangen, erzählt einer, der häufiger bei ihm an Bord war und dazu eingeflogen wurde.

Sind es keine Mitarbeiter, so lädt Benko Investoren ein. Mit dem Spediteur Klaus-Michael Kühne hatte er 2019 den Einstieg in die Signa Prime vereinbart, mit dabei auf Mallorca war Benkos Handelsexperte Dieter Berninghaus. Das Duo präsentierte Kühne und dessen Vertrauten Karl Gernandt die Top-Immobilien und das Konzept der Luxusgruppe rund um das KaDeWe. Der Milliardär wird bis 2022 mehrfach aufstocken, bis er über eine halbe Milliarde Euro im Risiko ist.

Kühne ist so hingerissen von dem Immobilienunternehmer, dass er auf Benkos Yacht eine Art Gegenbesuch macht. Kühnes Yacht und jene Benkos, so wird es erzählt, liegen vor Ibiza – und Kühne kommt rüber zum jungen Unternehmer an Bord. Einer, der damals Zaungast ist, sagt: »Zum Glück waren sie auf Benkos Schiff, das von Kühne schaukelt immer so.« Kühnes Yacht, die »Chrimi III«, hat nur eine Länge von 40 Metern, da lag Benkos »Roma« mit ihren 62 Metern doch viel ruhiger im Wasser. Auch dank zusätzlicher Stabilisatoren, wie der Prospekt verspricht, mit dem die »Roma« nach der Signa-Pleite verchartert wird.

Ein Kino gibt es, »das mit raffinierten Beleuchtungsdetails ausgestattet ist und die biologische Leuchtkraft des Meeres imitiert«, ebenso eine 27 Meter lange Wasserrutsche. Eine Tauchschule hat Benko einrichten lassen, ein Tauchboot gekauft sowie »ein unendliches Angebot an Wasserspielzeug«, wozu ein fast 17 Meter langes Motorboot zählt sowie mehrere Jetski-Boote, die aber so selbstverständlich scheinen, dass sie im Prospekt nicht einmal genannt werden. Benko war eben nichts zu teuer, was nicht einmal Kühne sich hätte leisten wollen.

Auch unter Milliardären – und Kühne kann mit vom *manager magazin* geschätzten 39 Milliarden Euro Vermögen als der wahrscheinlich reichste Mann Deutschlands gelten – gibt es noch feine soziale Unterschiede. So wie auf der anderen Seite des gesellschaftlichen Spektrums der eine Obdachlose dem anderen Obdachlosen dessen trockenen Schlafplatz neidet.

René Benko und seine Gäste, wo immer sie vor sich hindümpelten, suchten und fanden etwas, was der französische Soziologe Grégory Salle »demonstrative Abgeschiedenheit« nennt. Eine Superyacht zu nutzen und erst recht eine zu besitzen, sei »eines der offenkundigsten, wichtigsten äußeren Zeichen von Reichtum«, schreibt Salle in seiner viel gelesenen Studie *Superyachten.* Für den Kapitalismuskritiker ist es auch ein Synonym für die Abgehobenheit der reichen Wirtschaftseliten: Es handele sich um einen räumlichen Rückzug in kleinem Maßstab, der eine gesellschaftliche Abspaltung in großem Maßstab umsetze.

Benko jedenfalls hatte sich eine eigene Welt geschaffen, zu der sehr viele Zutritt begehrten. Weil sie dazugehören wollten. Oder, wenn sie schon lange reich waren, weil sie mit der Hilfe des spendablen und offensichtlich so geschäftstüchtigen Mannes noch reicher werden wollten.

Roland Berger ließ übrigens die meisten Feste aus. Er erinnert sich, einmal bei einem Törggelen in Wien dabei gewesen zu sein, nicht aber bei Jagden, auf Benkos Yacht oder im Chalet N. Das mag mit dem Alter zusammenhängen, Berger ist 1937 geboren, aber es gab auch andere Gründe: »Das erschien mir alles etwas neureich«, sagt er. Benkos Verhalten habe ihn eher irritiert und hätte ihn eigentlich misstrauisch machen müssen.

Einmal immerhin war er mit anderen Gesellschaftern Gast in den Villen, die sich Benko oberhalb des Gardasees hat bauen lassen – eigentlich, um sie teuer zu verkaufen. Benko ließ Berger per Hubschrauber abholen für eine Arbeitssitzung des Beirats in der von Benko getauften »Villa Eden« bei Gardone Riviera am westlichen Ufer des Sees.

Ganz schön die Villen, will Berger seinem Gastgeber gesagt haben, schließlich wurden sie auch von Promi-Architekten wie David Chipperfield und Richard Meier designt. Er aber glaube nicht daran, dass sie sich für bis zu zweistellige Millionenbeträge verkaufen ließen: Die Grundstücke zu klein, der Nachbar zu nah aus Sicht der wenigen Menschen, die sich derartigen Luxus leisten können. Immerhin konnte man ein Haus für gut 10.000 Euro die Nacht mieten, wie die *Süddeutsche Zeitung* 2021 berichtete, jedenfalls wenn das Resort geöffnet haben sollte. Das eine oder andere Haus verkaufte Benko dann doch, an alte Geschäftsfreunde wie den Ausrichter des Hahnenkamm-Trubels in Kitzbühel, Harti Weirather. Die meisten der Häuser aber behielt Benko einfach. Zusätzlich zu seiner »Villa Ansaldi« bei Sirmione direkt am Ufer des Gardasees, auch sehr schön und ebenfalls mit Hubschrauberlandeplatz versehen.

Benko, der Schulabbrecher aus Innsbruck, häuft Reichtümer an wie eine Silicon-Valley-Größe. Oder wie einer dieser Hedgefonds-Eigentümer aus den USA, die in guten Jahren Milliarden Dollar verdienen – und an denen sich Benko in seinem Lebensstil orientiert. Warum auch nicht? Benkos Geschäftsideen versprachen ihm und seinen Investoren auch für die nächsten Jahre sehr ordentliche Renditen.

KAPITEL 3

Das Geschäftsmodell der Signa – womit der Jungstar Investoren ködert

Es dauerte ein paar Jahre, bis die europäische Wirtschaft die Finanzkrise 2008/09 verdaut hatte. Aber langsam ging es wieder aufwärts. Die Zentralbanken stützten weltweit mit Billionensummen die Banken und hoch verschuldete Staaten wie Griechenland oder Italien. Und, anders als von vielen Ökonomen prognostiziert, löst das Drucken des Geldes keine Inflation aus. Im Gegenteil: Jahrelang schrammt die Inflation rund um die Nulllinie und die Zentralbanken senkten die Leitzinsen immer weiter, um die Unternehmen zum Investieren zu verleiten und die Schulden der Staaten erträglich zu gestalten.

Die Geldpolitik, die in Europa vom Präsidenten der Europäischen Zentralbank (EZB), Mario Draghi, geprägt wird, funktioniert tatsächlich. Das Bruttoinlandsprodukt wächst, die Arbeitslosigkeit geht zurück. Doch die Nullzinspolitik hat auch einen unangenehmen Nebeneffekt. Sparen lohnt sich nicht mehr. Die Banken können keine Zinsen zahlen, weil sie selbst keine bekommen von den Zentralbanken. Der Sparer ist also der Dumme.

Das gilt für den durchschnittlichen Arbeitnehmer genauso wie für Milliardäre und große Versicherer oder Pensionskassen. Wer 2015 eine Staatsanleihe der Bundesrepublik Deutschland mit einer zehnjährigen Laufzeit kauft, erhält jährlich einen halben Prozentpunkt Rendite. Das reicht nicht annähernd, um genug Geld für Versicherte zu erwirtschaften oder die Vorgaben der Family Offices der Reichen zu erfüllen.

Aber es gibt ja Alternativen: Der Aktienmarkt steht allen offen und erlebt einen Aufschwung. Große Investoren schießen zunehmend Geld in Unternehmen – häufig auch über Private-Equity-Gesellschaften wie KKR aus den USA oder EQT aus Schweden, die ihre goldene Zeit erleben. Jahr für Jahr erwirtschaften sie mit dem Kauf und der Sanierung von Unternehmen und dem anschließenden Weiterverkauf hohe Gewinne. Nicht selten werden Renditen aufs eingesetzte Kapital von mehr als 10 Prozent erwirtschaftet. Dass der frühere SPD-Chef Franz Müntefering einst die Private-Equity-Unternehmen als »Heuschrecken« beschimpft hat, interessiert niemanden mehr.

Vor allem aber fließen weltweit Billionen und Aberbillionen ins Immobiliengeschäft – das nun als sichere Bank gilt. Dass die leichtfertige Kreditvergabe der Banken an Hauskäufer, das anschließende Verpacken der Kredite in und deren Weiterverkauf an andere Investoren die Finanzkrise 2008/09 ausgelöst hatte, gerät in Vergessenheit. Alle vertrauen auf Beton. Neue, eigentlich gut gemeinte Anlagevorschriften der Aufsichtsbehörden für Versicherer wie die Allianz führen sogar dazu, dass diese sich stärker dem Immobiliengeschäft zuwenden.

Immobilienunternehmen erleben weltweit einen nie gekannten Aufschwung. Denn sie können sich hoch verschulden, fast ohne Zinsen zahlen zu müssen. Und ihnen fließt Eigenkapital reicher Geldgeber zu wie nie zuvor. Das gilt für Immobilienunternehmen von China bis Deutschland. Hierzulande gelingt es selbst lange mediokren Unternehmen wie Vonovia, die vor allem anspruchslose Wohnblocks besitzen, mit einer Kette von Übernahmen plötzlich zur Größe im DAX-30 zu werden, dem obersten Börsensegment.

Einer der Aufsteiger dieser Jahre ist auch die Bielefelder Firma Goldbeck, die Industriehallen oder Parkhäuser schlüsselfertig und rationell baut. Jan-Hendrik Goldbeck, einer der Geschäftsführer und ein klarsichtiger Unternehmer, sagt Ende der 2010er Jahre am Rande einer Preisverleihung, wer in diesen Zeiten in der Immobilienbranche kein Geld verdiene, der habe es auch nicht verdient. Gleichzeitig warnt er, man müsse sich darauf vorbereiten, dass die Umstände nicht dauerhaft so günstig bleiben würden. Daran aber denkt in diesen Zeiten kaum jemand. Und Benko schon gar nicht.

Die Beton-Hausse, die zunehmend neue Spieler auf den Markt lockt und auch Bauunternehmen und Handwerker reich macht, ist umso lukrativer, wenn die Unternehmen auch neue Ideen haben. Goldbeck arbeitet geschickt und innovativ mit Fertigteilen und erstellt so kostengünstig Gewerbehallen und Parkhäuser. René Benko ist am anderen Ende des Spektrums erfolgreich. Und auch er hat ein gutes Konzept.

Die Signa investiert vor allem in sehr guten Lagen – Benko spricht werbegerecht »von unwiederbringlichen Lagen« –, sie beschäftigt erstklassige Architekten und sie verändert die Nutzung der Gebäude, so dass sich deutlich höhere Mieten erzielen lassen. Ein erstes Beispiel dafür ist das Kaufhaus Tyrol in Innsbruck, sein »Gesellenstück«, wie er es nennt.

Das Beispiel allerdings, mit dem Benko bei seinen Investoren in den 2010er Jahren hausieren geht, ist vor allem das Goldene Quartier in Wien. Das Areal im 1. Bezirk liegt nicht weit von Stephansdom und Hofburg entfernt. 2007 kaufte die Signa die Gebäude, renovierte sie aufwendig und peppte sie so auch bilanziell auf.

Heute finden sich Flagship-Stores von Louis Vuitton oder Armani im Erdgeschoss, teure Anwaltskanzleien mieten darüber ihre Büros und in den Etagen ganz oben haben sich sehr reiche Leute eingemietet – einzelne Wohnungen kosten bis zu 10 Millionen Euro. Dafür bekommt man um die 350 Quadratmeter und einen Lift, der den Eigentümer und seine Gäste direkt vom Parkhaus in die Wohnung bringt. Das Ganze kostet um die 30.000 Euro pro Quadratmeter. Benko erzielt damit die höchsten Preise überhaupt in Wien.

Gleich daneben liegt Benkos Hotel, das Park Hyatt, das früher die Österreichische Länderbank beherbergte und nun Zimmer für einen Preis zwischen 500 und 1000 Euro die Nacht vermietet. So ergab sich, nicht nur auf dem Papier, eine erhebliche Wertsteigerung innerhalb weniger Jahre.

Das sind Erfolgsgeschichten, die Investoren gerne hören. Roland Berger, der sein Büro an der Münchner Top-Adresse Maximilianstraße hat und die Preise in solchen Lagen kennt, sagt: »Als ich Benko die ersten Male traf, waren wir relativ schnell beim Geschäftlichen. Die Baugeschichte klang gut: Erst das Kaufhaus Tyrol, dann das Goldene Quartier, wo echte Werte geschaffen wurden. Auch die Finanzierung erschien mir marktüblich, falls die Zahlen der tatsächlichen Finanzierung entsprachen: 50 Prozent Bankschulden, 20 bis 30 Prozent Mezzanine und 20 bis 30 Prozent Eigenkapital.«

Mezzanine bedeutet Zwischengeschoss, ist ein Begriff aus der Architektur und umfasst Finanzierungsformen, die irgendwo zwischen Eigen- und Fremdkapital angesiedelt sind. So vergeben Versicherungen Mezzanine, die höher verzinst sind als erstrangige Hypothekendarlehen, aber den Nachteil mit sich bringen, dass sie im Falle einer Insolvenz erst nachrangig bedient werden. Gerade in der Immobilienbranche sind Mezzanine gerne gesehen, denn man kann sie in der Bilanz als Eigenkapital ausweisen, obwohl sie zurückgezahlt werden müssen. So konnte Benko nach außen gegenüber der Öffentlichkeit regelmäßig von 40 bis 50 Prozent Eigenkapital sprechen, obwohl er einen bedeutenden Teil des Geldes zurückzahlen musste: Eine legale und durchaus marktübliche Form der Irreführung.

Finanzierungen ausschließlich über Bankkredite, wie sie früher üblich waren, gehören in der Immobilienbranche der Vergangenheit an und damit auch Figuren wie der hessische Bauunternehmer Jürgen Schneider. Nur wenige erinnerten sich noch an den Mann mit dem dunklen Toupet, der rund um die Deutsche Einheit in erstklassigen Lagen historische Gebäude zu Einkaufspassagen und Büros umgestaltete und aufwertete, ähnlich wie Benko 20 Jahre später. Die Mädler-Passage in Leipzig, die Zeil in Frankfurt und das Bernheimer Palais in München waren nur einige von Dutzenden Projekten, die Schneider umbaute und dann teuer vermieten und verkaufen wollte.

Allerdings entpuppte sich Schneider Mitte der 1990er Jahre als sehr grober Betrüger und ging pleite. Er hatte ganze Etagen auf den Plänen dazuerfunden, um so den leichtgläubigen Banken hohe Kredite abzuschwatzen. Schneider wurde dafür zu sechs Jahren und neun Monaten Gefängnis verurteilt, das Toupet wich einer Stirnglatze und nackenlangem grauen Haar, das bei jedem Schritt im Wind wehte. Nach seiner Haftentlassung 1999 kam der Bauingenieur finanziell nie mehr auf die Beine. Er haftete persönlich als Unternehmer.

So wies das Geschäftsmodell von Benko und Schneider zwar Ähnlichkeiten auf, die Finanzierung jedoch und die Unternehmensform war eine gänzlich andere.

Längst konzentrierte sich auch Benko nicht mehr auf ein einzelnes Objekt, stattdessen stieß er parallel Dutzende Umbauten nach dem Muster des Goldenen Quartiers an. Die Sparte Prime wuchs und gedieh und verdoppelte innerhalb weniger Jahre ihren Wert. Gleichzeitig floss immer mehr Geld ins Projektgeschäft.

In der Sparte Development fanden sich eher die 1b-Lagen in zahlreichen deutschen Städten, auch profanere Büros wurden da entwickelt. Benko lotste Investoren auch in diese Sparte, wo er mit einzelnen Bauten wie dem ehemaligen Kaufhof am Berliner Ostbahnhof Rohmargen von über 50 Prozent erzielte. Auch Roland Berger investierte dort zusätzlich zur Prime, auch hier gab es für die Investoren ordentliche Renditen und jährliche Wertsteigerungen. Selbst im Handel wurde Benko nun eine Größe.

Der Betongoldrausch bei Benko hat neben den makroökonomischen Gründen auch sehr spezielle. Drei Argumente für Investoren zählt eine langjährige Spitzenkraft der Signa auf: Benko zahlte jedes Jahr bis zu 6 Prozent Dividende, sonst gibt es bei Immobilien regelmäßig nur 2 bis 3 Prozent. Die Anteile stiegen Jahr für Jahr im Wert. Außerdem schloss Benko mit einzelnen Geldgebern wie Roland Berger, Klaus-Michael Kühne oder Torsten Toeller Geheimdeals ab. Er gab ihnen die Option, auszusteigen und die Anteile zurückzugeben, falls sie das wollten. Damit wirkten die Anteile fungibel, als investiere man in Aktien – sehr ungewöhnlich im Immobiliengeschäft, das in der Regel ein langfristiges ist und deshalb auch langfristig mit dem Eigenkapital planen muss.

Von den Seitendeals mit einzelnen Anteilseignern wissen die jeweils anderen nichts. Benko versteht es, jedem Investor das Gefühl zu geben, er und nur er werde bevorzugt und besonders gut behandelt. Benko bietet offensichtlich das Beste aus allen Welten: zugleich hohes Wachstum, sichere Dividenden und die Möglichkeit, jederzeit auszusteigen. Eine herausragende und in der Wirtschaftsgeschichte nie gesehene Kombination, die Benko mit dem innovativen Geschäftsmodell der Signa begründet.

Zum Jahresschluss 2019 scheint es keine Grenzen mehr für Benko zu geben, es wirkt, als würde er über Wasser laufen. In den

USA kauft er die Hälfte des weltbekannten Chrysler Buildings, um mit einem Donnerschlag in den amerikanischen Markt vorzudringen. In Deutschland macht er sich mit der Fusion von Karstadt und Kaufhof in allen deutschen Innenstädten breit. Und in Österreich erwirbt er Anteile am größten Medienhaus, in dem die einflussreiche *Kronen Zeitung* und der *Kurier* erscheinen.

In einem Brief an die Mitarbeiter versprühen der Unternehmensgründer und sein Handelsexperte und Chairman Dieter Berninghaus unbändigen Optimismus. 45.000 Menschen beschäftige die Signa inzwischen, die Immobilienwerte addierten sich auf 20 Milliarden Euro, dazu kämen Projektentwicklungen in Höhe von 9 Milliarden Euro und ein Handelsumsatz von 7 Milliarden, zählen sie auf. Die Signa-Gruppe sei »finanziell kerngesund und für die Herausforderungen im neuen Jahr bestens gerüstet«.

Der Brief schließt mit einem Versprechen: »Signa macht Unmögliches möglich – das war so, ist so und bleibt so. Versprochen.«

Aus der kleinen Immofina/Signa, die nach 2000 mit ein paar Dutzend Leuten ihr Geschäft betrieben hatte, war ein Konglomerat geworden mit einer Holding und mehreren Sparten. Das Organigramm wucherte, über 1000 Ober-, Zwischen- und einfache Gesellschaften machten sich nach und nach breit.

Die Vielzahl der Gesellschaften, die nach der Signa-Pleite offenbar wurde, hat vor allem steuerliche Gründe und ist Standard im Immobiliengeschäft. Jedes Projekt steckt in einer eigenen Gesellschaft, einer Immobilien-GmbH. Der Steuersatz auf die Mieteinnahmen beträgt nur 15 Prozent, Gewerbesteuer wird nicht fällig. Üblich sind auch sogenannte Share-Deals, bei denen der Käufer nicht die Immobilie, sondern Anteile an der Immobiliengesellschaft erwirbt und so die Grunderwerbssteuer legal umgehen kann. Der Sitz der Gesellschaften liegt häufig in steuergünstigen Ländern wie Luxemburg.

Die Staaten fördern somit ganz bewusst die Immobilienbranche, und Benko macht sich das in großem Stil zunutze. Es regnet Geld, und je mehr Projekte Benko angeht, umso größer der Hebel.

Im Jahr 2022 beschäftigte allein die Immobiliensparte Prime 313 Mitarbeiter, mit einem Durchschnittsverdienst von 252.000 Euro – das sind Gehälter, wie sie sonst bei Investmentbanken gezahlt werden.

Die Kapitalbeschaffung ist bis Ende der 2010er Jahre ein leichtes für die Signa. Investoren kommen zuhauf. Auch viele Banken wie die österreichische Raiffeisen-Gruppe oder die deutsche Helaba geben bereitwillig Geld zu Zinssätzen um 1 Prozent.

Dass nur wenige Monate später die Coronapandemie auch europäische Innenstädte leeren würde, konnte zu dem Zeitpunkt niemand wissen. Bald standen Benkos Warenhäuser sowie seine von ihm vermieteten Läden und Büros leer.

Doch einstweilen gleicht sein Leben einer einzigen großen Party. Benko ist nun auch dank seiner Geldgeber der unbestrittene europäische Immobilienkönig.

KAPITEL 4

Luxus auf Kosten der anderen – das pralle Leben René Benkos

Die zwei schlanken, miteinander verbundenen Türme des Berliner Upper-West-Hochhauses gehören nicht nur zu den auffälligsten Gebäuden der Hauptstadt. Sie zeigen auch die geschäftlichen Verflechtungen der Signa Group. Gebaut hat sie die Strabag, deren Miteigentümer Hans Peter Haselsteiner auch einer der größten Gesellschafter von René Benkos Immobilienkonglomerat ist. Gekauft hat Benko das Haus 2017 von Aby Rosen, mit dem er sich das ikonische Chrysler Building in New York teilte. Und Mieter neben der deutschen Signa-Zentrale und vielen anderen ist einer der heutigen Insolvenzverwalter der Signa, die Kanzlei Görg mit ihrem Partner Torsten Martini.

Fast ganz oben, im 31. Stock, findet die Berliner Signa-Zentrale ihren großzügigen Platz mit einem Louis-Vuitton-Bild als Blickfang im Büro. Ganz oben allerdings steht das Allerheiligste Benkos: sein Penthouse. 2023, als die Signa-Insolvenz schon nahe war, hat Benko es fertigstellen lassen und dann kaum mehr nutzen können.

Eine Netflix-Serie über René Benko, sie könnte genau hier beginnen: Mit einem Kameraschwenk über die weißen Marmorböden des Büros, über die goldfarbenen Deckenlampen und den riesigen Tisch im Büro, ebenfalls aus Marmor. Weiter ginge es durch das Schlafzimmer und den Speiseraum, von dem aus eine mindestens lastwagengroße Scheibe aus Panzerglas den Blick freigibt auf das Dach des Waldorf Astoria Hotels und die deutsche Hauptstadt, die dem Betrachter zu Füßen liegt. Dazu kommen, unter anderem, Gästezimmer, Dampfbad und Sauna und Bäder und Gym, alles in allem eine Fläche von etwa 1000 Quadratmetern oder auch darüber.

Selbst zwei vermögende Unternehmer, die Luxus gewohnt sind, Benkos Yacht kennen, sein Penthouse in Wien und sein Chalet N in Lech, waren nach einer Führung an Benkos Seite und begleitet von einer Handvoll Leibwächtern geradezu schockiert. Sie sagen übereinstimmend: »Das Penthouse war das Protzigste, was ich in meinem Leben je gesehen habe.« Einer fühlte sich an die Wohnung »eines russischen Oligarchen oder eines saudischen Herrschers« erinnert. Ein anderer findet sie »ordinär« – was in diesem Fall das Gegenteil von gewöhnlich bedeutet – und vergleicht das Apartment mit denen amerikanischer Hedgefondsgrößen mit jährlichen Einkommen von mehreren 100 Millionen Dollar; Menschen, denen Benko immer nachgeeifert habe.

Immobilienexperten schätzen das Apartment auf einen Wert von 30 Millionen Euro, bei einem Quadratmeterpreis von 30.000 Euro, der in Hyperluxuslagen in Berlin bezahlt werde. Und das Schönste für Benko: Es hat ihn privat nichts oder doch nur sehr wenig gekostet. Denn es war Teil von Signa Prime und wurde als sein persönliches Büro geführt, deshalb waren die Miete, das Personal, das Essen oder der Wein zumindest weitgehend umsonst. Sein Medienanwalt etikettierte es, dazu gefragt, als »Büro« – trotz vieler Wohnräume und einem Schlafzimmer mit einem riesigen, runden Bett. »Es gibt im Upper West kein ›Penthouse‹, sondern eine den übrigen von Signa genutzten Flächen zugehörige 33. Büroetage mit erweiterten Repräsentations- und Hospitality-Bereichen«, teilte er mit.

Benko hat sich den Luxus seines Privatlebens häufig von der Signa zahlen lassen: den Betrieb seiner 62-Meter-Yacht »Roma« genauso wie den Unterhalt der beiden Flugzeuge und den diverser Anwesen von Innsbruck bis zum Gardasee, die er mit seiner Frau Nathalie bewohnte. Dass sie für bedeutende Teile der Ausschweifungen Benkos aufkommen mussten, erfuhren die Anteilseigner oft erst im Nachhinein. Selbst die laufenden Kosten seiner Villa in Sirmione am Gardasee wurden teils von der Signa Holding bezahlt. Sie überwies nach Recherchen des österreichischen *Standard* monatlich 20.000 Euro plus Nebenkosten für die angebliche Italienzentrale der Signa, obwohl keine 40 Kilometer entfernt am Gardasee in Gardone Riviera weitere Villen der Signa standen samt Infinity-Pool.

Für Benko war Arbeit eben Vergnügen und Vergnügen Arbeit. Der Arbeitstag des Unternehmers startete in der Regel um 5.30 Uhr – auch die Autoren dieses Buches erhielten SMS von ihm vor dem Morgengrauen –, dauerte den ganzen Tag und glitt über in einen Abend, an dem er sich Essen und Rotwein und Zigarren in einem seiner Häuser, Wohnungen oder Hotelsuiten servieren ließ und sich auch da nicht selten mit Geschäftspartnern traf. Wer am Wochenende mit Benko telefonierte, der hörte häufiger Kinderschreien im Hintergrund, denn auch wenn Benko auf dem Spielplatz war mit seinen Kindern, so erledigte er in dieser Zeit regelmäßig Geschäftliches.

Es gab in der Regel keine Trennung zwischen Freizeit und Arbeit, und Benko muss daraus den Schluss gezogen haben, dass sein persönlicher Lebensunterhalt ebenso von der Firma bezahlt werden müsse wie das Heer seiner Assistenten und Assistentinnen. Dass die Signa oder eine von Benkos Stiftungen damit auch Kosten der persönlichen Lebensführung von der Steuer absetzten, dürfte auch im Zusammenhang mit den Ermittlungen der verschiedenen Staatsanwaltschaften eine Rolle spielen. Seine Insolvenz als Einzelunternehmer von Anfang 2024 entsprang einer Steuernachforderung der Republik Österreich.

Benkos Hang zum Luxus und die Bedenkenlosigkeit, mit der er offensichtlich andere dafür zahlen ließ, gibt auch den Blick frei auf seine Charakterzüge. Geschäftspartner, die in den vergangenen zehn Jahren eng mit ihm zusammengearbeitet haben, schildern ihn als materiell besessenen Menschen, als einen einsamen Mann ohne jeden Freund. Der Reichtum und der zur Schau gestellte Erfolg sei Teil von Benkos Identität, hat der Handelsexperte Dieter Berninghaus, lange Zeit sein engster Geschäftspartner, einmal räsoniert. Benko lebte nach dem so verblichenen wie zynischen Investmentbankersatz »If you're so smart, why aren't you rich?«

Es begann mit dem geliehenen Ferrari zu der Zeit, als Benko noch Dächer ausbaute, es ging weiter damit, dass er seine Geschäftspartner auf der Yacht empfing. Und es endete mit dem obszön protzigen Penthouse über den Dächern von Berlin.

Gleichzeitig nutzte Benko seinen Reichtum auch, um Geschäftsleute zu beeindrucken. Viele seiner Investoren, die in der Regel ebenfalls von Geld getrieben sind, sahen an Benkos Lebenswandel sehr direkt, dass sein Geschäftsmodell funktionieren musste. Vertraute schildern ihn als ein »Genie« im Umgang mit Menschen. Bei jedem habe er die Knöpfe erkannt, auf die er drücken musste.

Bei »Fressnapf«-Gründer Toeller, ebenso ein Aufsteiger wie er, bediente er dessen Bedürfnis, unter Männern zu kumpeln. So gelang es Benko immer wieder, Toeller auf seine Seite zu ziehen, obwohl dessen Vermögensverwalter schon früh gewarnt hatten und zumindest einen teilweisen Ausstieg empfahlen. Gerade Investoren der Signa Holding, zu denen Toeller gehörte, hatten keinen Überblick über die Geschäfte, weil Benko – allen Versprechen zum Trotz – keine konsolidierte Bilanz vorlegte, die die Geldströme aller Sparten aufgezeigt hätte.

Für Benkos Überredungskunst steht die Geschichte, als Toeller mit Wut im Bauch und dem festen Vorsatz, endlich Klarheit zu bekommen, 2019 zum Signa-Herrn an den Gardasee flog – und nach dem Gespräch und einem langen Abend wie beseelt zurückkam. Er machte mit bei der verlangten Kapitalerhöhung, ohne dass Benko seine Wünsche nach mehr Transparenz auch nur im Ansatz erfüllt hätte. Im Mai 2024 sagt Toeller rückblickend: »Es wurde immer offensichtlicher, dass Intransparenz und Verschleierung bei René Benko systematisch Methode hatten. Heute ärgere ich mich, dass ich seinen Versprechungen, alles werde transparenter, zu lange und gegen anderen Rat geglaubt habe.«

Bei einem Investor wie dem Spediteur Kühne spielte Benko erfolgreich den Sohn, den Kühne nie hatte. Er fragte, wie er denn dieses oder jenes unternehmerische Problem angehen würde und wurde von Kühne sogar zum Unternehmergipfel nach Mallorca in dessen Hotel eingeladen – ein ideales Spielfeld für Leute auf Investorensuche. Er kenne keinen, der so adressatengerecht verkaufen konnte wie Benko, sagt ein Vertrauter Kühnes.

Aber ist nicht jeder und jede für Schmeicheleien empfänglich? Manche wie Kühne mögen in Benko gar ihr jüngeres Ich gesehen haben. Kühne gilt ansonsten als misstrauischer, sehr resoluter und nicht selten unangenehmer Mann, der selbst hochrangigste Mitarbeiter wie den Verwaltungsratspräsidenten seiner Holding, Karl Gernandt, wie Assistenten behandelt. Wenn das Essen Kühne nicht schmeckte, wurde Gernandt schon mal in die Küche geschickt, um sich beim Koch zu beschweren. Einen wie Kühne zumindest zeitweise umzudrehen, kann durchaus als große Leistung Benkos gelten.

Sogar den Umgang mit Journalisten, von denen er durchweg wohl wenig hält, beherrschte Benko, anders als die meisten Unternehmer. Er sprach bei einem schlecht über die anderen, gab Informationshäppchen, stellte eine Scheinoffenheit her und entzog sich so nicht selten harten Recherchen. Das *Handelsblatt*, an dessen Lernplattform »Ada« er sich beteiligte, ernannte ihn 2018 sogar zum »Strategen des Jahres«.

In der Ehrung steckte auch ein Anflug von Wahrheit. Tatsächlich bereitete Benko Gespräche etwa mit Versicherungsvorständen, von denen er Kapital wollte, so strategisch wie akribisch vor. Er war sich auch nicht zu schade, erst einmal mit dem Direktor unterhalb des Vorstandes zu sprechen, um die Dinge in seine Richtung zu lenken. So gelang es ihm, Vorstände der RAG-Stiftung oder der Signal Iduna oder von R+V zum Ausreichen von schlecht besicherten Mezzaninen oder Genussscheinen zu bewegen.

Den Vorstandsvorsitzenden der Schweizer Privatbank Julius Bär, Philipp Rickenbacher, brachte Benko dazu, der Signa noch 2021 und 2022 Kredite von insgesamt 600 Millionen Franken zu gewähren. Eigentlich gehörte die Kreditvergabe an Firmen gar nicht zum Kern des Geschäftsmodells, aber die Bank hatte mit einer Zwischenfinanzierung beim Kauf der Schweizer Globus-Kette durch Signa sehr gut verdient – und Rickenbacher war offensichtlich gierig und vertrauensselig zugleich geworden.

Der Signa-Kredit musste abgeschrieben werden, Rickenbacher wurde gefeuert.

Letztlich, so sagt einer, der häufiger mit ihm über Investoren sprach, habe Benko normale Vorstände mehr oder minder für Dorfdeppen gehalten. Die wahren Helden seien für ihn die Blackrocks und Blackstones dieser Welt gewesen, also die Menschen, die das meiste Geld bewegen – und kassieren.

Keine Frage, René Benko ist mit seinem unbedingten Willen zum Erfolg und seinem Hang zum großen Geld alles andere als gewöhnlich. Wie also lassen sich seine Handlungen erklären? In der Psychologie gibt es den Begriff »Die dunkle Triade«, den die kanadischen Psychologen Delroy L. Paulhus und Kevin M. Williams im Jahr 2002 geprägt haben: Darunter fallen die Persönlichkeitsmerkmale Narzissmus, Machiavellismus und die Eigenschaft, andere Menschen als Objekte zu sehen.

»René Benko erfüllt alle Punkte der dunklen Triade mühelos«, attestiert Thomas Knecht in einer Ferndiagnose. Er war bis Mitte 2023 forensischer Psychiater im Psychiatrischen Zentrum im Schweizer Herisau und viel gefragter Gutachter in zahlreichen Prozessen. Im Luxusleben erkennt Knecht den Narzissmus, in Benkos Talent, Leute für seine Ideen zu gewinnen, den Machiavellismus. Dazu kommt eine gewisse Skrupellosigkeit im Umgang mit anderen Menschen, zumindest wenn sie Geschäftspartner waren.

Einzelne Züge der dunklen Triade tragen viele Menschen in sich, sie sind keine Krankheit, sondern dienen in gewissem Maß auch der Selbstvergewisserung und dem beruflichen Fortkommen. So finden sich überproportional viele Narzissten und Machiavellisten unter Top-Managern, Politikern und gelegentlich auch Journalisten, wie Studien ergeben haben. Eine im *Harvard Business Manager* 2021 veröffentlichte Studie unter 10.000 Deutschen kommt zu dem Schluss, »Narzissmus ist in Führungsetagen weit verbreitet, viel weiter als in der Gesamtbevölkerung«. Für machiavellistische, also auf den Zweck ausgerichtete und taktisch agierende Personen dürfte Ähnliches gelten.

Ob Manager, Politiker oder Journalist – all diese Berufe geben der Person viel Aufmerksamkeit, was dem Narzissten entgegenkommt, und alle drei Berufsgruppen müssen in der Lage sein, andere von sich zu überzeugen: Politiker die Wähler und Wählerinnen, Vorstände und Unternehmer ihre Belegschaften und Journalistinnen die Öffentlichkeit. Dazu braucht es die

Fähigkeit, sich in das Denken und Fühlen anderer versetzen zu können.

Die Psychologie unterscheidet zwischen warmer und kalter Empathie. »Kalte Empathie ist auch eine Form der Sozialkompetenz, es ist ein Werkzeug, das auch als Waffe eingesetzt werden kann«, sagt Knecht. Allerdings sind die Wahrnehmungen in erster Linie interessensgeleitet: »Mitgefühl mit den Opfern gibt es bei Menschen mit diesem Profil kaum. Es fehlt an warmer Empathie«, so der Psychiater weiter.

Mit einem Nachteil indes müssen solche Charaktere leben: Stellen sie die materiellen Aspekte ihres Lebens in den Vordergrund und das Versprechen, mit ihnen gemeinsam reich zu werden, dann ziehen sie Menschen an, denen es vor allem ums Geldverdienen geht. Denn sie bedienen die Gier. Das betrifft Investoren, aber auch Mitarbeiter und Mitarbeiterinnen.

Kamen zur Signa in den frühen Jahren auch viele begabte und hoch motivierte Manager, weil im Unternehmen schnell entschieden wurde, weil alle per Du waren und es Start-up-mäßig recht hierarchiefrei zuging, so änderte sich das mit den Jahren. In den Vordergrund rückte das Geldverdienen, zumal Benko die Mitarbeiter zum Kauf von Anteilen animierte und Wertsteigerungen im Silicon-Valley-Style versprach.

Die regelmäßigen Mitarbeiterpartys, die Benko schmiss, erinnern Teilnehmer an *The Wolf of Wall Street* – allerdings ohne den Kokaingenuss und die Prostituierten im Film von Martin Scorsese. Da peitscht Leonardo DiCaprio als Börsenmakler Jordan Belfort seine Leute nach vorn. Es geht nur um Geld und Spaß und darum, die Anleger abzuzocken.

Bei den »Signa Days« Mitte Dezember 2022 verkleidete sich die Gier und sie sprach mit weichem österreichischen Timbre. 500 Mitarbeiter der Signa-Gruppe trafen sich für drei Tage im Fünf-Sterne-Interalpen-Hotel Tyrol, das seine Zimmer pro Nacht je nach Saison zu Preisen zwischen 300 und 600 Euro vermietet. Alles war umsonst: die frei buchbaren Ski- und Kletterkurse, der knackfrische Thunfisch, jede Menge alkoholische Getränke und das Konzert der (nicht mehr ganz taufrischen) Popgruppe Boney M., die im Wellnessbereich aufspielte.

Daddy Cool alias René Benko hatte natürlich auch seinen Auftritt. Er zitierte ein Tiroler Sprichwort: »Aufgegeben wird nur die Post.« Die Austria-Variante von Churchills Kriegsrhetorik »We shall never surrender.«

Gerade hatte die österreichische Staatsanwaltschaft im Wiener Palais Harrach die Räume der Signa Holding durchsucht, offenbar im Zusammenhang mit Ermittlungen gegen Benkos Spezi Sebastian Kurz und andere Politiker. Die Zinsen stiegen, während die Immobilienpreise fielen. Galeria Karstadt Kaufhof musste schon wieder Insolvenz anmelden. Die Banken gaben fast gar keine Kredite mehr. Und Dividenden konnten für dieses Jahr auch keine ausgeschüttet werden. Eigentlich stand es sehr schlecht um die Signa.

Doch wer Benko reden hörte, befand sich bald auf einem anderen, einem viel heller leuchtenden Stern. Die Signa habe einzigartige Projekte, sie werde deshalb von der Immobilienkrise sogar profitieren, sendete er aus. Und für die Kritiker und Feinde da draußen (»Neid ist auch Anerkennung!«) hatte Benko nur eine Nachricht: Die Signa werde jetzt noch schneller wachsen. »Das Jahr 2030 findet schon 2027 statt«, versprach der Gründer im holzverkleideten Foyer des Hotels. »Nicht, weil ich dann meinen 50. Geburtstag feiere, sondern weil ich meinen Kindern versprochen habe, alle meine weltweiten Projekte zu präsentieren und ihnen damit zu zeigen, warum ich so viel Zeit in der Firma verbracht habe.«

Beifall, Jubel. René war einfach der Größte. »Das hatte Sektencharakter«, sagt einer, der dabei war und näher an der Realität als die anderen Feiernden. Die meisten Mitarbeiter vertrauten den Worten Benkos, zumal sie am Ende seiner Rede und vor dem Konzert von Boney M. noch ein Überraschungsgeschenk mitnehmen durften. Jeder Mitarbeiter und jede Mitarbeiterin in Österreich und Deutschland erhielt als Vorweihnachtsgeschenk 3000 Euro Inflationsausgleichsprämie, steuerfrei.

Bis zuletzt glaubten Benko viele, dass er das Unternehmen stabilisieren und zu neuen Höhen führen werde: einfache Büromitarbeiter, aber auch Top-Manager und Geldgeber. Er ist ein Charismatiker, wenn auch nur einer auf den zweiten Blick.

Dass Benko selbst 2022 oder 2023 nicht beidrehte und versuchte, mit einem radikalen Schnitt zumindest Teile des Geschäfts zu retten, mag von außen verwundern. Doch für nervenstarke Finanzartisten wie ihn ist das typisch. Irgendwann glauben sie ihren eigenen Erzählungen. Oder sie können nicht mehr zurück.

Noch nach der ersten großen Insolvenz, der der Signa Holding im November 2023, verbreitete Benko die Zuversicht, dass sich bald ein Geldgeber finden würde. Tag für Tag hing er am Telefon oder jettete zu einem potenziellen Geldgeber weltweit. Selbst im Januar 2024 erzählte er noch, dass er wieder einen neuen Investor am Haken habe; es seien nur noch ein paar Details zu klären über das Wochenende …

Es kam dann anders. Aber Benko dachte und denkt wohl immer noch, er allein habe die Signa geschaffen, er blieb Alleinunternehmer, auch als die Firma und ihre Unternehmen wie Galeria Karstadt Kaufhof längst Zehntausende Menschen beschäftigten.

Nur er allein – und einige wenige, ihm klar untergeordnete Personen wie der Finanzchef Manuel Pirolt – hatten den Durchblick. Benko achtete offensichtlich peinlich darauf, dass niemand ihm zu nahekam und niemand so gut informiert war wie er. Der Konzern mit seinen scharf voneinander getrennten Sparten, den Silos, in die sämtlich nur er blicken sollte, war wohl auch Ausdruck seines Charakters. Es spiegeln sich Misstrauen und Hybris zugleich darin.

Das heißt nicht, dass nicht andere sich auch in ihren Bereichen strafbar gemacht haben könnten, aber Benko war Architekt und Bauherr zugleich. Viele verdienten mit ihm, er sah es wohl so, dass alle anderen nur von ihm profitiert hätten. So jedenfalls erklären sich ehemalige Weggefährten den Hass, der ihnen in den letzten Tagen der Signa entgegenschlug.

In einer Gesellschafterversammlung der Holding wenige Monate vor der Insolvenz hatte Benko seinen Handelsexperten Berninghaus vor allen anderen angegriffen: »Du bist schuld«, sagte er zur Verwunderung der Gesellschafter zu dem gesundheitlich angeschlagenen Mann, der sich damals noch von einer schwerwiegenden Augenoperation erholte und fast blind mit Sonnenbrille in der Videokonferenz saß.

»Gewissensbisse sind bei White-Collar-Tätern eher unbedeutend. Sie sagen oft: Ich habe nichts getan, was nicht auch jede Bank tut. Sie glauben, sie hätten einfach Pech gehabt«, referiert Thomas Knecht die Literatur. Von einem Täter im strafrechtlichen Sinne kann bei Benko zumindest im Sommer 2024 keine Rede sein, weil bis zu diesem Zeitpunkt nicht einmal eine Anklage erhoben wurde und Benko jegliches Fehlverhalten bestreitet. Allerdings stellt sich die Frage der Verantwortung für den spektakulären Crash – und im Größenwahn Benkos finden sich die meisten Antworten.

KAPITEL 5

Signa wächst gleichzeitig in die Höhe und Breite – die Immobilienfirma wuchert zu einem Konzernkonglomerat

Das Treffen mit René Benko, das einigen Gesellschaftern nicht mehr aus dem Kopf will, findet kurz nach seinem 40. Geburtstag statt. In der kleinen Runde seiner wichtigsten Geldgeber geht es gemütlich zu, man sitzt beim Essen zusammen. Wie immer atmet viel zu teurer Wein für Tausende von Euro in den Gläsern, die Gespräche am Tisch drehen sich um die ganz großen Dinge. Man redet über den Sinn des Lebens.

Wo er denn stehen wolle mit 50 Jahren, fragt Holding-Investor Torsten Toeller den Gastgeber. Der Unternehmer aus dem Rhein-Ruhr-Gebiet ist ähnlich früh wie der Immobilienjongleur selbstständig gewesen, behielt aber stets die Bodenhaftung. Mit 24 Jahren eröffnete er seinen ersten Markt für Tiernahrung, der Grundstein für seine »Fressnapf«-Kette, heute ist er die Nummer eins in Europa. 2023 schätzt das *manager magazin* sein Vermögen auf 2,1 Milliarden Euro.

Benkos Antwort habe bei allen die Kinnlade runterfallen lassen, erinnert sich ein Beteiligter von damals. Erwartet hatten die Investoren, dass er etwas in der Art sagen werde wie: Lasst uns den guten Weg der Signa gemeinsam weitergehen und das Unternehmen zu neuen Erfolgen führen. Stattdessen sagte Benko der Erinnerung von Anwesenden nach: »Ich will der reichste Mann Europas werden.« Bämm! Er selbst bestreitet das.

Geht es bei der Signa vielleicht nicht um den Unternehmenserfolg, sondern ausschließlich um den persönlichen Mammon? Spricht hier einer, der längst das Gespür fürs Maßhalten verloren hat? Der für 650.000 Euro im Juli 2017 seinen 40. Geburtstag in der »Villa Ansaldi« am Gardasee feierte, mit Tänzerinnen, Streichorchester, dem Sänger Xavier Naidoo, und am Ende die Rechnung andere begleichen lässt, nämlich eine Tochter der Signa Holding?

Benko reizte, ja überreizte die Mechaniken seiner Zeit. Die 2010er Jahre waren »Turbokapitalismus auf Anabolika«, schreibt der Professor für wirtschaftspolitischen Journalismus, Henrik Müller, im November 2023 in einem Beitrag für den *Spiegel.* Sowohl die kurzfristigen als auch die langfristigen Zinsen, also jene mit denen Unternehmen ihre Kredite bezahlen, lagen bald unterhalb der Inflationsrate. »Eine Konstellation, die wirkt wie eine Subvention fürs Schuldenmachen«, so Müller.

In dieser Phase wächst Signa sowohl in die Höhe als auch in die Breite. Investoren decken erste Schwächen auf, bleiben aber am Ende dabei, weil das Net Asset Value, der Immobilienwert, kontinuierlich wächst. Interne Warnungen einzelner Manager, was denn mit Signa passieren würde, wenn die Zinsen stiegen, konterte Benko barsch: er sei Unternehmer, nicht Unterlasser.

Auch die Investoren machen das Spiel mit. »Dass die Gefahr der Überschuldung bestand, habe ich schon früher verstanden. Praktisch hat Benko jedes Jahr einen negativen Cashflow er-

Entwicklung der Immobilienwerte der Signa (Development + Prime) in Mrd. Euro

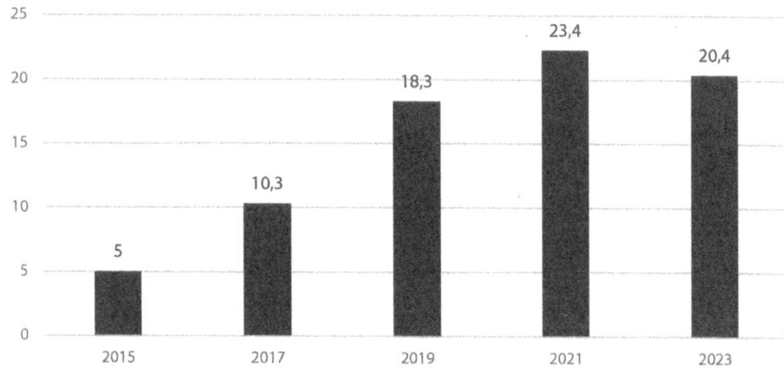

Quelle: Signa

wirtschaftet, so dass er auf zusätzliche Kredite oder Kapitalerhöhungen angewiesen war«, sagt Roland Berger, der daher schon lange vor der ersten Signa-Insolvenz misstrauisch wurde. »Aber Benko hat immer wieder gezeigt, dass er frisches Geld akquirieren konnte.«

Und Benko bediente die Fantasie des immer höher, weiter, besser mit neuen Zukäufen. Damit verwandelt er das Immobilienunternehmen Signa, das nur in beste Lagen in Kerneuropa investierte, in ein Konglomerat aus Immobilien, Handel und Medien und auch ein bisschen Digitalgeschäft. Aus einem Business, in dem er sich auskennt wie kein zweiter, wird ein zunehmend unübersichtlicher Konzern.

2013 steigt Benko mit dem Kauf von Karstadt in das deutsche Warenhausgeschäft ein, eher eine Gelegenheit als von langer Hand geplant. Fünf Jahre später erhält er nach langem Anlauf auch den Zuschlag für den Kaufhof.

Schon mit der Idee einer Verschmelzung zur Deutschen Warenhaus AG mit hohen Synergiepotenzialen gewinnt er frische

Investoren. Etwa Roland Berger, der sich an der noch jungen Retail-Sparte beteiligt, aber auch an den beiden wesentlichen Signa-Gesellschaften Prime und Development.

Dass das Handelsgeschäft vornehmlich auf das Immobiliengeschäft einzahlen soll, versteht Berger wie die meisten Investoren erst, als es zu spät ist. Seine Signa-Aktien erhält er nicht aus einer Kapitalerhöhung, sondern von Benko selbst. Geld, das in die Privatsphäre des Immobilienjongleurs wandert, der nach und nach Anteile an weitere Investoren verkauft und so seinen persönlichen Reichtum mehrt.

Die Null-Zins-Phase spielt Benko in die Hände, die Geldbeschaffung läuft fast wie die Mechanik einer Automatikuhr. Überall suchen große institutionelle Anleger nach neuen Geldanlagen, wie etwa die RAG-Stiftung aus dem Ruhrpott, gegründet um die Ewigkeitslasten des Steinkohlebergbaus in Deutschland zu finanzieren, letztlich um das Ruhrgebiet vor dem Einsturz zu bewahren.

Deren damaliger Stiftungsvorstand, Werner Müller, Bundeswirtschaftsminister a. D., will das Stiftungskapital vermehren, um die Milliardenkosten für das Wassermanagement hinsichtlich der vom Bergbau hinterlassenen Stollen stemmen zu können. »Bisher haben wir zu einem Großteil in Staatsanleihen angelegt. Da deren Zinsen aber derzeit niedriger sind als die Inflation, findet Werteverzehr statt«, so Müller in einem Interview mit der *Rheinischen Post* 2013. Künftig wolle man bis zu 35 Prozent der Anlagen in die private Wirtschaft investieren. »Wir halten beispielsweise nach Mittelständlern in Deutschland, der Schweiz und Österreich Ausschau, die bereits eine starke Position im Markt haben.«

2017 entscheidet der Stiftungsvorstand über den Einstieg bei Signa, die RAG erwirbt einen Anteil an der Prime in Höhe von 5 Prozent und der Development in Höhe von 3,5 Prozent, fast zeitgleich schlägt auch der Landwirtschaftliche Versicherungsverein aus Münster (LVM) zu. Benko weiß um die Nöte der Versicherer und Stiftungen, die darauf angewiesen sind, Rendite zu erwirtschaften. Vertreter der RAG-Stiftung ziehen sogar in den Aufsichtsrat der Signa-Immobiliengesellschaften ein, bleiben da aber weitgehend unsichtbar.

Bei der Signal Iduna stößt Benko ebenfalls auf offene Ohren und Geldtaschen. Auch wenn er sich für Fußball kaum interessiert, geht der Milliardär immer wieder mal mit den Vorständen zum Bundesligisten Borussia Dortmund. Seit nunmehr 50 Jahren sponsert Signal die Gelb-Schwarzen; auch die Topmanager der Chemiefirma Evonik, größter Besitz der RAG-Stiftung, kann Benko dort treffen.

Man habe die Berichterstattung in den vergangenen Jahren natürlich verfolgt und sich immer wieder gefragt, wie wohl man sich mit Signa fühle, erzählt ein Vorstand der Signal Iduna im Herbst 2023. Am Ende beruhigen sich die Manager selbst, man habe ganz wenig nachrangiges Kapital, ganz wenig Genussscheine. Das meiste sei in Hypotheken und in ein paar erstrangigen Anleihen, erklärt er. Es sei für Signal Iduna immer wichtig gewesen, in den renommierten Lagen engagiert zu sein und damit ordentlich besichert. Am Ende des Tages sei die Argumentation für den Fall, dass etwas schief gehen sollte, gewesen: Dann gehöre einem das Alsterhaus in Hamburg, der Oberpollinger in München, der Elbtower in Hamburg und der Kaufhof in der Hohen Straße in Köln.

Insgesamt stecken mehr als 1 Milliarde Euro der Signal Iduna in der Signa, fast ein Drittel des gesamten Investments deutscher Versicherungen bei Benko – von der R + V über die Allianz bis hin zur Munich RE. Und wegen der stark gesunkenen Immobilienwerte wurden die Verluste aus dem Benko-Engagement deutlich höher, als sich das Management noch im Herbst 2023 einredet. Statt rund 80 Millionen Euro, wie da noch angenommen, musste die Signal Iduna schließlich etwa 230 Millionen Euro abschreiben.

Davon aber ist in den wilden Wachstumsjahren der Signa mit ihren glänzend polierten Bilanzen noch lange nicht die Rede. Benko pflegt sein Image als Arbeitswütiger, das kommt bei den Geldgebern gut an. Jemand, der sein Geld verdient und es nicht bloß erhält. Für ihn sei es ein guter Tag gewesen, wenn er dauerhaft gearbeitet habe, erzählt ein Manager. Urlaubte Benko auf seiner Yacht, lud er seine Top-Leute auf die »Roma« ein, um dort von morgens bis abends zu tagen. Teilweise seien dabei die Kinder um die Führungskräfte herumgesprungen. Nicht immer sei das effizient gewesen.

Später konferierte Benko gerne in seinem neuerrichten Haus in Igls bei Innsbruck mit Büro- und Konferenzräumen im Erdgeschoss. Dem Management bot er bei mehrtägigen Sitzungen dann das Gästehaus auf dem Anwesen an. Selbst im Chalet N, der Luxus-Hütte in Lech, eigentlich zur Erholung gedacht, findet Benko kaum Entspannung; die schenken ihm allenfalls Zigarren und Rotwein. Er ließ sich selbst das Mittagessen am Schreibtisch servieren.

Mit dem frischen Geld hegt Benko neue Expansionspläne, um sein Kerngeschäft zu stärken. Nach dem Immobiliengeschäft, dem Handel, plant er nun den Einstieg ins Mediengeschäft, seine Reputation will er ebenso absichern wie die Zinsen.

Es ist Mai 2019, als ein Video Österreich erschüttert und weit darüber hinauswirkt. *Der Spiegel* und die *Süddeutsche Zeitung* veröffentlichten einen Filmmitschnitt auf ihrer Website, der den damals amtierenden Vize-Kanzler Heinz-Christian Strache (FPÖ) angetrunken und mit sehr legerem T-Shirt in einer Villa auf Ibiza zeigt. Zusammen mit einer schönen Russin verhandelt Strache ganz offensichtlich die Übernahme der *Kronen Zeitung*, Österreichs wichtigstem Blatt. Später sollte sich herausstellen, dass die Russin nur als Lockvogel für den Videodrch agiert hatte. Doch davon wusste der nicht nur machttrunkene Rechtsaußen nichts.

Ziel des Deals, so vermittelt Strache, ist, die Unabhängigkeit der größten Zeitung Österreichs zu brechen. Nach einer Übernahme müssten »zack, zack, zack, drei vier Leute gepusht, drei, vier Leute müssten abserviert werden«.

Einen weiteren Kandidaten für die Übernahme bringt der Politiker ebenfalls ins Spiel: »Und der nächste, der auf alle Fälle kommt, ist der Benko, der will nämlich sowieso die Krone.«

Als das Video Schlagzeilen macht, wähnt Benko sich fast am Ziel, 80 Millionen Euro lässt er sich einen 49-Prozent-Anteil an einer Zwischengesellschaft kosten, die er dem deutschen Zeitungshaus Funke abnimmt. Damit hält er nun 24,5 Prozent an der *Krone*, 24,2 Prozent am ebenfalls relevanten *Kurier*, für die übrigen Funke-Anteile sicherte er sich eine Option.

Dass sein Name im sogenannten »Rippleiberl-Video« fällt, kommt Benko mehr als ungelegen und wird ihm im Herbst 2020 unangenehme Fragen in einem Untersuchungsausschuss einbrocken. Ob er mit Heinz-Christian Strache über eine mittelfristige Machtübernahme bei der *Kronen Zeitung* gesprochen habe, wird er dort gefragt. Antwort Benko: »Also ich könnte mich nicht daran erinnern.«

Am 12. Februar 2018 gab die Funke Mediengruppe freudig bekannt, »mit Signa einen starken Partner für unsere verlegerischen Aktivitäten in Österreich gefunden zu haben«. Benko lässt sich in der Pressemitteilung damit zitieren, dass der Einstieg ins Mediengeschäft »den nächsten strategisch wichtigen Schritt« vorbereite, »einer der führenden Multichannel-Anbieter in Europa zu werden«.

»Die Digitalisierung löst die Grenzen zwischen traditionellen Geschäftsmodellen auf. Handel, Information und Unterhaltung, aber auch das Wohnen und die moderne Welt der Arbeit – diese Bereiche lassen sich schon heute nicht mehr trennen«, erklärt Benko.

Mit diesem neumodischen Geschwafel scheint er darüber hinwegtäuschen zu wollen, dass er sich mit dem Teilerwerb der *Krone* wohl in erster Linie Macht und gesellschaftliches Ansehen kaufen will. In Gesprächen mit Journalisten spricht er darüber, wie wichtig ihm die Pressefreiheit sei und es diese gegen Angriffe von außen zu schützen gelte, um später, als es für ihn kritisch wird, schon im Vorwege bekannte Medienanwälte auf sie zu hetzen. Auch die Autoren dieses Buches haben in der Vergangenheit Erfahrungen mit Benkos Juristen gemacht. Gerne arbeiteten die Größen des Fachs für ihn, wie der Berliner Medienanwalt Christian Schertz. Statt auf konkrete Fragen zu antworten, schickte Schertz den Hinweis, dass die gestellten Fragen »nahezu durchgehend falsche Unterstellungen und Zahlen enthalten« – eine beliebte, wenn auch selten erfolgreiche Methode der Abschreckung.

Bei der *Krone* beabsichtigt Benko nicht nur, Geld zu geben. In einem Interview mit der *Presse am Sonntag* 2019 gibt er an, »eine aktivere Gesellschafterrolle« bei der *Krone* wahrnehmen zu wollen.

Doch dazu kommt es nicht. Benkos Ausflug in die Medienlandschaft bringt ihm viel Ärger mit dem Mitgesellschafter Christoph Dichand ein, der ihn in einem Interview im Sommer 2020 mit der *Süddeutschen Zeitung* öffentlich angreift: Benko gehe es beim Engagement nur um »persönliche Eitelkeit«, so Christoph Dichand. »Wer fremde Reputation kauft, um sie sich anzuheften, macht sie kaputt.« Weitreichende vertragliche Vorteile zugunsten der Dichands verhindern, dass Benkos Plan bei der *Krone* greift.

Hilfe sucht er bei Christoph Keese, zuvor lange Chefredakteur bei diversen deutschen Medien und heute Gesellschafter und Co-CEO von Axel Springer hy, einer Beratung, die zum deutschen Medienkonzern Axel Springer gehört (u. a. *Welt*, *Bild*). Keese wird Geschäftsführer der Signa Medien GmbH und berät die Signa-Gruppe.

Den Höhepunkt der Wachstumsjahre bildet ausgerechnet ein Gebäude, das symbolisch auch für den folgenden Niedergang der Gruppe stehen könnte: 2019 gibt Signa den Kauf des legendären Chrysler Buildings in New York bekannt. Der Tower im Art-déco-Stil gehört zu den schönsten Wolkenkratzern der Welt, vollendet 1930. Doch das Hochhaus, das ein Jahr lang den Titel des höchsten der Welt für sich beanspruchen durfte, hat seine besten Zeiten hinter sich. Das Gebäude entwickelt sich zum Millionengrab für Investoren.

150 Millionen US-Dollar zahlt Benko zusammen mit seinem Partner Aby Rosen für die Ikone in den USA, ein »Schnäppchen«, wie es bei der Signa heißt. Aber schon damals bewerteten Immobilienexperten den Kauf kritischer: das Chrysler Building, ein »Hochsicherheitsrisiko«, das baufällig ist, mit 20 Prozent Leerstand und auf einem Grundstück stehend, dessen Eigentümer horrende Pacht verlangt. Viele Fonds hatten zuvor die Übernahme geprüft und abgewunken.

Auch deshalb bezeichnet ein Signa-Manager den Kauf als »Mediengag«, ein Erwerb für Schlagzeilen, die den Sprung der Signa nach Übersee verkünden mit der eigens gegründeten RFR US Selection AG.

Wirtschaftliche Logik besitzt der Deal nicht. Das sei nur gekauft worden, um zu protzen. Manchmal sei es Benko offenbar auch einfach nur ums Besitzen gegangen, sagt ein Signa-Manager, vielleicht auch ums Sammeln.

Und Schuldensammeln? Zwölf Monate nach Benkos Ausflug ins Land der unbegrenzten Möglichkeiten, beginnt bei den Banken die Zeit der begrenzten Finanzierungen. Die Krise klopft an.

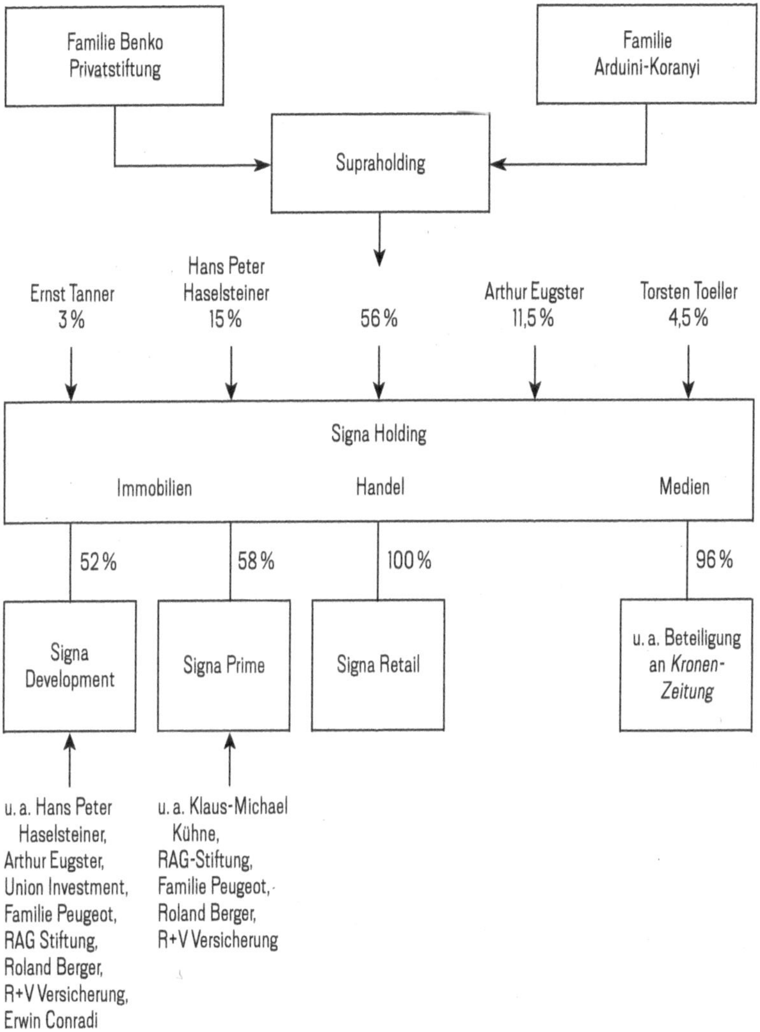
Familie Benko Privatstiftung
Familie Arduini-Koranyi
Supraholding
Ernst Tanner 3 %
Hans Peter Haselsteiner 15 %
56 %
Arthur Eugster 11,5 %
Torsten Toeller 4,5 %
Signa Holding
Immobilien
Handel
Medien
52 %
58 %
100 %
96 %
Signa Development
Signa Prime
Signa Retail
u. a. Beteiligung an *Kronen-Zeitung*
u. a. Hans Peter Haselsteiner, Arthur Eugster, Union Investment, Familie Peugeot, RAG Stiftung, Roland Berger, R+V Versicherung, Erwin Conradi
u. a. Klaus-Michael Kühne, RAG-Stiftung, Familie Peugeot, Roland Berger, R+V Versicherung

KAPITEL 6

Die riskante Finanzmechanik der Signa – warum sich hohe Gewinne so rasant in satte Verluste verwandelten

Leonhard Dobusch ist ein Professor, wie ihn Studenten und Studentinnen der Betriebswirtschaftslehre eher selten kennenlernen. Ein lebendiger Mann, der im Wiener Kaffeehaus Eiles in der Josefstadt seine Bekannten herzlich umarmt, mit einem Blog (Moment.at), Videos und Podcasts längst aus der Fachnische herausgetreten ist und einen Sitz im ZDF-Verwaltungsrat innehat. Aber seine Professur an der Universität Innsbruck hat er nicht für Medienarbeit bekommen, der Mann hat auch fachlich etwas drauf – und er traut sich, in heiklen Fragen Stellung zu beziehen. So äußerte er nach einer Bilanzanalyse schon 2020 auf seinem Blog Zweifel am damals noch weitgehend unbestrittenen Geschäftsmodell René Benkos.

Dobusch analysierte, dass aus der Immobiliensparte Prime Selection spätestens 2019 mehr Geld heraus- als hineinfloss. Die Dividenden, satte 6 Prozent auf den Anteilswert oder 201 Millionen Euro, wurden aus der Substanz bezahlt oder aber mit neuen Krediten finanziert.

Ein Gesellschafter der Prime ließ, skeptisch geworden, 2023 einige seiner Leute nachrechnen und kam sogar zu dem Ergebnis, dass die Immobiliensparte schon seit Ende 2017 einen negativen Free-Cash-Flow erzielt habe. Und ein zu der Zeit führender Manager der Signa und enger Vertrauter Benkos bestätigt, dass die Signa in diesen Tagen begann, ihr Geschäft bilanziell zumindest auszureizen.

Regelrecht alarmierend liest sich der Bericht des Gesellschafters für die Jahre 2017 bis 2022: »Der Free Cash Flow, also der Cashflow, der nach Zahlung der operativen Kosten und Kapitalausgaben übrig bleibt, ist über den gesamten Zeitraum deutlich negativ. Dies spiegelt wider, dass die Aufwertungsgewinne zahlungsunwirksam blieben (d. h. aufgewertete Objekte nicht regelmäßig in ausreichendem Umfang verkauft wurden)«, heißt es in der Analyse. Aufgefangen wurde das Minus demnach nur über »die Aufnahme neuer Schulden und neuen Eigenkapitals«.

Es geht dabei Jahr für Jahr um hohe Summen: 2017 sei der Free-Cash-Flow mit 449 Millionen Euro im Minus gewesen, 2022 sind es gar 959 Millionen Euro.

Warum aber wollten es Ende der 2010er Jahre weder Gesellschafter noch viele der Signa-Manager genauer wissen oder verlangten gar Änderungen am Geschäftsmodell? Für einen Manager, der vor allem in der Holding der Signa eine bedeutende Rolle spielte und mit vielen Geldgebern Kontakt hatte, ist die Antwort klar: Das Immobiliengeschäft sei eine Bonanza gewesen, in der Anteilseigner hohe Dividenden kassieren konnten. Man genoss also die Gewinne und schwieg.

Wer zweifelte, behielt es für sich. Nach außen verkündete die Signa ein Rekordjahr nach dem anderen. Immobilienwerte, Handelsumsatz, Gewinne – alle Zahlen kannten nur eine Richtung:

Es ging so steil nach oben wie das Chrysler Building in New York, an dem sich Benko gerade 50 Prozent der Anteile gesichert hatte. Die gesamte Gruppe erzielte 2019 einen Gewinn von 1,1 Milliarden Euro, der größte Teil davon, 838 Millionen Euro, kam von der Prime. Zahlen, die das positive Bild störten, wurden öffentlich nicht oder sehr viel später publiziert.

Die Differenz zwischen dem hohen veröffentlichten Gewinn und dem negativen Free-Cash-Flow, wie Dobusch und der Prime-Gesellschafter ihn berechnet haben, klingt für Nicht-Betriebswirtschafter erst einmal irritierend. Die Erklärung dafür ist aber simpel: Während der Free-Cash-Flow den Zufluss oder Abfluss der liquiden Mittel aus der gewöhnlichen Geschäftstätigkeit angibt, ist der Gewinn oder Verlust von vielerlei Einflüssen abhängig. So können Verluste entstehen, wenn eine Firma Abschreibungen oder Wertberichtigungen auf Firmenteile vornimmt. Oder es können Gewinne nach oben schnellen, wenn Vermögenswerte wie die Signa-Prime-Immobilien 2019 um 933 Millionen Euro höher bewertet werden.

In beiden Fällen, Abschreibungen oder Zuschreibungen, fließt kein Geld. Wer also wissen will, wie gesund eine Firma aktuell ist, für den ist der Free-Cash-Flow der bessere Gradmesser. Denn ist er einige Jahre negativ, geht einem Unternehmen die Puste aus. So war es auch bei der Signa – auch wenn das bis heute Vorstände wie der langjährige Finanzchef Manuel Pirolt anders sehen und zumindest bis zum Jahr 2022 von einer soliden Bilanz sprechen.

Offensichtlich aber ist: Mit den Jahren ging es für die Signa mehr und mehr nur noch um ein Thema, die Geldbeschaffung. Das veränderte auch die Arbeitsweise Benkos. Kümmerte er sich bis in die späten 2010er Jahre auch um neue Immobilienprojekte oder um strategische Fragen im Handel, so nutzte er seine Zeit in den letzten Jahren vor allem zur Pflege alter Investoren und zum Gewinnen neuer.

Benko musste ständig frische Milliarden organisieren, um nach außen wie nach innen gegenüber seinen Geldgebern den Schein des hoch erfolgreichen und gleichzeitig dividendenstarken Wachstumsunternehmens wahren zu können. Denn die Verkaufserlöse aus den Immobilien und die Mieteinnahmen wuchsen nicht in derselben Geschwindigkeit wie die Zins- und Tilgungskosten für Benkos Immobilienkaufrausch.

Die hohen Gewinne resultierten vor allem aus bilanziellen Aufwertungen, sie kamen nicht in Cash beim Unternehmen an, sondern waren Hoffnungswerte. Man musste daran glauben, dass die Immobilien bei einem späteren Verkauf auch tatsächlich den hohen Preis erzielen würden, mit dem sie in der Bilanz standen.

Das spektakuläre Wachstum der Immobiliensparte Prime, die ausweislich einer Investorenunterlage innerhalb von nur zweieinhalb Jahren den Wert ihres Immobilienbestands auf 11,5 Milliarden Euro verdoppelt hatte, brachte also hohe Risiken mit sich. Wenn Finanzexperten René Benko intern auf die Gefahren hinwiesen, bügelte er die Zweifler gerne mit dem Satz »Ich bin Unternehmer, nicht Unterlasser« ab. Die Risiken müssten dem Gründer und Zahlenzauberer allerdings gut bekannt gewesen sein. Er ging sie anscheinend bewusst ein, um weiter schnell wachsen zu können.

Wie angespannt die finanzielle Lage der Signa Prime – und damit die des ganzen Konstrukts namens Signa – bereits 2019 tatsächlich war, zeigt in aller Deutlichkeit ein Papier, mit dem die Großbank Credit Suisse im September 2019 institutionellen Investoren eine 300 Millionen Euro schwere Anleihe andiente. In dem »Preliminary Offering Memorandum, Strictly Confidential«, führte die Signa die Gefahren 2019 detailliert auf mehr als 30 Seiten auf – weil es anders nicht ging. Gegenüber dem Kapitalmarkt ist ein hohes Maß an Transparenz Pflicht, sonst drohen Klagen, und zwar von professionellen großen Akteuren wie Hedgefonds.

Deshalb nennt die Signa in dem Papier allgemeine Risiken wie steigende Zinsen in aller Deutlichkeit. Man erwarte, dass die Europäische Zentralbank schließlich mit steigenden Leitzinsen auf die ökonomische Lage reagieren werde und spricht von drohenden »erheblichen nachteiligen Auswirkungen«.

Ein Zinsanstieg werde die gesamte Immobilienbranche treffen, wurde prognostiziert – und tat es dann auch, wie die zahlreichen Pleiten in der Immobilienbranche ab 2023 zeigen. Der Bericht für die Anleihe benennt allerdings auch sehr spezifische Risiken der Signa. Und dabei treten Überraschungen zutage.

So kamen 2019 knapp 50 Prozent der Mieteinnahmen allein von Häusern, die Benko Karstadt und der Luxusgruppe KaDeWe vermietet hatte. Das Handelsgeschäft musste also um jeden Preis laufen, weil die Signa keinesfalls auf diese Mieteinnahmen verzichten konnte. Einen wichtigen Teil seiner Gruppe hatte Benko somit auf die Existenz von Warenhäusern gebaut, die weder damals noch später je Gewinne aus ihrem Geschäft erzielen sollten. Dass Corona in wenigen Monaten zur Schließung aller Häuser führen würde, konnte damals keiner wissen, aber Benko missachtete grob die alte Unternehmerweisheit, dass man nie alle Eier in ein Nest legen sollte.

Dass er und niemand anders die Entscheidung traf, geht zumindest indirekt aus dem Dokument hervor. Denn da wird als ein weiterer der »Risk Factors« auch die Person René Benko genannt: »Signa Prime ist abhängig von der Expertise, dem Engagement und der Leistung von Herrn René Benko und einer limitierten Anzahl von Schlüsselmitgliedern seines Managements«, heißt es da. Interessant für die Frage der strafrechtlichen Verantwortung könnte auch ein anderer Passus sein, der die Person des Unternehmers heraushebt: »René Benko, der Gründer der Signa Gruppe, berät Signa persönlich in strategischen Fragen und bei der Suche nach Deals.«

Kurz gesagt: Ohne den Gründer geht anscheinend nicht viel, auch wenn er kein Geschäftsführer mehr ist. Er scheint, anders als sonstige Berater, nicht austauschbar zu sein.

Die Anleihe wurde letztlich nicht gezeichnet, es fanden sich nicht genug Investoren oder man konnte sich auf die Höhe des Zinssatzes nicht einigen. In dem Memorandum wird der Zinssatz noch offengelassen, er sollte wohl erst nach der Rückkoppelung mit potenziellen Interessenten festgelegt werden.

So viel Offenheit wie in der Investorenunterlage war den Geschäften der Signa letztlich aber nicht zuträglich. Benko war damit weiter vor allem auf klassische Bankkredite, Genussscheine und Mezzanine und seine reichen Investoren angewiesen, die oft nicht so genau nachfragten.

Die meisten seiner Anteilseigner schwiegen und genossen die Dividenden. Sie sahen die hohen Wertsteigerungen ihrer Anteile auf dem Papier – nahezu eine Verdreifachung innerhalb von fünf Jahren –, sie sahen die oft erstklassigen Immobilien und die auch dank der Indexmieten regelmäßig ansteigenden Mieteinnahmen.

Nur einer entschied sich zur rechten Zeit, Benko den Rücken zu kehren: Wendelin Wiedeking, der frühere Porsche-Chef und einer seiner ersten Investoren mit einem untadeligen Ruf. Ihm wurde es 2016 offensichtlich mulmig, zumal er als Aufsichtsrat der Signa Prime Selection auch strafrechtliche Folgen für etwaiges Fehlverhalten der Firma befürchten musste.

Wiedeking vermutete als Erster, womöglich sogar zu früh, ein Schneeballsystem. Dass also die Signa ihre hohen Dividenden nur zahlen konnte, weil sie immer wieder frisches Geld von Banken und privaten Geldgebern einwarb. Vor allem aber ärgerte sich Wiedeking darüber, dass Benko ihm nicht die gesamten Zahlen präsentierte. Und er drohte mit einer Sonderprüfung, die er als Aufsichtsrat durchsetzen wollte, wie er in Gesprächen mit diversen Medien sagte.

»Ich hatte als Anteilseigner den Verdacht, dass die von Herrn Benko präsentierten Zahlen nicht zu den laufenden Geschäften passten«, sagt Wiedeking im Rückblick. »Ich habe ihn mit Fragen konfrontiert, die er für mich nicht hinreichend beantworten konnte. Er konnte oder wollte mir keine befriedigenden Antworten geben. Deshalb haben sich unsere Wege getrennt. Im Nachhinein muss ich angesichts der mittlerweile vorliegenden Erkenntnisse und Vorwürfe gegen Signa davon ausgehen, dass meine Befürchtungen alle berechtigt waren.«

Für Wiedeking lohnte sich das Engagement und der rechtzeitige Ausstieg. Im gelang es, innerhalb weniger Jahre seinen Einsatz mehr als zu verdoppeln. Bei ihm siegte die Vernunft über die Gier, weil er Benkos Versprechen auf eine noch rosigere Zukunft nicht traute.

Die Gefahr einer Massenflucht unter seinen Investoren allerdings konnte der Alleinherrscher des Signa-Konglomerats abwenden. Weder der »Fressnapf«-Gründer Torsten Toeller noch Niki Lauda, die Wiedeking beide ebenfalls zum Gehen bewegen wollte, folgten dem Manager.

Auch die anderen Geldgeber hielten still. Benko gelang es, den Investoren seine Interpretation des Abgangs zu verkaufen: Wiedeking sei eine echte Nervensäge, man sei froh, dass man ihn loswerde. Tatsächlich kann Wiedeking sehr unangenehm werden und ist Widerspruch nicht gewohnt, aber Benkos Erzählung verdrehte Ursache und Folge.

Der Unternehmensgründer erwies sich wieder mal als ein geschickter Meinungsmacher – hinter, aber auch vor den Kulissen. So behauptete Benko gegenüber Journalisten regelmäßig und oft unwidersprochen, die Signa arbeite mit einer hohen Eigenkapitalquote von fast 50 Prozent.

Das war nicht ganz falsch, aber doch alles andere als richtig. Denn darin rechnete die Signa, wie andere Immobilienkonzerne auch, die Finanzierung mit Hybridkapital ein – also Mezzanine wie Genussscheine; beides wird bilanziell als Eigenkapital gezählt, kommt aber von Fremdkapitalgebern. Umso wichtiger waren die 20 bis 30 Prozent des Kapitals, das wirklich die Gesellschafter stellten.

Aber selbst dieses wahrhaftige Eigenkapital, so zeigte sich spätestens nach der Pleite Ende 2023, war nicht wirklich sicher. Denn Benko hatte zahlreichen seiner Investoren das Recht eingeräumt, ihre Anteile zurückzugeben und sie zu dem dann aktuellen Kurs ausbezahlt zu bekommen. Roland Berger, Torsten Toeller, aber auch der Schweizer Lindt & Sprüngli-Verwaltungsratsvorsitzende Ernst Tanner und der deutsche Spediteur Klaus-Michael Kühne hatten sämtlich schriftlich niedergelegte Vereinbarungen, mit denen sie entweder René Benkos Privatstiftung oder Signa-Unternehmensteile zwingen konnten, ihnen die Anteile abzukaufen. Und sie waren wohl bei weitem nicht die Einzigen.

Die Gewährung von Sonderkonditionen geschah offensichtlich versteckt. Denn in den Bilanzen, also etwa dem Risikobericht, gibt es keine Warnung vor der flüchtigen, geradezu gasförmigen Konsistenz des Eigenkapitals, das jederzeit verdunsten konnte. Selbst in der sehr ausführlichen Risikobetrachtung für die Anleihe, welche die Credit Suisse im Auftrag der Signa dem Kapitalmarkt verkaufen sollte, findet sich darauf kein Hinweis.

Auch die meisten Investoren schwiegen über den Seitendeal, den Benko jeweils einzeln mit ihnen abgeschlossen hatte. Offensichtlich glaubten viele Geldgeber, sie genössen einzigartige Vorteile – und erzählten ihren Mitaktionären davon nichts.

Die Möglichkeit für Investoren, ihr Eigenkapital aus Unternehmen herauszuziehen, ist außerhalb börsennotierter Unternehmen unüblich, weil es Firmen existenziell gefährden kann. Gerade in kritischen Phasen, in denen Unternehmen das Geld ihrer Anteilseigner dringend brauchen, suchen Kapitalgeber dann gerne das Weite. Deshalb sind derlei Deals rechtlich zumindest umstritten. In Österreich, dem Sitz der wichtigsten Signa-Gesellschaften, ist die sogenannte »Einlagenrückgewähr« für Aktiengesellschaften verboten (§ 52 und 54 Aktiengesetz). Damit will der Gesetzgeber die Aushöhlung von Kapitalgesellschaften verhindern und die Gläubiger schützen.

Indem Benko in guten Zeiten vielen seiner Investoren die Möglichkeit einräumte, dass sie jederzeit ihr Geld wiederbekommen konnten, gelang es ihm leichter Kapital aufzutreiben. Aber er zahlte einen hohen Preis dafür: In schlechten Zeiten rückte der Bankrott näher.

Beim Eintreiben frischen Kapitals spielte Benko die einzelnen Gesellschafter gegeneinander aus, auf Kosten der Transparenz, der Wahrhaftigkeit und der Solidität. Ein Vertrauter Benkos erzählt, wie sehr der Gründer darauf achtete, dass die Gesellschafter außerhalb der Sitzungen nicht zusammenkamen. Als Benko einmal eine größere Gruppe hoch über dem Gardasee in Signas »Villa Eden« einlud, habe er sehr darauf gedrungen, dass alle Anreisenden individuell abgeholt wurden. Und abends floss früh der Wein, so dass die Fragen der Gesellschafter nicht zu präzise wurden und stattdessen gute Laune den Abend dominierte. Am nächsten Tag ging es wieder individuell zurück, dafür war mit Hubschrauber, Privatjet und Limousinenservice gesorgt.

Aber warum machte Benko seinen Geldgebern derart unübliche, rechtlich zumindest grenzwertige Versprechen, dass er ihnen ihre Anteile wieder abkaufen würde? Und zwar zu dem dank der Aufwertungen der Immobilien gestiegenen Kurs und nicht zum niedrigeren Einstiegskurs? Die Antwort ist einfach: Ohne die von ihm gewährten sogenannten Put-Optionen hätte Benko sehr viel weniger Investoren gefunden. Roland Berger jedenfalls antwortet heute auf die Frage, ob er Benko ohne eine vertragliche Ausstiegsklausel Geld gegeben hätte, so knapp wie klar mit einem Nein.

Der Betriebswirt und frühe Warner, der Innsbrucker Professor Leonhard Dobusch, sagt: »Ich glaube, die Investoren wussten genau, wie riskant das Geschäft ist und dass es eine Blase ist. Aber sie dachten, sie kommen rechtzeitig raus. Dafür hat ihnen Benko die Put-Optionen gegeben.«

Für Dobuschs Studierende in Innsbruck wird der Fall Benko nun auch Lehrstoff. Ab dem Herbstsemester will er die Signa als Fallstudie auf den Lehrplan setzen. Dass Benko ein Sohn der Stadt ist, spielt dabei noch die geringste Rolle. Wichtiger ist etwas anderes: »Da sehen die Studenten und Studentinnen, welche Gestaltungsmöglichkeiten Bilanzen und Gesellschaftsrecht einem Unternehmer eröffnen.«

Möge es ihnen eine Lehre sein.

KAPITEL 7

Der Einzelhandelskaufrausch – das Duo René Benko und Dieter Berninghaus baut die Signa zur Handelsmacht auf

Dieter Berninghaus sitzt auf der Terrasse seines Hauses am Zürichsee. Anfang April 2024 liegt noch Schnee auf den Bergen, dem Rautispitz wie dem Wiggis. Am Wochenende hat der Handelsmanager, jung geblieben mit seinen 59 Jahren, im Neoprenanzug die Surfsaison eröffnet.

Das, was er in den wenigen Stunden auf dem See erlebte, spiegelte, unter dem Mikroskop betrachtet, seine Signa-Zeit: viel Sonne, viel Wind im Segel, hin und wieder eine kalte Dusche und auch einen Sturz vom Brett. Nur anders als beim Signa-Untergang 2023 tauchte Berninghaus schnell wieder aus dem Wasser des 12 Grad kühlen Zürichsees auf, wie er Freunden erzählte.

Über Jahre war der Ex-Migros-Manager Benkos Mann für das Handelsgeschäft. Wenn er im Urlaub war, trackte Benko dessen Flieger via Flightradar, um ihn nach der Landung umgehend zu kontaktieren. Abends, in Stunden des einsamen Arbeitens, rief

Benko seinen Vertrauten Berninghaus an, um den Tag zu besprechen. Die seien wie Brüder gewesen, sagt ein Signa-Manager, der mit beiden eng zusammengearbeitet hat, allerdings kippte das irgendwann in Hass um.

Berninghaus lernte Benko über Umwege kennen. Der deutsch-amerikanische Karstadt-Investor Nicolas Berggruen, den Berninghaus einen »mega engen Freund« nennt, suchte 2012 Kontakt zu Benko. Zwei Jahre zuvor hatte sich Berggruen als guter Investor für das Warenhausgeschäft von Karstadt inszeniert. Ein Milliardär, der sein Geld in nachhaltige Projekte steckte wie regenerative Energien und der allen glauben machte, nicht nur auf die Rendite zu schauen, sondern auch die Gesellschaft im Blick zu haben.

Berninghaus will Berggruen damals vom Karstadt-Kauf abgeraten haben. Der Lifestyle, ohne festen Wohnsitz, mit wechselnden Hotels als Arbeitszimmer, die vielen Partys – so könne Berggruen kein operatives Geschäft in Deutschland führen. Ein Reinfall mit Ansage: Nach dem Erwerb von Karstadt erlischt Berggruens Engagement beim Warenhaus. Er überlässt das Management anderen, Karstadt fährt weiter Verluste ein. Es folgen Entlassungen, die Investitionen liegen bei null und der smarte Milliardär zieht sich zunehmend aus der Öffentlichkeit zurück.

Während Berggruen beginnt, den Karstadt-Kauf zu bereuen, lernt Berninghaus bei einer Abendveranstaltung in Nürnberg einen Signa-Manager kennen. Berninghaus, damals noch Handelschef der Schweizer Kette Migros, kommt mit dem Benko-Mann ins Plaudern. Am Ende steht das Versprechen, Berninghaus mit Benko bekannt zu machen.

Benko gilt mit seiner Signa zu der Zeit schon als Shootingstar. Es sind die Jahre des schnellen Erfolgs. In Österreich gehören dem Aufsteiger erste Straßenzüge; so hatte die Signa ein Immobilienpaket aus 16 Gebäuden von der strauchelnden Bank für

Arbeit und Wirtschaft in mehreren Städten erworben. Die Häuser in Wien bildeten später die Basis für das Goldene Quartier. Die ehemalige Zentrale der Länderbank befindet sich ebenso in Benkos Besitz, er wird sie zum Luxushotel Park Hyatt umbauen.

Auch in Deutschland beginnt Österreichs Wunderwuzzi sich selbst ein Denkmal zu bauen – oder Mahnmal, wenn man die Geschichte vom Ende her denkt. 2011 kauft die Signa zusammen mit einem Düsseldorfer Immobilienentwickler das Münchner Warenhaus Oberpollinger und den Karstadt Sport für 250 Millionen. Die Immobilien waren langfristig an Berggruens Karstadt vermietet. Kurz darauf wechselt ein weiteres Karstadt-Immobilienpaket in Signa-Besitz.

Berninghaus fliegt zur Expo Real in München, um Benko zu treffen. Am Messestand empfängt dieser ihn fast kumpelhaft mit »Hallo, ich bin René«. Er müsse jetzt mal rauchen gehen, ob er mit nach draußen käme, so wird es im Umfeld der beiden erzählt. Benko hat kaum Zeit, er schenkt dem Deutsch-Schweizer nur 20 Minuten. Der Handelsmanager stellt sich als Freund Berggruens vor und fragt, ob man nicht etwas zusammen machen wolle beim KaDeWe, schließlich sei Benko bereits Vermieter.

Wenige Tage später lässt Benko das Telefon bei Berninghaus klingeln. Ob er Zeit habe, er wolle unbedingt mit ihm sprechen. An einem Sonntagnachmittag fand das Treffen in Innsbruck statt, wie so oft gönnt sich Benko keine Auszeit. Stattdessen überlegt er sich, wie er von einer Schwäche Berggruens profitieren könnte. Denn der Gentleman-Warenhausbesitzer braucht Geld. Berninghaus und Benko beginnen, einen Plan für die Übernahme des operativen Warenhausgeschäfts zu entwickeln.

2013 steigt Signa erstmals in den Handel ein. Benko erwirbt für 300 Millionen Euro eine Beteiligung am operativen Geschäft von Karstadt Sports mit 28 Häusern deutschlandweit, außerdem an der Karstadt Premium GmbH, der späteren KaDeWe Group mit Alsterhaus, Oberpollinger und KaDeWe. Im Gegenzug wird Berggruen an einzelnen Immobilien beteiligt.

Der Vertrag enthält ein »Geheim-Agreement«. Läuft Karstadt nicht mehr, erhält Benko die Option, das operative Karstadt-Geschäft inklusive der restlichen Anteile der Premiumhäuser und des Sportgeschäfts für einen Euro komplett zu übernehmen. Im August 2014 macht er davon Gebrauch. Berggruen zieht sich komplett zurück. Signa übernimmt zu 100 Prozent.

Für Berninghaus ist das eine Win-win-win-Situation: Er hilft seinem Kumpel Berggruen Karstadt loszuwerden, und er hilft seinem neuen Geschäftspartner, an wertvolle Immobilien zu kommen. Für ihn persönlich gleicht der Deal ohnehin einem Lottogewinn. Benko belohnt ihn mit einem Job bei Signa und einem üppigen Honorar in Höhe von 3,5 Millionen im Zusammenhang mit der Karstadt-Übernahme, das an Aries Partners fließt, eine Firma seiner Frau. Das ist viel mehr Geld, als Berninghaus in einem Jahr bei der Migros verdient. Dort kündigt er 2016.

Fortan wird Berninghaus Benkos wichtigster Berater in Handelsfragen.

Er übernimmt den Vorsitz des Beirats der Signa Holding, auch wenn der intern keine Rolle spielte und nur nach außen als Gremium auftrat. Außerdem fungiert er als Chairman der Signa Retail, der Einzelhandelssparte von Signa. Einen Angestelltenvertrag mit Benko unterzeichnet er nie, dafür einen Investorenvertrag mit der Holding. Für seine Dienste erhält er als einer der wenigen Phantom Shares, Anteile ohne Stimmrecht. Ein Zeichen enger Verbundenheit – und zunehmender Abhängigkeit.

Benko und Berninghaus steigern sich in einen Kaufrausch. Sie wollen die k. u. k. Monarchie im Einzelhandel, die Fusion von Karstadt und Kaufhof, eine Deutsche Warenhaus AG. Nur so könne das Warenhaus wirtschaftlich betrieben werden, glauben sie.

Benko braucht mehrere Anläufe, um ans Ziel zu kommen. Erst scheitert seine Übernahmefantasie am damaligen Metro-Chef Olaf Koch, einem Finanzexperten, der selbst einmal für ein Private-Equity-Unternehmen gearbeitet hat und dem man, geht es um Zahlen, wenig vormachen kann. Koch scheinen Benkos Finanzierungspläne zu windig, es fehlen ihm belastbare Zusagen von Banken. Stattdessen gibt er den Kaufhof 2015 an den nordamerikanischen Handelsriesen Hudson's Bay Company (HBC) ab.

Doch Hudson's Bay fällt nicht gerade als sauberer Investor auf. Kaufhof-Immobilien gingen in HBC-Gesellschaften über und wurden teurer zurückvermietet. Wegen »Unregelmäßigkeiten in der Rechnungslegung« verweigerten die Wirtschaftsprüfer von Deloitte die uneingeschränkte Bestätigung des Prüfungsberichts.

Benko sah HBC von Anfang an als »Fake Unternehmen«, dessen Kollaps nur eine Frage der Zeit sei, wie er den Autoren dieses Buches einmal sagte. Das war allerdings vor der Pleite der Signa und der Wiederkehr des Hudson's-Bay-Großaktionärs Richard Baker als Investor bei Galeria Karstadt Kaufhof im damals noch fernen Jahr 2024.

2017 lässt der Österreicher nicht locker. Im November schreibt Benko an Baker, Chairman und Großaktionär von HBC. Freundlich formuliert er sein Angebot, ihm Galeria Kaufhof für 3 Milliarden Euro abzunehmen. Doch Baker führt Benko öffentlich vor, er lehnte die Offerte als »unerwünscht« und »unvollständig« ab.

Bakers Ablehnung hält nicht lange. Im Juni 2018 greift er zum Telefon, nachdem der Aktienkurs von HBC abgerutscht war und seine Investoren so unzufrieden, dass die Kanadier nach einer Lösung für Galeria Kaufhof suchen müssen. Binnen eines Tages will Baker den Österreicher sprechen, man einigte sich auf Wien.

Schon im September übernimmt Benkos Signa-Gruppe 50,01 Prozent des operativen Geschäfts und 50 Prozent der Kaufhof-Immobilien. Für die Führung des Handelsgeschäfts wird der Karstadt-Manager Stephan Fanderl ausgesucht, ein Bekannter von Berninghaus aus Rewe-Zeiten. Im Jahr drauf gehen auch die restlichen Anteile an Signa über.

Mit Vertragsunterzeichnung steht der Sanierungsplan, den Berninghaus stolz einigen Handelsgrößen an der Schweizer Goldküste, dem abendsonnigen Ufer am Zürichsee, präsentiert. Etwa ein Dutzend handverlesene Spitzenkräfte des Handels sind zusammengekommen, um über die Zukunft der Branche zu sprechen. Der damalige Chef von Amazon in Deutschland, Ralf Kleber, sitzt mit am Tisch, ebenso der Ex-Chef von Ceconomy, Jörn Werner. Eingeladen haben die Universität St. Gallen und der größte Einzelhändler des Landes, die Migros, es geht um agile Unternehmensführung. Es sei ein höchst inspirierender Abend gewesen, schwärmt ein Teilnehmer. Und Berninghaus ist der Star.

Allein im Retail-Bereich zählt die Signa im Oktober rund 45.000 Beschäftigte, besitzt rund 350 Standorte und über 100 Webshops. Tendenz: weiter wachsend. Den Umsatz seines Handelsgeschäfts beziffert Signa auf etwa 7,2 Milliarden Euro. Zwei Charts hat Berninghaus mitgebracht, mehr braucht er nicht, um seine Vision des wichtigsten Unternehmens an die Wand zu werfen: die Pläne für Galeria Karstadt Kaufhof.

Das Duo Benko/Berninghaus denkt groß. Unterm Dach der schwächelnden Traditionshäuser sehen sie Banken und Reisebüros, Co-Workingflächen sowie Küchen für diverse Restaurants und Essensdienste. Logistikzentren sollen auf den Flächen entstehen, die 80 Prozent der urbanen Bevölkerung in Deutschland bedienen könnten. Man traut sich nicht weniger zu als das Comeback der Innenstädte.

Auf die Idee, dass das Warenhaus insgesamt kaum zu retten sein könnte, kommen sie nicht.

Für fast alles, was auf dem Markt ist, scheint sich Signa zu interessieren. Nicht nacheinander laufen die Deals, sondern zeitgleich. Es geht Schlag auf Schlag, ein Tempo, das zwangsläufig Qualität bei der Umsetzung vermissen ließ. Entweder wird nicht hart genug saniert, wie bei Galeria, oder man gönnt sich wasserkopfartige Strukturen wie später im Online-Sportgeschäft.

2018 nimmt Benko der südafrikanischen Steinhoff-Gruppe die Möbelhauskette Kika/Leiner ab, und damit dem jungen österreichischen Bundeskanzler Sebastian Kurz ein riesiges Problem. »Es freut uns als Bundesregierung sehr, dass die drohende Insolvenz der Kika/Leiner-Gruppe im letzten Moment abgewendet werden konnte und eine österreichische Lösung zur Weiterführung des Betriebs gefunden wurde«, schwärmt Kurz in der Pressemitteilung.

2019 erwirbt Signa den Einzelhändler SportScheck von der Otto Group. Die Idee sei gewesen, Karstadt Sports und SportScheck zusammenzuführen als Gegenspieler zu Decathlon und Intersport. Man habe das Benko zugetraut, sagt ein Beteiligter von damals. Als Mitgift gibt Otto der Signa noch ein Käuferdarlehen, einen zweistelligen Millionenbetrag, für den die Signa Holding und die Signa Retail bürgen.

Fast parallel kaufen Benko und Berninghaus 106 von 126 Thomas-Cook-Reisebüros, um sie ein Jahr später alle zu schließen. Ein Sanierungsfall nach dem nächsten wandert in den Retail-Bereich. Die würden nur Schrott zusammenkaufen, wundert sich ein Galeria-Manager schon damals.

Doch die Zukäufe bringen – so merkwürdig es klingen mag – der Signa auch neue Liquidität. Etwa in Form von Käuferdarlehen wie bei SportScheck und durch die Mieten der operativen Einheiten. Vor allem aber durch die Aufwertung der Immobilien in den Büchern, die regelmäßig der Übernahme folgt. Bestens dokumentiert ist die erstaunliche Wertexplosion etwa beim Kika/

Leiner-Haus in der Mariahilfer Straße in Wien, einer der wichtigsten Einkaufsstraßen der Stadt.

Ende 2017 wechselt der Flagship-Store für 60 Millionen Euro in Benkos Besitz, wenige Monate später lässt er dort ein Pfandrecht über 95 Millionen eintragen. Lange bevor die Arbeiten für das geplante Luxuskaufhaus Lamarr beginnen, taucht das Gebäude mit einem Wert von 260 Millionen Euro in den Prospekten für Investoren auf.

»Ohne die Handelssparte wäre es nicht möglich gewesen, das Signa-Kartenhaus so groß aufzubauen«, sagt Gerrit Heinemann, Professor der Hochschule Niederrhein, im Januar 2024 der Zeitung *Der Standard*.

Eine Sichtweise, die Benko selbst und sein Vertrauter, Ex-Kanzler Alfred Gusenbauer, am Ende nicht mehr teilen: »Ich glaube, dass der Einstieg in den Handel ein Fehler war«, hatte Gusenbauer dem Sender Ö1 zuvor gesagt. Es ist die Zeit, Sündenböcke zu finden für den Einsturz des Kartenhauses. Schuld seien immer die anderen gewesen – so tickt Benko, sagt ein Manager.

Und dennoch, aller Aufwertungen zum Trotz, hat Benko auch ein Stück weit recht. Zwar verdankt er dem Retail Milliardenaufwertungen, zuletzt aber auch ein riesiges Leck, das nicht mehr zu stopfen war und aus dem Millionen und Abermillionen heraussprudeln.

Besonders groß ist das Leck bei der SSU. Die Abkürzung könnte für »Signas Super-Untergang« stehen, tatsächlich steht sie für Signa Sports United, eine Ansammlung von Online-Shops, von fahrrad.de über Tennis-Point bis hin zum Teamsport-Spezialisten Outfitter, die ab 2016 nach und nach erworben werden. Ursprünglich entsteht die SSU aus dem Gedanken, eine Onlineplattform für Karstadt Sport und SportScheck zu schaffen, doch am Ende verwirft man den Gedanken. Die SSU soll ein Online-

Pure-Player werden und damit die Träume der Anleger von spektakulären Wertzuwächsen bedienen.

Der Einzelhandel steht damals unter dem Eindruck des Erfolgs von Amazon, 2014 beträgt die Marktkapitalisierung der US-Krake 144 Milliarden Dollar, 2016 schon 356 Milliarden, um 2020 die Billionengrenze deutlich zu überspringen. Es ist die Hochzeit erfolgreicher Börsengänge, und am besten laufen die von Digitalunternehmen.

In der Signa versucht das Management den Hype für sich zu nutzen: Sport boomt, Online boomt, eine internationale Sportgruppe mit dem Fokus aufs Internet schien wie gemacht, um Geld bei Investoren einzusammeln. Unter der Leitung des langjährigen Ebay-Managers Stephan Zoll kauft Signa einige profitable Unternehmen zusammen und zeichnet schon früh die Möglichkeit eines Börsengangs auf, auch um so den britischen Fahrradhändler wiggle übernehmen zu können. Eine Investorenpräsentation aus dem Oktober 2021, zwei Monate vor dem Läuten der Glocke in New York, ist überschrieben mit »Führende globale Sport E-Commerce und Tech-Plattform«. Doch die finanzielle Basis des Unternehmens ist schwach. Zu diesem Zeitpunkt fährt die SSU einen Nettoverlust von 37,7 Millionen Euro ein.

Auch der Rahmen für den Gang aufs Parkett hat sich geändert. In den USA ebbt die Begeisterung für Spacs ab; das Akronym steht für »Special Purpose Acquisition Company«, bei dem das Zielunternehmen in eine leere Börsenhülle schlüpft, um die straffen, zeitraubenden und teuren Formalitäten eines klassischen Börsengangs zu umgehen.

Doch ab Mitte 2021 performen viele Spacs kaum noch. Die Kritik an unausgegorenen Businessplänen und falschen Versprechen wächst.

Eigentlich hätte Signa da den Rückzug antreten müssen, sagt ein beteiligter Handelsmanager heute. Doch es ging nicht mehr.

Was war passiert? René Benko hatte sich rund ein halbes Jahr vor dem Börsengang bei der Schweizer Bank Julius Bär einen Kredit in Höhe von 200 Millionen Euro geben lassen, und diesen besichert mit Aktien der SSU. Schon 2021 war das Geld also offenbar so knapp, dass Benko Aktien eines Unternehmens hinterlegte, das noch gar nicht notiert war. Auf Geldverschiebebahnhöfe wie diesen würden die Insolvenzverwalter später noch mehrfach treffen.

Kurz vor Weihnachten startet das Listing der SSU, doch es gerät zum Flopp. Nur eine Woche nach dem Listing büßt der Kurs 836 Millionen Dollar ein. Die Nachrichtenagentur Bloomberg spricht im Dezember 2021 von einem der »schlimmsten Performer« an der New York Stock Exchange.

In der SSU-Zentrale in Berlin steigt die Nervosität, zumal sich die schmelzende Marktkapitalisierung bei steigenden Nettoverlusten auf die Beziehungen zu den Banken negativ auswirkt. Auch die Investoren reagieren zunehmend irritiert, die Nachfragen ans Management nehmen zu. Keiner versteht, dass der Markt für E-Bikes nach wie vor boomt, sich dieser Trend für die SSU aber nicht auszahlen will.

Im Jahr drauf ist die Party ganz vorbei. Die Nachfrage nach E-Bikes liegt nach dem Coronahoch darnieder, die Lager sind mit Fahrrädern und Teilen überfüllt. Um den Betrieb aufrechtzuerhalten, muss die Signa im Februar 2023 130 Millionen nachschießen, dafür gibt das Unternehmen aus Österreich Wandelanleihen aus. Lieferanten blicken zusehends kritisch auf die SSU, viele liefern nur noch Ware gegen Vorkasse.

Im Juni 2023 fehlt wieder Geld, diesmal will Signa mit einem Kredit von 150 Millionen Euro den operativen Betrieb und erforderliche Investitionen bis 2025 absichern. »Als Mehrheitsaktionärin der SSU sieht die Signa Holding insbesondere in den Segmenten Online Bike, Outdoor und Tennis nach wie vor erhebliches Potenzial für profitables Wachstum, sobald sich das makroökonomische Umfeld weiter stabilisiert«, versucht die Signa in einer offiziellen Mitteilung zu beruhigen.

Doch dann legt Benko überraschend eine Kehrtwende ein. Am 17. Oktober zieht er die Finanzierungszusage in Höhe von 150 Millionen Euro an die SSU zurück, 143 Millionen davon sind nie geflossen. Mit dem Geldentzug schickt er sowohl die Holding SSU in die Insolvenz, ein viel zu aufgeblähtes Konstrukt wie Konkurrenten sagen, als auch alle Firmen von fahrrad.de bis Tennis-Point.

Selbst seine engsten Vertrauten soll Benko vorher nicht informiert haben. Als er im Nachgang einen seiner wichtigsten SSU-Manager anrief, sagte Benko: Es wäre nicht anders gegangen. Beiläufig fragte er den Betroffenen danach, wie es ihm denn nun gehe?

Die Topkraft bedankte sich bei Benko – für die Bombe.

KAPITEL 8

KaDeWe und Selfridges werden zur Luxusfalle – René Benko verscherzt es sich mit seinen Geschäftspartnern

Die Frau, auf die es an diesem Oktobertag 2021 ankommt, ist so klug wie reich. Alannah Weston entstammt einer der wohlhabendsten kanadischen Handelsdynastien, zuletzt führte sie als Chefin das familieneigene Luxuskaufhaus Selfridges. Nun, nachdem ihr Vater Galen im April verstorben ist, soll der weltbekannte Konsumtempel an der Oxford Street in London samt weiterer 17 Häuser den Besitzer wechseln.

Gemeinsam mit dem Chef ihres Family-Offices empfängt sie in einer Videokonferenz eine kleine Runde von Managern und Investoren, die immer dann zusammenkommt, wenn betongewordene Superlative winken. Der wichtigste, René Benko, ist aus Österreich zugeschaltet. Er will Alannah von sich und seinem Geschäftspartner Tos Chirathivat überzeugen, der einen Vertreter geschickt hat. Mit dem Mitglied eines der wirtschaftlich potentesten Familienclans in Thailand unterhält er bereits mehrere Luxuskaufhäuser wie das KaDeWe in Berlin oder das Alsterhaus in Hamburg: riesige Kathedralen für Markengläubige, deren Religionen Gucci, Prada oder Saint Laurent heißen. Er sei zwar nicht der Interessent mit dem höchsten Gebot, sagt Benko zu Ms. Weston, aber derjenige mit den besten Absichten. Seine Strategie: *best owner* statt *best bidder*.

Im Nachgang klingen Benkos Worte wie Hohn.

Alannah Weston gehört mit ihrer Familie zu den reichsten der Welt, dennoch hat sie kein Geld zu verschenken. Selfridges ist schließlich nicht irgendein Kaufhaus, weder für die Besitzerin noch für die Beschäftigten und die Kundinnen und Kunden. Das Luxusmonument zieht jährlich sechsmal so viele Besucher an wie der Tower of London. Wer kann schon abschätzen, was eine Beteiligungsfirma mit so einem Juwel anstellen würde? Wie käme das bei den Engländern an? Benko antichambriert und argumentiert: Er achte die Tradition, die Preziosen in seinem Luxusreich betrachte er als langfristiges Investment.

Das Selfridges ist neben dem Kaufhaus Harrods nicht nur ein beliebtes Ziel für Touristen, sondern für die Briten auch ein urbaner Vergnügungspark. Im Gebäude befinden sich ein Kino, eine Skatebahn, eine der größten Schuhabteilungen der Welt sowieso. Als Queen Elizabeth II. ihren 96. Geburtstag feierte, verkaufte Selfridges die Barbiepuppe mit Diadem dazu. Für die Westons war das Haus ein Kleinod, das zwar jährlich Gewinne einfahren sollte, in das sie aber auch viel Geld investierten.

Seit 2003 gehört Selfridges der Familie. Der Vater von Alannah Weston, Galen Weston, im Luxussegment bis dahin unerfahren, aber offenbar mit Talent gesegnet, erwarb es für 598 Millionen Pfund. Die Gruppe umfasst auch Selfridges-Häuser in Birmingham und Manchester, sieben Filialen der niederländischen Kette De Bijenkorf und die irischen Warenhäuser der Marken Brown Thomas und Arnotts.

Als Galen Weston noch vor seinem Tod das Haupthaus umbauen ließ, soll er auf die Frage, was denn die üppige Renovierung kosten dürfe, geantwortet haben: »Geben Sie aus, was nötig ist, das wird mein Vermächtnis.« Umgerechnet mehr als 350 Millionen Euro flossen in die jahrelange Umgestaltung, die im Coronajahr 2020 endete.

Das Gespräch mit der Erbin läuft gut für Benko. Wenn es darauf ankommt, besitzt der Österreicher eine kamerareife Präsenz wie auch ein schauspielerisches Talent, die richtige Rolle zu finden. Er spürt, was dem Gegenüber schmeichelt. Als die Runde den virtuellen Konferenzraum verlässt, bittet Alannah Weston um eine Woche Bedenkzeit.

Sieben Tage später steht der Deal. Für rund 4 Milliarden Pfund soll Selfridges an Benko und Chirathivat gehen. Man vereinbart Stillschweigen, nichts soll nach außen dringen. Einen Tag vor Weihnachten werde der Vertrag unterschriftsreif sein, so die Planung. Mitte August 2022 ist die Akquisition final endlich unter Dach und Fach – zu einer für die Signa höchst ungünstigen Zeit.

In der Wirtschaftswelt markiert das Jahr 2022 einen Wendepunkt, um nicht zu sagen: Tiefpunkt. Waren die Coronajahre schwierig, verschärfen jetzt weitere Konflikte, Krisen, Kriege die ökonomische Lage: Nach dem Überfall Russlands auf die Ukraine im Februar trübt sich die Stimmung in nahezu allen Branchen ein. Die Preise für Diesel und Benzin steigen auf Rekordniveau, erstmals seit 2002 ist der Euro nurmehr einen Dollar wert. Die Europäische Zentralbank hebt den Leitzins mehrmals hintereinander an, die Transaktionen auf dem Immobilienmarkt nehmen rapide ab. Konsumentinnen und Konsumenten verlieren die Lust, ihr Geld auszugeben.

Das sind miserable Rahmenbedingungen für einen historischen Milliardendeal. Und dennoch hält sich die Kritik am Selfridges-Kauf in Grenzen. Innerhalb der Signa-Gruppe versucht Benko, alle Bedenken wegzubügeln: Kümmert euch um den Deal, er werde sich um die Finanzierung kümmern, sagt Benko mehrfach gegenüber beteiligten Managern. Wesentliche Geldgeber der Signa sehen in dem Deal eine einmalige und nicht wiederkehrenden Chance, eine der nobelsten Kaufhausgruppen der Welt zu erwerben. Und achten nicht darauf oder wissen nicht, dass die finanzielle Lage der Signa schon sehr bedenklich ist. Tatsächlich steht Benko das Wasser bereits bis zum Hals.

Erste negative Berichte zur Signa machen die Runde, ein Whistleblower steckt 2022 der Finanzmarktaufsicht (FMA) laut Nachrichtenmagazin *Profil*, dass längst hohe Zins- und Tilgungszahlungen fällig seien und es mit der Eigenkapitalquote der Signa schlechter bestellt sei als kommuniziert. Die Banken werden misstrauisch.

In dieser Phase werden die thailändischen Partner, die Central Group, für Benko immer wichtiger.

Die Thais hatten schon den Aufstieg der deutschen Luxushäuser erst möglich gemacht. Als Benko 2014 nach dem Karstadt-Kauf die drei Luxushäuser – den Oberpollinger in München, das Alsterhaus in Hamburg und das KaDeWe in Berlin – übernahm, brauchte er dafür Expertise und Geld. Es beginnt die Suche nach einem strategischen Partner. Gespräche mit der französischen Galeries Lafayette versanden, erfolgreicher verlaufen die Diskussionen in Italien. Vittorio Radice, damals Europachef der Central Group, übernimmt dabei eine tragende Rolle. Ein erstes Treffen findet am Rande des Oktoberfestes in München statt.

2015 einigen sich Benko und Tos Chirathivats Central Group auf eine Zusammenarbeit. Benko behält erst einmal die Immobilien in seiner Hand, nur vom Handelsgeschäft tritt der Signa-Gründer im Joint Venture die Mehrheit ab. Erst spät geht den Thais auf, dass sie einen schlechten Deal gemacht haben. Sie zahlen hohe, indexierte Mieten an Signa, zudem müssen sie auch für die Instandhaltung der Häuser aufkommen. Daran beteiligt sich Benko als Miteigentümer des Handelsgeschäfts zwar auch, aber er allein profitiert als Immobilieneigentümer von den Mieten.

Trotzdem hält die Verbindung der beiden Milliardäre. Wie ein fehlendes Puzzlestück passen die europäischen Investments in die Strategie der Central Group und sollen sich künftig auszahlen. Man trifft sich mindestens dreimal im Jahr: In Asien, in den Häusern der Gruppe in Europa, und mitunter verbindet man sogar das Geschäftliche mit dem Privaten und weilt zusammen in den Bergen. Vertrauen schenken die Thais Benko nur bedingt, überzeugen lassen sie sich von seinen Zahlen. Zeitweise erwägen sie sogar eine Beteiligung an seiner Immobiliensparte. Am Ende entscheiden sie sich dagegen, lieber konzentrieren sie sich auf ihre Investments in Asien.

Als sich in der Coronapandemie eine weitere Gelegenheit ergibt, beim Schweizer Nobelwarenhaus Globus einzusteigen, schlagen Signa und die Central Group erstmals gemeinsam zu, als gleichberechtigte Partner. Künftig ist Chirathivat auch an den Immobilien beteiligt. Von den 48 Warenhäusern bleiben die neun besten, vom Rest trennen sich Chirathivat und Benko kurz nach dem Kauf wieder.

Wenig später steht das Selfridges zum Verkauf, zum Türöffner wird wieder einmal Vittorio Radice, der Mann, der die Central Group mit der Signa zusammenbrachte. Radice hatte früher lange und erfolgreich als Chef von Selfridges amtiert. Benko realisiert schnell, welches Potenzial in den Luxushäusern steckt – insbesondere als Story für Investoren.

Für ihn, der immer eine Nummer größer denkt als alle anderen, wird Signa nicht Eigner eines britischen Unikums, sondern der ELDSG – der European Luxury Department Store Group –, einem der größten Betreiber europäischer Luxustempel. Mit »neun ikonischen Luxus-Warenhäusern« und »über 100 Jahren Geschichte unter einem Dach«, wie es in einer Präsentation aus dem September 2022 schwärmerisch heißt; zwei weitere Luxushäuser von Signa und der Central Group seien in Vorbereitung.

Mit einem Haus wie Selfridges könne Benko bei Investoren aus dem mittleren Osten oder dem angelsächsischen Raum punkten, das gelänge ihm nicht mit Bürotürmen in Berlin, erklärt einer die Psychologie des Deals. Auch der nächste Schritt, womöglich Warenhäuser in Übersee zu erwerben, schwingt in Gesprächen mit. Motto: Die Fantasie der Investoren benötigt stetig neue Nahrung.

Dabei lieferten zu diesem Zeitpunkt längst andere das Geld für Selfridges. Benko fehlen die Mittel, die Banken halten sich bei Signa zurück. Als finanziellen Notnagel gewinnt der Österreicher die Familie Arduini, seit 2012 in Benkos Gruppe investiert; sie geben einen Kredit über 250 Millionen Euro, der schnell versickert.

Zudem holt Benko zur Überraschung aller den saudi-arabischen Public Investment Fund (PIF) zu Selfridges; einen Teil seiner Beteiligung verkauft er also einfach weiter nach Saudi-Arabien. Am Ende hält PIF 25 Prozent. Die Central Group, seinen Partner, weiht Benko nicht ein, sondern stellt sie vor vollendete Tatsachen.

Die Thais, von Benko im Glauben gelassen, er liefere das Fremdkapital für die Übernahme, besorgten am Ende auch noch das Geld. Sie sicherten unter anderem einen Kredit der Bank of Bangkok für die Selfridges-Finanzierung.

Auch der Verkäufer, die Familie Weston, gab der Signa Holding Geld. Rund 400 Millionen Euro wurden ausgereicht. Ursprünglich war das Geld den Investoren der Signa Holding als Wandeldarlehen angekündigt worden, womit die Westons selbst Anteilseigner geworden wären. Dies sei auch tatsächlich in Erwägung gezogen worden, sagt einer, der dabei war. Aber den Westons schien eine Beteiligung an der Prime letztlich zu riskant.

Statt für das geliehene Geld der Kanadier am Ende Prime-Aktien auszugeben, standen die 400 Millionen somit als Käuferdarlehen in den Büchern. Und nur wenige Monate nach dem Closing forderten die Westons das Geld von Benko zurück.

Das Verhältnis zu den Thais war zu diesem Zeitpunkt schon schlecht. Zu oft hatte Benko sein Wort gebrochen, immer wieder musste die Central Group mit neuen Millionen dem Partner aushelfen, etwa mit Krediten für das Carsch-Haus in Düsseldorf oder einem 300 Millionen Euro hohen Wandeldarlehen. Im Gegenzug erhielten sie Zugriff auf rund die Hälfte des KaDeWe. Später übernahmen sie auch eine fällige Zinszahlung der Signa bei Selfridges, weshalb sie die Mehrheit am operativen Geschäft erlangten.

Aus dem einstigen Juniorpartner Central Group wurde in den letzten Signa-Jahren einer der wichtigsten Finanzierer der Gruppe – und für Benko ein Feind. Bei einem späteren Treffen wegen des Globus werden die Thais den Raum verlassen, als Benko ihn betritt. So tief sitzt die Enttäuschung. In Gesprächen mit Vertrauten nennen sie ihn einen »Betrüger« oder »Gangster«.

Im Frühjahr 2023 ließ sich der Untergang kaum noch verbergen. In einem persönlichen Memo eines Investors ist ein privates Treffen mit einem Signa-Manager vermerkt. Die beiden haben sich zu einem vertraulichen Gespräch über die »wirkliche Lage« der Signa-Gruppe verabredet, die »ernst« sei. Zwischen Oktober und Dezember 2022, holt der eine aus, hätten die Banken rund 500 Millionen Euro Kredite abgesagt, dabei gehe es um den Kauf und die Kaufpreiszahlung bei Selfridges. Auch die Westons hätten die Rückzahlung ihres Kredits angefordert.

Vom schönen Schein der Luxusgruppe bleibt nur noch der Schein, zumindest, was die Signa angeht. Und alle Geschäftspartner fühlen sich betrogen.

KAPITEL 9

Der Handelstrick – wie die Signa mit überteuerten Mieten Fantasiebewertungen für ihre Immobilien erzielt

Das Galeria-Haus in der Hohen Straße ist dem Kölner und der Kölnerin fast so vertraut wie der Dom. Vor mehr als 100 Jahren ließ der wohlhabende jüdische Kaufmann Leonhard Tietz in bester Lage einen neoklassizistischen Prachtbau nach französischem Vorbild errichten. Auf vier Etagen gab es feinste Ware, vom Damenstrumpf bis zum Eau de Toilette für den Herren.

Noch immer, jedes Jahr kurz vor Weihnachten, drücken sich Kinder an den Schaufenstern des beeindruckenden Hauses die Nasen platt. Dann bewegen sich plüschige Steiff-Teddybären, Pinguine oder Eichhörnchen in kunstvollen Schneelandschaften.

Doch die schöne Fassade des Galeria-Hauses täuscht. Vom Glanz vergangener Jahre ist in dem Warenhaus kaum noch etwas zu spüren, wie auch Walter Droege erfahren musste. Der Seniorchef des gleichnamigen Beratungs- und Investmenthauses in Düsseldorf startete als Berater, inzwischen setzt sein Unternehmen, das ihm zusammen mit seinem Sohn gehört, jährlich zweistellige Milliarden-Euro-Beträge um. In der Szene ist er als Turnaround-König bekannt. Mit seiner Mannschaft hat er etwa den angeschlagenen Online-Buchhändler Weltbild aufgekauft. Anfang 2024 dann interessierte er sich für die Übernahme eines Teils der Galeria-Häuser. Die Signa Retail Selection AG mit Sitz in der Schweiz, zu der auch Galeria Karstadt Kaufhof gehört, hatte angekündigt, die Gesellschaft abzuwickeln. Galeria stand damit zum Verkauf.

Um sich einen Eindruck vom Zustand der Warenhauskette zu verschaffen, entsendet Droege seine Leute in Filialen, so auch einen Mitarbeiter zum Probe-Shopping in das Kölner Haus. Das Bild, das sich dem Droege-Berater bietet, war trauriger als der Aschermittwoch für Vollblutkarnevalisten: Abgesperrte Rolltreppen, die oberste Etage hat Galeria längst aufgegeben. Aus der einstigen Delikatessenabteilung ist ein besserer Supermarkt geworden.

Da könne man nur den Schlüssel nehmen, abschließen und nie wieder öffnen, soll Walter Droege dem Galeria-Management gesagt haben, heißt es aus seinem Umfeld. Niemand habe widersprochen.

Galeria in Köln hat ganz offensichtlich einen beträchtlichen Investitionsstau. Normalerweise ziehen Mängel wie ein gestückelter Fußboden oder kaum nutzbare Flächen Chancen auf Mietnachlässe nach sich. Nicht so bei Galeria. Für das Haus in der Hohe Straße hat der Vermieter jährlich rund 19 Millionen Euro aufgerufen, das entspricht rund 30 Prozent vom Umsatz. Als marktüblich gelten 6 bis 10 Prozent. Wer so gierig war? Die Galeria-Mutter Signa.

»Zahlen möchte ich nicht nennen«, sagt der Chef des Kölner Kaufhofs, Harry Benzrath, dem *Kölner Stadt-Anzeiger* Ende 2023: »Aber lassen Sie es mich so sagen: (…) Mieten deutlich oberhalb dessen, was alle mir bekannten Einzelhandelsexperten als zu hoch bezeichnen, sind eine enorme Belastung für das Geschäft. Die Hohe Straße ist nicht dasselbe wie die Champs-Élysées in Paris.«

Wenn etwas im Signa-Reich nicht verhandelbar war, dann waren es die Mieten der Signa eigenen Galeria-Häuser. In Frankfurt lagen sie bei etwa 25 Prozent vom Umsatz, selbst in B-Städten wie in Mannheim fielen sie mit 19 Prozent so hoch aus, dass sich das Geschäft nicht rechnen konnte. Insgesamt rund 200 Millionen Euro Mieten für die 18 Häuser flossen so jährlich an die Signa. Einige der Häuser werde man nicht schwarz bekommen, sagt ein Top-Manager von Galeria. Zumal die Warenhäuser nicht nur die Miete aufbringen mussten, sondern auch sämtliche Betriebskosten und die Reparaturen an Dach und Fach, also Fassade, Dach und Fenstern, selbst tragen mussten. Abzockverträge, in der Branche unter dem Euphemismus Triple-Net-Mieten bekannt.

Aber warum störte es den Mutterkonzern nur wenig, dass die Tochter nicht profitabel wirtschaften konnte? Die Antwort liegt im Kerngeschäft Benkos: den Immobilien.

Die Mietzahlungen Galerias an die Signa-Mutter stützten das System Benko. Mit ihnen hat er über Jahre den Wert seiner Immobilien aufgeblasen. Denn der Wert einer Immobilie in der Bilanz bemisst sich nicht nur nach Lage und Zustand. Entscheidend sind auch Faktoren wie die allgemeine Entwicklung der Immobilienpreise, vor allem aber die der Mieten, die für das jeweilige Haus bezahlt werden.

Die Mieten sind ein immer wiederkehrendes Thema gewesen zwischen den Warenhaus-Managern und Benko. Er habe stets gesagt, egal, was jetzt in die Businesspläne reingeschrieben werde – aus den Warenhäusern Dividenden auszuzahlen, das halte er für höchst unrealistisch angesichts der hohen Mieten, erinnert sich ein Ehemaliger an Diskussionen mit dem Gründer. Dem war's egal.

Galeria und die deutschen Luxuskaufhäuser standen für rund 50 Prozent der Signa-Mieteinnahmen, ein Klumpenrisiko, was den Investoren lange verborgen blieb. Das sei ganz gut getarnt gewesen. In den Präsentationen war das Portfolio aufgeteilt in Häppchen: etwa in Mainstream und Luxus und dann in weitere einzelne Projekte, so dass die komplette Übersicht gefehlt habe, erzählt ein Handelsmanager.

Alarmsignale wurden geflissentlich ignoriert: Schon 2019 warnte die Ratingagentur Creditreform vor einer »negativen Ratingimplikation im Zusammenhang mit dem wiederholten Schutzschirmverfahren des wesentlichen Mieters Galeria«. Die Signa Prime brauchte den ständigen Miettransfer wie ein Nierenkranker eine Bluttransfusion. Die Signa betrieb einen Geldkreislauf, den der Volksmund als linke Tasche, rechte Tasche bezeichnen würde – zu Lasten des operativen Geschäfts der Warenhäuser. Und das nicht nur bei Galeria.

Mitten am Ku'damm steht das Kaufhaus des Westens (KaDeWe). Seit mehr als einem Jahrhundert ist es das größte Warenhaus Berlins und weit über die Grenzen Deutschlands hinaus bekannt. In der Lebensmittelabteilung gibt es Trüffelpralinen, eine Champagner-Bar und auf Wunsch auch Abseitiges wie »deconstructed Currywurst«.

Ein Haus des Luxus mit den besten Marken von Welt. Gucci residiert dort genauso wie Louis Vuitton. Der durchschnittliche Einkaufszettel fällt mit rund 300 Euro siebenmal höher aus als in einer Galeria-Filiale. Trotz des hohen Umsatzes und trotz einer Luxuskonjunktur, die Aktienkurse von Anbietern wie Louis Vuitton zu immer neuen Höchstständen trieb, schaffte es das Haus über Jahre nicht, schwarze Zahlen zu schreiben. Auch dafür ist Benkos Handelstrick verantwortlich.

Benko hatte den Berliner Konsumpalast im Zuge der Karstadt-Übernahme 2013 aus dem Pool von rund 100 Häusern herausgelöst, zusammen mit dem Oberpollinger in München und dem Alsterhaus in Hamburg, und in die Premiumgruppe transferiert. Für das operative Geschäft benötigt er einen strategischen Partner und findet ihn mithilfe von Vittorio Radice, Chef des Rinascente in Mailand, seit 2011 im Besitz der Central Group. Dieser handelt für Tos Chirathivat, das Oberhaupt des reichen Familienclans aus Thailand, einen Deal aus. Die Thais bekommen die Hälfte des Handelsgeschäfts der KaDeWe Group, Benko behält die Immobilien weiter in seiner Hand.

Die Thais hätten damals nicht gewusst, was ein Triple-Net-Vertrag ist, die hätten das nicht verstanden. Später merkten sie an, dass sie jetzt in Häusern seien, in denen die Haustechnik kaputt wäre. Das sei doch Vermietersache. Aber René habe sie da nie mehr rausgelassen, erzählt ein Vertrauter der Chirathivats.

Interne Dokumente zeigen, wie belastend die Mieten für das KaDeWe waren. Im Coronajahr 2020 bürgten die Bundesrepublik und drei Bundesländer für einen Betriebsmittelkredit der KaDeWe Group in Höhe von 90 Millionen Euro. Als Grundlage für die Entscheidung fertigten die Berater von Pricewaterhouse-Coopers (PwC) ein Gutachten an.

In diesem führen die Berater die »bilanzielle Überschuldung« der KaDeWe Group unter anderem auf die »hohen Mieten an die Grundstückseigentümer« zurück. Jedes Jahr zweigte Benko mehr Einnahmen ab. Die Mieten für die KaDeWe Group waren indexiert, weshalb der Kreditgeber, die BNP Paribas, in einer Stellungnahme vermerkte, dass die Finanzlage der KaDeWe Group »durch geringes Eigenkapital und hohe Mietverpflichtungen« gekennzeichnet sei.

Warum aber trugen die Gewerkschaften, die Arbeitnehmervertreter die hohen Mieten bei Galeria mit? Warum wehrte sich das Management der Warenhauskette nicht? Warum billigte die Central Group Benkos Blutsaugertrick?

Ein bisschen Gegenwehr gab es; wenn überhaupt, ähnelte diese aber eher einer Kissenschlacht denn einem echten Kampf. Zu geschickt hatte Benko alle für sich eingenommen. Mit einfachsten Mitteln: entweder durch Geld oder die Aussicht darauf.

So schloss das Galeria-Management seine Verträge nicht mit der Galeria Warenhaus GmbH ab, sondern mit der Signa. Schon der ehemalige Karstadt-Sanierer Stephan Fanderl war an der Signa Retail beteiligt, der langjährige Galeria-Chef Miguel Müllenbach, der Galeria durch zwei Insolvenzen steuerte, forderte nach der Pleite des Mutterkonzerns 5,5 Millionen Euro von der Signa ein. Bei einem Teil davon soll es sich um Boni aus seiner Galeria-Zeit handeln.

Selbst als Benko ihn im Frühjahr 2023 vor die Tür setzte, um einen Neuanfang bei Galeria zu wagen, erhielt Müllenbach als Sahnehäubchen einen Beratervertrag mit Signa. Es war ein Geben und Nehmen. Am wenigsten profitierten noch die Thailänder, Benkos Partner im Luxussegment.

Die Thais seien wegen der Mieten genervt gewesen. Doch ihre Klagen drangen bei Benko nicht durch. Schnell wurden ihre Argumente plattgemacht: Die Signa habe einen höchst diversen Investorenkreis, hieß es dann. Die Geldgeber bei den Immobilien hätten kein Interesse an Mietminderungen. Der Aufsichtsrat würde nie zustimmen. Sie könnten sich selbst gerne eine blutige Nase holen und die Signa-Prime-Anteilseigner um Mietminderung bitten. So sei das weggefegt worden, erzählen Beteiligte.

Die Thais hielten auch deshalb still, weil sie auf weitere Geschäfte mit Benko in Europa hofften. Zwar hätten sie ihm nie hundertprozentig vertraut, heißt es aus ihrem Umfeld. Aber gleichzeitig bewunderten sie Benko für seine Immobiliengeschäfte, an denen Benko sie später – mit dem Erwerb des Schweizer Warenhauses Globus – auch beteiligte.

Mit dem Jahresanfang 2020 allerdings werden aus unrentablen Häusern hohe Verlustbringer. Der für Benko überlebenswichtige Mietentrick gerät in Gefahr, als aus dem chinesischen Wuhan Nachrichten über ein rätselhaftes Lungenvirus nach Europa dringen. Bald senden die italienischen Fernsehanstalten Bilder von überfüllten Intensivstationen im Norden des Landes, von Menschen, die auf den Fluren der Krankenhäuser ersticken. Corona übernimmt die Herrschaft über Europa.

Im März 2020 verhängt der damalige Bundesgesundheitsminister Jens Spahn (CDU) den ersten Lockdown; auch der Einzelhandel, mit Ausnahme der Lebensmittel- und Drogeriegeschäfte, muss schließen.

Die wirtschaftlich unrentablen Warenhäuser von Karstadt und Kaufhof, gerade erst fusioniert, sind besonders empfänglich für die Wirkungen des Virus. Eine schwache Konstitution mit Verlusten im dreistelligen Millionenbereich trifft auf Einstellung des Geschäfts und später – nach Aufhebung des Lockdowns – auf Konsumzurückhaltung.

Ab hier beginnt ein leidvolles Sterben auf Raten. Es ist der 1. April 2020, an dem Galeria-Vorstand Miguel Müllenbach anstelle seines Vorgesetzten Stephan Fanderl eine Pressemitteilung versenden lässt. Fanderl ist zu dem Zeitpunkt spurlos verschwunden und telefonisch für das Signa-Management nicht erreichbar. Später wird er dafür einen Bandscheibenvorfall verantwortlich machen.

»Die Geschäftsführung von Galeria Karstadt Kaufhof hat vor dem Amtsgericht Essen einen Antrag auf Einleitung eines Schutzschirmverfahrens gestellt«, schreibt Müllenbach. »Dies gilt auch für die Tochtergesellschaft Karstadt Sports. Das Gericht hat dem Antrag stattgegeben. Ziel ist es, Galeria zu schützen. Die harten wirtschaftlichen Folgen der Corona-Krise für den innerstädtischen Non-Food-Handel und die langwierige Umsetzung staatlicher Hilfe über die Hausbank haben diesen Schritt notwendig gemacht«, heißt es darin.

Bei Galeria übernimmt fortan ein Mann die Regie, der den Beinamen »Notarzt der deutschen Wirtschaft« trägt. Arndt Geiwitz, ein hochaufgeschossener Mann mit markanter Brille, trat bereits in der Vergangenheit an, namhafte Unternehmen durch die Insolvenz zu lotsen. So versuchte er, Schlecker zu retten, beim Modezaren Willy Bogner sprang er als Treuhänder ein. Geiwitz reizen die prestigeträchtigen Fälle. Bei Galeria ist er Benkos Mann.

Das Schutzschirmverfahren erlaubt es dem Unternehmen, sich von allen Verbindlichkeiten zu trennen. Auch von überhöhten Mieten. Geiwitz verhandelt die Verträge der Häuser nach; im ersten Insolvenzverfahren, in dem rund 40 Häuser geschlossen wurden, konnten die Mieten um einen mittleren zweistelligen Millionenbetrag reduziert werden. Nur die Geschäfte, die zu Signa gehörten, fasst er nicht an.

Geiwitz agiert taktisch geschickt. Transparenz darüber, wie die Mietverhandlungen mit den Eigentümern stünden, habe es nicht gegeben, erzählt einer, der dabei war. Lange hieß es »noch nicht ausverhandelt«, alles »offen«. Erst am Schluss kamen die Mieten auf den Tisch. Als Kompensation für die hohen Mietzahlungen an die Signa bot Benko dann einen Zuschuss in Höhe von 200 Millionen Euro an, 100 Millionen aus der Signa Prime, 100 Millionen aus der Holding. Zu diesem Zeitpunkt hieß es: Deal oder dead; gibt es keine Zustimmung, geht Galeria den Bach runter. Die Arbeitnehmer hätten endlich Ruhe gewollt, der Gläubigerausschuss sei ohnehin so aufgestellt gewesen, dass Signa ihn kontrollierte, damit hätte man das durchdrücken können.

Im zweiten Schutzschirmverfahren verzichteten die Signa-fremden Eigentümer erneut auf einen zweistelligen Millionenbetrag an Mieten, während sie in Benkos Häusern weiter anstiegen. Ein Betreiber eines mittelgroßen Standortes im Süden von Deutschland beklagte einen Mietanstieg binnen drei Jahren und während zwei Insolvenzen um 200.000 Euro jährlich, bei gleichzeitig sinkendem Umsatz.

Erst mit der Insolvenz der Signa traute sich das Galeria-Management öffentlich gegen die hohen Mieten zu opponieren. In verschiedenen Interviews bemängelte Galeria-Chef Olivier van den Bossche »die überhöhten Mieten für viele Häuser«, die Galeria daran hinderten, in die schwarzen Zahlen zu kommen.

Ob das Mietthema für Galeria mit der Signa-Pleite nun endgültig vom Tisch ist? Daran darf gezweifelt werden.

Anfang April 2024 präsentiert Insolvenzverwalter Stefan Denkhaus zusammen mit Galeria-Chef Olivier van den Bossche den neuen Käufer in der Essener Zentrale: die US-Investmentgesellschaft NRDC Equity Partners. Eigner ist der Immobilien-Tycoon Richard Baker.

Galeria erlebt damit ein unschönes Déjà-vu. Baker hatte als Chef von Hudson's Bay Company im Jahr 2015 Kaufhof übernommen und vier Jahre später an René Benko verkauft. Eine seiner ersten Amtshandlungen nach dem Kauf? Mieterhöhungen. Und zwar um satte 36,8 Prozent.

KAPITEL 10

Der Coronatest – das kranke Geschäftsmodell wird offenbar

An einem Nachmittag Mitte Juni 2020 sitzt René Benko in einem Frankfurter Büro und klickt sich durch eine Präsentation der Signa-Gruppe. Die Videokonferenz, mit der der Gastgeber die Autoren dieses Buches von den Stärken seines Unternehmens überzeugen will, gerät zur Werbeshow. Gleich das erste Schaubild zeigt mehr als ein Dutzend seiner besten Immobilien: den geplanten Elbtower in Hamburg, das KaDeWe in Berlin oder das Chrysler Building in New York. Es folgen Erfolgszahlen: 25 Milliarden Euro Bilanzsumme in der Gruppe, mehr als 1 Milliarde Euro Gewinn im Jahr, 40 Prozent Eigenkapitalquote. All das errichtet in wenigen Jahren.

Benko will zur zweiten Säule seines Konglomerats überleiten, seinem Handelsgeschäft, und damit auch zu Galeria Karstadt Kaufhof, das im April unter den staatlichen Rettungsschirm schlüpfen musste. Gerade als er anheben will, übertönt ihn eine heulende Sirene. Der Feuermelder geht an, ein Fehlalarm, wie sich bald herausstellt – und doch ein Signal, das passender nicht sein könnte.

Die Pleite light der Warenhauskette, die fast für die Hälfte von Benkos Handelsumsätzen stand, wird teuer. Der Shutdown hat das Unternehmen tief in die roten Zahlen gestürzt, und auch das restliche Retail-Geschäft ringt mit großen Umsatzverlusten. Signa muss Hunderte Millionen Euro nachschießen, während gleichzeitig die Immobilien mit krisenbedingten Mietausfällen kämpfen.

Es ist eine Erschütterung von ungeahnter Dimension. Noch vor wenigen Monaten vermittelte das Reich Benkos den Eindruck granitgleicher Stabilität, doch nun lautet die Frage: Kann Benko, ein Kind des Booms, den Absturz seiner Signa-Gruppe verhindern?

Mit Corona sei die Messe gehalten gewesen, sagt ein Investor heute. Es wurde immer schwieriger für Benko, externes Geld einzusammeln. Zwar kommen die Geldgeber in dieser Phase häufiger bei Signa zu Lagebesprechungen zusammen, doch die meisten von ihnen sind, wie der »Fressnapf«-Gründer Torsten Toeller oder der Logistik-König Klaus-Michael Kühne, selbst mit Krisenmanagement in ihren Unternehmen beschäftigt. Ein Investor schreibt in einem persönlichen Protokoll: »Statt in die Betreuung des Signa Investments zu intensivieren, mussten andere Themen Vorrang haben.«

Durch die Pandemie werden die Schwachstellen der Signa öffentlich sichtbar. Zwar erscheint auf Benkos Charts alles fein säuberlich separiert, doch so leicht sind die Einheiten im Signa-Reich nicht voneinander zu trennen. Das darbende Handelsgeschäft wirkt sich direkt auf das Immobilienbusiness aus, weil die Holding hohe Zuschüsse ins notleidende Geschäft pumpen muss. Gleichzeitig fallen Mieteinnahmen in Höhe eines zweistelligen Millionenbetrags weg. Dem guten A+-Kreditrating der Immobiliengruppe hat das den unschönen Zusatz »Watch« eingebrockt.

Was noch vor Monaten glänzte wie lauter goldene Gelegenheiten, ist nunmehr »Schrott«, wie ein Unternehmenskenner drastisch Benkos Strategie beschreibt, im Handel vor allem bei Sanierungsfällen zuzuschlagen. SportScheck, das Otto noch mit einer Mitgift entließ, ist schon bei der Übernahme ein Problemfall, genauso wie die ehemaligen Thomas-Cook-Reisebüros in Deutschland. In Österreich schreibt die Möbelhauskette Kika/Leiner rote Zahlen. Und Signa Sports United mit zahlreichen Webshops wächst rasant, wirft unter dem Strich aber keine Gewinne ab.

Selbst das Luxussegment, an dem Signa durch einen Anteil an der KaDeWe-Gruppe partizipiert, ist alles andere als eine Perle. Stattdessen müssen – lange unbemerkt von der Öffentlichkeit – der Bund, die Länder Hamburg, Bayern und Berlin für einen Kredit in Höhe von 90 Millionen Euro bürgen. Vor allem aber hat es ein vertrauliches Gutachten der Wirtschaftsprüfer von PwC in sich, das vor Erteilung der Bürgschaft in Auftrag gegeben wird und die Hinfälligkeit von Benkos Luxusstrategie auch in covidfreien Zeiten offenbart.

Die Warnungen der Wirtschaftsprüfer lesen sich im Nachgang wie die Vorboten des Zusammenbruchs der Signa. Die Bilanzexperten sprechen von einer »(noch) vertretbaren Bürgschaftsübernahme« und kritisieren »die vom Unternehmen gewählte Planungsprämisse« als sehr »optimistisch«. Sie weisen eindringlich darauf hin, »dass die KaDeWe GmbH im Hinblick auf die Jahresfehlbeträge der letzten Jahre den Nachweis eines profitablen Geschäftsmodels bisher schuldig geblieben ist.« Die bilanzielle Überschuldung der KaDeWe GmbH belief sich zum Stichtag 30. September 2019 auf 105,7 Millionen Euro. Das Luxusgeschäft, das Benko auch gegenüber seinen Investoren immer als großartig verkauft hatte, glitzert falsch wie Katzengold.

Noch schlimmer ist die Situation bei Galeria Karstadt Kaufhof. Seit dem 1. April 2020 befindet sich die Warenhauskette in einem Schutzschirmverfahren, einer milden Form der Insolvenz. Es geht um 28.000 Arbeitsplätze, die Zeitungen sind voll von Geschichten über Galeria.

Benko missfällt diese Form der medialen Präsenz. Er, der sich als Retter der Innenstadt feiern ließ, steht nun zumindest auf den ersten Blick schlecht da. Die Warenhäuser, oft gleich mehrere in einer Stadt, haben ihm zu politischem Einfluss verholfen. Das sei sein großer Trigger gewesen. Welcher Bürgermeister, welcher Ministerpräsident entzieht sich einem Termin mit einem der größten Arbeitgeber in der Stadt?, fragt ein langjähriger Benko-Begleiter rhetorisch. Diese Logik habe auch für die lokalen Sparkassen gegolten.

Doch selbst die Pleite ändert daran wenig. Im Gegenteil: Benko kann die Häuser nun als Druckmittel nutzen, um der Signa Geld aus dem Wirtschaftsstabilisierungsfonds der Bundesregierung zu besorgen.

Schon lange engagiert Benko Lobbyisten als Schnittstelle in die Politik. Während Benko die Ex-Politiker Ole von Beust, ehemals CDU-Bürgermeister der Stadt Hamburg, und Ex-Außenminister Joschka Fischer (Bündnis 90/Die Grünen) als Meinungsbeschaffer für seine Bauprojekte in Hamburg und Berlin einspannt, holte er sich zusätzlich für das Warenhausgeschäft zwei echte Salonlöwen, den Berliner Unternehmer Harald Christ und den Rechtsanwalt Stavros Kostantinidis.

Christ, ein 1,90-Meter-Mann mit lichtem Haar und freundlichem runden Gesicht, ist in der Bundespolitik bestens vernetzt. Als Jugendlicher startete er bei den Jusos eine politische Karriere, 2009 war er im Bundestagswahlkampf im Schattenkabinett vom damaligen SPD-Fraktionschef und heutigen Bundespräsidenten Frank-Walter Steinmeier als Wirtschaftsminister vorgesehen. Ende 2019 trat er aus der SPD aus, schloss sich der FDP an und wurde von Liberalen-Chef Christian Lindner als Bundesschatzmeister vorgeschlagen und auf einem außerordentlichen Bundesparteitag gewählt; den Wechsel begründete Christ mit einem Linksruck seiner alten Partei.

Christs Büro liegt direkt am Kurfürstendamm in Berlin, in seiner Altbauwohnung empfängt er regelmäßig Unternehmer, Chefredakteure und Politiker. Noch im Oktober 2022 bringt er in seinem »Berliner Salon«, einer Veranstaltung zum lockeren Netzwerken und persönlichem Kennenlernen, Benko mit der damaligen Bürgermeisterin von Berlin zusammen, Franziska Giffey. Bis zum Ausbruch der Coronapandemie im Jahr 2020 saß Christ für Benko im Aufsichtsrat von Galeria, er pflegte insbesondere die Kontakte zur Arbeitnehmerbank, den damaligen Verdi-Boss Frank Bsirske bringt er mit Benko zusammen.

In München macht Stavros Kostantinidis die Termine für den österreichischen Betonklotzer. Ein einflussreicher Anwalt, nicht zuletzt aufgrund seiner Frau. Saskia Greipl-Kostantinidis ist die Tochter des verstorbenen, langjährigen Präsidenten der Industrie- und Handelskammer in München und Oberbayern. Erich Greipl gehörte der Geschäftsführung der Metro an, später saß er in deren Aufsichtsrat ebenso wie im Kontrollgremium von Kaufhof. Wenn die Familie Greipl-Kostantinidis einlädt, wie etwa zum 50. Geburtstag der Frau, erscheint die Münchner Busserl-Busserl-Gesellschaft. Vor allem aber kommen Menschen von Gewicht und Geltung, von Landtagspräsidentin Ilse Aigner bis hin zum bayerischen Ministerpräsidenten Markus Söder. René sei gelegentlich bei Abendessen des Ministerpräsidenten eingeladen gewesen, dann habe er mit Söder am Tisch dinniert, erzählt ein Ex-Signa-Manager.

Mit Corona verändert sich auch das Verhältnis Benkos zur Politik, er wird vom Retter der Innenstädte zum Bittsteller.

Vor dem Ausbruch der Pandemie hofften Benko und seine Signa-Truppe noch, durch die erwarteten Fusionssynergien von gut 380 Millionen Euro bei Karstadt und Kaufhof erst einmal ohne große Schließungen von Häusern davonzukommen; von Insolvenz war nicht die Rede. Doch das besorgte dann der Lockdown

Mitte März. Deutschland testete und impfte sich gegen Corona, die Warenhäuser benötigten eine lebensspendende Geld-Infusion.

Benko schoss 140 Millionen Euro ein, nur so war ein Schutzschirmverfahren möglich, bei dem, anders als bei einer kompletten Pleite, der Eigentümer weiter das Sagen hat. Das Schutzschirmverfahren bietet Benko – neben dem Risiko des schlechten Images – auch Chancen. Mietverträge können schneller gekündigt, Mitarbeiter leichter entlassen werden, die ohnehin geplante Sanierung kann radikaler und im Zeitraffer erfolgen.

Signas Mann für das Schutzschirmverfahren ist ein alter Bekannter Benkos: Arndt Geiwitz, der Steuerberater und Wirtschaftsprüfer, der breiten Öffentlichkeit aus der Schlecker-Insolvenz bekannt. Benko beschäftigte Geiwitz erstmals 2013 beim Karstadt-Kauf, da ließ er ihn die Finanzen prüfen. Bei der Übernahme der Otto-Tochter SportScheck half er ebenso aus. Nun soll er bei Galeria das Warenhausgeschäft neu sortieren. Am Ende werden rund 40 Filialen schließen.

Niemand der Topkräfte habe ja Erfahrung mit einem Schutzschirmverfahren gehabt, sagt ein Handelsmanager. Geiwitz hingegen hätte gewusst, wie man schnell ein Schutzschirmverfahren aufsetzt, wie man den Gläubigerausschuss kontrolliert, welche Personen man reinholen muss, das habe er alles sehr schlau gemacht.

Später werden Betriebsräte der Warenhauskette Geiwitz vorhalten, er habe nicht im Sinne von Galeria saniert, sondern für Signa. Während die meisten Vermieter der Galeria-Häuser beträchtliche Mietkürzungen zugestehen, bleiben die Verträge mit Signa als Vermieterin unberührt. Geiwitz bekräftigte mehreren Beteiligten gegenüber, keinen Spielraum gehabt zu haben. Benko sei da knallhart gewesen. Denn eine Korrektur der Mieten nach unten hätte sofort Wertkorrekturen bei den Immobilien der Signa ausgelöst – und damit wohl die bisherigen bilanziell ausgewiesenen Gewinne in Verluste verwandelt.

Wie sich bereits zwei Jahre später herausstellen sollte, reichte der Sanierungsplan von Geiwitz nicht aus, um dem Patienten Galeria auf Dauer das Überleben zu sichern. Nach der ersten Insolvenz folgt eine zweite. Im Oktober 2022 tritt das Galeria-Management erneut den Weg zum Amtsgericht Essen an.

Wäre Galeria ein Musikstück, zugegeben ein melancholisches in Moll, man bräuchte nur die Wiederholungstaste zu drücken: Wieder werden Filialen geschlossen, wieder verlieren Menschen ihren Job, wieder verzichten Vermieter auf einen Teil der Mieten. Und wieder bleiben die Mietverträge von Signa weitestgehend unberührt. Als Kompensation stimmt Benko einer Zahlung in Höhe von 200 Millionen Euro zu. Wieder ist es Geiwitz, der Galeria mit durch das Schutzschirmverfahren führt.

Am Ende destillieren sich klar die Gewinner und Verlierer der Galeria-Insolvenzen während und kurz nach der Coronapandemie heraus. Im ersten Insolvenzverfahren fallen 81,4 Millionen Euro für Beratungshonorare an, 41,5 Millionen davon waren Aufwendungen für das Schutzschirmverfahren, 39,9 Millionen flossen im anschließenden Insolvenzverfahren. Einen großen Teil davon kassieren Geiwitz und seine Leute, im zweiten Verfahren sind es rund 52 Millionen. Verloren gehen fast zehntausend Arbeitsplätze. Und der Dumme ist zweifelsohne der Staat.

Insgesamt zwei Darlehen in Höhe von 680 Millionen Euro steuert der Wirtschaftsstabilisierungsfonds für Galeria bei – gegen erhebliche Zweifel einiger Handelnder und auch Kritik in der Öffentlichkeit. Warum Geld in Warenhäuser stecken, wenn die Zeit über sie hinweggegangen ist und sich immer weniger Kunden und Kundinnen in den von Verkäufern weitgehend verwaisten Etagen verirren? Warum Benko und seiner Signa Geld geben, wenn der nach wie vor hohe Gewinne für seine Immobilien ausweist und im Krisenjahr 2020 seine Investoren in der Prime mit Ausschüttungen von mehr als 200 Millionen Euro beglückt?

Benko zeigt sich im Interview mit dem *manager magazin* im Herbst 2021 kühl: »Der Immobilienbereich von Signa hat andere Gesellschafter als der Handelsbereich. Es gibt ein komplett anderes, eigenständiges Management und völlig unabhängige Gremien. Es verbietet sich übrigens auch schon rein rechtlich, die unabhängigen Einheiten irgendwie zu vermengen«, behauptet Benko.

Auch in der Politik ist die Stimmung gespalten. Verdi macht Druck auf die politisch Handelnden, aus Sorge um die Arbeitsplätze, vor allem aber, weil die Beschäftigten bei Galeria einen hohen Organisationsgrad haben, anders als sonst im Handel. Ebenso sind die Bürgermeister der Städte mit Galeria-Filialen an einem Überleben der Handelskette interessiert und auch Ländervertreter. Der damalige Ministerpräsident von Nordrhein-Westfalen, Armin Laschet (CDU), ist ohnehin mit Benko gut bekannt. Im Bundeswirtschaftsministerium erweist sich der damalige Staatssekretär Ulrich Nußbaum (parteilos) als große Hilfe, ihn kennt Benko ebenso persönlich.

Als Gegner der beiden Rettungspakete zeigt sich am ehesten der Staatssekretär Jörg Kukies (SPD), früher Deutschlandchef der Investmentbank Goldman Sachs. Er dient Olaf Scholz erst im Finanzministerium, dann im Bundeskanzleramt. Signa-Beteiligte erinnern sich an für Benko unangenehme Gespräche mit Kukies.

Letztlich aber schreckt die Politik davor zurück, Galeria in die endgültige Pleite zu schicken. Der Wirtschaftsstabilisierungsfonds, der damals auch für die Lufthansa-Rettung und für das Überleben des Touristikunternehmens TUI genutzt wird, schießt Geld ein. Die 680 Millionen Euro sind zu weiten Teilen verloren, das ist spätestens seit der dritten Galeria-Insolvenz im Jahr 2024 klar. Und die 200 Millionen Euro, die Benko 2023 und 2024 seinerseits als Teil des Schutzschirmdeals Galeria zur Verfügung stellen wollte, flossen auch nicht.

Sicher wollte Benko die Misere bei Galeria nicht, am Ende nutzte er sie aber schamlos aus – wie sein Handeln in Berlin beispielhaft zeigt. In der Hauptstadt spielt er ein perfides Spiel mit der Lokalpolitik: Arbeitsplätze gegen Baugenehmigungen.

Es ist der 3. August 2020, Galeria Karstadt Kaufhof befindet sich noch in der Insolvenz, als die Berliner Wirtschaftssenatorin Ramona Pop (Bündnis 90/Die Grünen) in einem Statement bekannt gibt, »eine gute Lösung für Berlin erreicht« zu haben. Zusammen mit dem damals Regierenden Bürgermeister Michael Müller (SPD) und Kultursenator Klaus Lederer (Die Linke) unterzeichnete sie einen Letter of Intent mit Signa, eine Absichtserklärung.

Um vier von sechs von der Schließung bedrohte Warenhaus-Filialen weitere drei bis fünf Jahre zu erhalten, geben die Politiker im Gegenzug weitreichende Zusagen für neue Bauvorhaben der Signa am Berliner Alexander- und Hermannplatz sowie am Kurfürstendamm, wo Signa nun Hochhäuser bauen darf, was bis dahin verboten war. Längerfristige Garantien für die Häuser soll es dann erst wieder gegen neue Baugenehmigungen geben.

Und Benko plant weiter. Er gehört nicht zu dem Drittel der Investoren, die im Jahr 2020 ihre Investitionsüberlegungen stoppen, wie etwa eine Umfrage von Fonds-Forum, einer Plattform-Community von institutionellen Anlegern und Immobilienunternehmen sowie Banken und Beratungsunternehmen, ergeben hat. In Benkos Welt scheint es weder Corona noch die Insolvenz von Galeria Karstadt Kaufhof zu geben.

Im April 2020, jenem Monat, in dem Galeria unter den Schutzschirm flüchtet, gibt Benko seinen Investoren ein »Status Update«. In dem 65-seitigen Papier wirbt der Unternehmer mit mehr als 1 Milliarde Euro Nettogewinn und einem Immobilienwert von 18,3 Milliarden Euro für 2019. Es folgt eine Bildershow, eine Hochglanzpräsentation seiner Immobilien nach der anderen – von den Globus-Häusern bis hin zum Hotel Bauer in Venedig. Von mehr als 550.000 Quadratmetern Büroflächen, zehn Hotels, mehr als 7.400 Apartments und 290.000 Quadratmetern Handelsfläche ist die Rede. Im deutschsprachigen Raum sieht sich Signa direkt hinter Aroundtown positioniert, einem im M-DAX notierten Immobilienkonzern. Das Wort »Krise« fällt in dem Update mit keinem Wort.

Dabei bricht der Bedarf an Büroflächen dramatisch ein, die Leerstände in den Städten steigen an. Benko plant trotzdem so, als sei die Signa gegen Krisen geimpft. Er investiert weiter in Bürotürme, Hotels und Warenhäuser. In der Pipeline befinden sich Projekte, die mit einem Marktwert von rund 23 Milliarden Euro den Immobilienwert bis 2023 verdoppeln würden.

Benko in einem Interview mit dem *manager magazin* im Oktober 2021 darauf angesprochen, dass sein Vermögen vor allem durch Neubewertungen bestehender Immobilien wachse und die Signa zu aggressiv bilanziere, antwortet: »Es ist leider viel Inkompetenz, Polemik und Neid unterwegs.« Oder wie ein langjähriger Vertreter von Benko mittlerweile konstatiert: »Schuld haben in Benkos Welt nur die anderen.«

KAPITEL 11

Nur die Fassade steht noch – wie René Benko die Zinswende verschläft und Investoren unruhig werden

Christine Lagarde, die Präsidentin der Europäischen Zentralbank (EZB), hat von ihrem Eckbüro im 40. Stock des Frankfurter EZB-Turms einen unschlagbaren Blick auf Deutschland und seine Wirtschaft. Frankfurt liegt ihr zu Füßen mit seinen Banken, und wenn sie ihren Blick Richtung Süden wendet zu den Schornsteinen von Merck in Darmstadt, dann kann sie auch Teile des industriellen Kerns der Republik erahnen. Dank ihrer 5000 meist hochqualifizierten Beschäftigten allein in Frankfurt kennt Lagarde nicht nur das Panorama, sie müsste auch jederzeit über die Analysekraft zur Beurteilung der wirtschaftlichen Lage verfügen.

Im Jahr 2022 allerdings verschläft Lagarde den richtigen Zeitpunkt, um nach vielen Jahren der Nullzinspolitik die Wende einzuleiten. Kaum hatte Russlands Diktator Wladimir Putin im Februar 2022 seinen Truppen den Befehl gegeben, die Ukraine zu überfallen, steigen die Energiepreise rasant an. Die Inflation in Deutschland schnellt im März auf 5,9 Prozent, um im November des Jahres mit 8,7 Prozent ihren Höhepunkt zu erreichen. Längst treiben nicht nur Gas, Benzin und Stromkosten die Preise, auch Lebensmittel, industrielle Vorprodukte, ja, eigentlich fast alles wird unablässig teurer.

Erst im Juli 2022 reagiert Lagarde mit einer Erhöhung der Leitzinsen auf 0,5 Prozent, dann aber umso konsequenter. Im schnellen Takt folgt bis September 2023 ein Zinsschritt nach dem anderen und der Anstieg stoppt erst bei 4,5 Prozent – womit die Refinanzierung für die Banken sehr viel teurer wird und sie das umgehend an ihre Kunden weitergeben.

Vor allem die Immobilienbranche ist hart getroffen, denn sie arbeitet stark mit Fremdkapital – wie auch die meisten privaten Hausbauer. Eine Erhöhung der Zinsen um nur einen Prozentpunkt macht den Kredit in der Regel um mehr als 10 Prozent teurer, weil die Tilgungsraten geringer ausfallen. Durch die gestiegenen Kreditkosten können sich professionelle Investoren wie Privatleute weniger leisten, die Nachfrage nach Häusern und Wohnungen sinkt. Rasant fallen parallel dazu die Immobilienpreise und damit auch die Werte, mit denen die Immobilien in der Bilanz stehen.

Wer also wie die Signa mit dem Bau und der Vermietung von Immobilien sein Geld verdient, für den wird der Spielraum immer kleiner. Man kann sich das so wie in Edgar Allen Poes Erzählung *Die Grube und das Pendel* vorstellen, in der die Wände sich aufeinander zubewegen und den Gefangenen zu erdrücken drohen – eine Horrorgeschichte.

Der Zinsschock, den Lagarde und ihr Direktorium auslösen, lässt sich am Aktienkurs des größten deutschen Immobilienkonzerns Vonovia ablesen: Erreicht er am 18. August 2021 seinen Höchststand mit 60,08 Euro, so geht es bis zum 24. März 2023 runter auf 16,58 Euro. Die Marktkapitalisierung verringert sich also nahezu um drei Viertel – obwohl die Nachfrage nach Vonovia-Wohnungen ungebrochen ist.

Vonovia-Chef Rolf Buch reagiert 2022, um noch Schlimmeres zu verhindern, und reduziert drastisch die Investitionen. 2023 und 2024 verkauft er Tausende Wohnungen und steckt die eingenommenen Milliarden umgehend in die Schuldenreduzierung. Deutschlands größter Vermieter von Handelsgeschäften, die Hamburger ECE-Gruppe, hatte schon 2020 verkündet, sie werde keine Einkaufszentren mehr bauen. Vorstandschef Alexander Otto sagte, man sehe dafür keinen zusätzlichen Bedarf mehr. Denn wegen Covid hatte sich viel Handelsgeschäft ins Internet verlagert.

René Benko dagegen tut so, als sei die Signa unangreifbar. Als könnten ihr weder das Zinselend noch die Covidpandemie etwas anhaben. Stattdessen verbreitet er intern wie extern die Erzählung, die Signa werde aus der Krise gestärkt hervorgehen. Denn während die Konkurrenten abstürzten, sei man selbst dank langfristiger Finanzierungen und eines angeblich hohen Eigenkapitalanteils geschützt. Noch im Dezember 2022 verspricht Benko seinen Mitarbeitern und Mitarbeiterinnen auf den »Signa Days« in einem Tiroler Luxushotel, man werde jetzt umso schneller wachsen. Ihre Ziele für 2030 werde die Signa bereits 2027 erreichen, trotz und wegen der Immobilienkrise.

Seine Beschäftigten feiern Benko für seine Worte. Die Party, von der auch sie dank hoher Gehälter, Boni und Wertsteigerungen der Mitarbeiteraktien profitierten, soll trotz der Zinswende einfach weitergehen. Alle wollen weiter Kasse machen: die Mitarbeiter, die Berater und Anwälte, die sechs- bis siebenstellige Summen jährlich verdienten; die Gesellschafter, die bisher von satten Dividenden profitiert hatten, sowie die gut bis spektakulär bezahlten Geschäftsführer der einzelnen Signa-Sparten. Und natürlich der Gründer selbst, René Benko, der auch ohne Amt dem Konzern die Richtung vorgab.

Spektakulärer hat kaum je ein Unternehmer geirrt. Entweder litt Benko damals schon unter Realitätsverlust oder aber er flog einfach weiter auf seinem Kurs, weil es für eine Umkehr schon zu spät war.

Denn tatsächlich ging der Signa langsam der Treibstoff aus, mit dem sie ihren raketenhaften Aufstieg finanziert hatte: das Geld. Auch hier spielte die EZB der Christine Lagarde eine wichtige Rolle, genauer gesagt die dort angesiedelte Bankenaufsicht (Single Supervisory Mechanism, kurz SSM genannt). Das Gremium an der SSM-Spitze, das in der Regel von der Öffentlichkeit weitgehend unbemerkt tagt und diskutiert, besteht aus Vertretern der EZB und den Chefs der nationalen Finanzaufsichtsbehörden wie der Bundesanstalt für Finanzdienstleistungsaufsicht (Bafin).

Eingerichtet nach der Finanzkrise von 2008/09 ist das Ziel der SSM klar definiert: die Solidität der Banken zu überwachen. Ein zweites 2008 soll so verhindert werden, als nur Billionenzahlungen der Staaten weltweit die Banken und damit das Schmiermittel der Weltwirtschaft vor der Pleite retteten. Es gilt, Risiken auszuschalten. Und die fanden sich 2022 vor allem im Immobiliensektor.

Schon seit Jahren hatte die Bundesbank vor einer »Immobilienblase« gewarnt, die sich aufgrund der Nullzinspolitik Jahr für Jahr weiter ausdehnte. Im Februar 2022 schrieb die Bundesbank in ihrem Monatsbericht: »Die Überbewertungen bei Wohnimmobilien nahmen zu. Gemäß aktuellen Schätzergebnissen lagen die Immobilienpreise in den Städten im Jahr 2021 zwischen 15 Prozent und 40 Prozent über dem Preis, der durch soziodemografische und wirtschaftliche Fundamentalfaktoren angezeigt ist.«

Noch dramatischer sah es bei den Gewerbeimmobilien aus, dem Feld, in dem sich René Benkos Signa vor allem bewegte.

Die allgemeinen Einschätzungen zur Lage des Immobiliensektors sind dem Single Supervisory Mechanism natürlich bekannt.

Aber auf einer Sitzung des Gremiums gegen Ende des Jahres 2022 ging es auch konkret um René Benkos Signa. Das rasante Wachstum der Gruppe, die Intransparenz des Unternehmens und kritische Medienberichte veranlassten die Bankenaufsicht zu einem sehr ungewöhnlichen Schritt. Man entschloss sich, bei den Banken im Euroraum ganz konkret abzufragen, wie viele Kredite sie an die Signa ausgegeben hatten. Wie gut sie besichert seien und ob sie einen eventuellen Ausfall der Zahlungen verkraften könnten.

Üblicherweise fragen EZB und Bafin nicht nach der Kreditvergabe an ein konkretes Unternehmen, sondern sie erkundigen sich allgemeiner. So hätte es sich angeboten, die Belastung durch die Kreditvergabe an den gesamten Immobiliensektor zu überprüfen, schließlich gab und gibt es auch andere Wackelkandidaten.

Aber offensichtlich wollte der SSM ein klares Warnsignal setzen und ein dickes Fragezeichen hinter die Kreditwürdigkeit der Signa. Denn mit ihrer Abfrage, das muss den Aufsichtsbehörden klar gewesen sein, stockte der Kreditfluss an die Signa, auf den diese unbedingt angewiesen war. Keine Bank kann es riskieren, die Aufseher zu verärgern.

Offiziell äußert sich die EZB nicht dazu, angeblicher Grund: Geheimhaltungspflichten. Auf eine Anfrage eines Bundestagsabgeordneten vom November 2023 wies der damalige Vorsitzende des EZB-Aufsichtsgremiums, Andrea Enria, nur allgemein darauf hin, dass es seit 2018 zum Thema Kreditrisiken im Gewerbeimmobiliensektor eine Reihe von Prüfungen gegeben habe. Dies sei Teil »eines umfassenderen Maßnahmenpakets im Zusammenhang mit anfälligen Sektoren, darunter auch dem Immobiliensektor«.

Offensichtlich war die Prüfung der Signa-Kredite jedoch mehr als eine von vielen. Als sie die Ergebnisse ihrer Umfrage erhalten hatte, entschloss sich die EZB zu einem zweiten Schritt: Sie drängte etliche Banken dazu, Darlehen an die Signa entweder zum Teil abzuschreiben oder weitere Vorsorge für potenzielle Verluste zu treffen. So berichtete es die Nachrichtenagentur Bloomberg im Sommer 2023.

Das sehr spezielle Signal, das Lagarde, Enria, seine Kollegen und Kolleginnen aussendeten, kam jedenfalls an. Seit Anfang 2023 bekam Benko kaum noch neue Bankkredite – was für jedes Immobilienunternehmen verheerend ist. Denn niemand baut nur mit Eigenkapital.

Gegenüber der Öffentlichkeit und seinen Gesellschaftern ließ Benko von der Banken-Blockade erst mal nichts verlauten. Nach außen liefen die Geschäfte weiter. Die Fassade all der Gebäude in »unwiederbringlichen Lagen« (O-Ton Benko) stand noch, und das Unternehmen baute einfach weiter – wenn auch auf Sand.

Im August 2022 schloss die Signa sogar noch den größten Deal ihrer Geschichte ab: Benko kaufte gemeinsam mit seinen thailändischen Partnern von der Central Group die britische Luxushauskette Selfridges für 4 Milliarden Pfund. Und in Hamburg hatte die Signa bereits alle Vorbereitungen für den Bau des 245 Meter hohen Elbtowers getroffen. Der Vertrag mit der Stadt war längst unterzeichnet, die Baugrube war ausgehoben und pünktlich zum Januar 2023 startete der Hochbau.

Etliche Gesellschafter, denen mit dem Ende des Jahres 2022 langsam klar wurde, dass es finanziell eng werden könnte, sahen die EZB als die Schuldige. So etwas habe es noch nie gegeben, sagte im Sommer 2023 ein langjähriger Gesellschafter zu den Autoren des Buches und kritisierte die Aufseher für die Entscheidung. Dergleichen sei »eine ziemlich bizarre Deutung von dem, was passiert ist«, sagte Enria im Dezember 2023 zu Vorwürfen, die EZB sei für die Pleite der Signa mitverantwortlich. Es sei doch offensichtlich, dass es bei der Finanzierung von Gewerbeimmobilen große Risiken gebe.

Tatsächlich war die Bankenaufsicht nicht die Schuldige für die sich dramatisch entwickelnden Situation – die Krise hatte sich innerhalb der Signa längst ausgebreitet wie der Hausschwamm in feuchten Räumen. Die EZB-Feuerwehr goss nur Wasser nach.

Länger schon häuften sich in den Bilanzen der Signa-Gruppe erste Warnsignale. Die Retail-Sparte entwickelte sich zum Desaster, nicht zuletzt wegen der Schließungen in Coronazeiten; so schlüpfte Galeria Karstadt Kaufhof 2022 das zweite Mal unter den Schutzschirm. Dadurch waren auch Mietzahlungen an die Immobiliensparte Prime Selection im Risiko. Und die Sparte Development traf mit ihrer Unmenge von Büroprojekten in zahlreichen Städten auf eine fallende Nachfrage nach Büroraum.

Ein Gesellschafter notiert ernüchtert in einer Chronik für seinen persönlichen Gebrauch über ein Meeting der Signa Holding vom 3. Mai 2022:

»Im Rahmen der Auswertung der präsentierten Zahlen ›verdunkelte‹ sich das Bild auf Signa. Alle Gesellschaften verzeichneten operativ negative Ergebnisse, der permanente Finanzierungsbedarf konnte im Gegensatz zu früher weniger mit Eigenkapital/Fremdkapital gefüllt werden, geplante Ergebnisse wurden verfehlt, der ausgewiesene Cash-Bestand ging deutlich zurück.«

Ernüchtert schließt der Gesellschafter: »Das Signa/RB [René Benko]-Narrativ war, ›unsere Immobilien sind einmalig, daher sehr wertbeständig und sehr konservativ und langfristig finanziert …‹.«

René Benko soll da seinen Anteilseignern noch versprochen haben, dass der Net Asset Value der Signa Holding, also die Vermögenswerte abzüglich der Schulden, bei 7 Milliarden Euro im »Base Case« liegen würde. Eines der vielen Versprechen, das er nicht würde halten können.

So hatte Benko den Anteilseignern der Holding zunächst eine Dividende für 2021 zugesagt, wollte sie dann »später« liefern, habe aber bis »heute nicht bezahlt«, wie der enttäuschte Aktionär in seinen Aufzeichnungen vom 3. Mai 2022 notierte. Richtig schmerzhaft aber wurde es für die Gesellschafter der Immobiliengesellschaft Prime Selection. Die Dividende für 2022 sollte komplett ausfallen – obwohl die Gesellschaft zumindest bilanziell noch Gewinne schrieb. Die Begründung: Wegen der Insolvenz von Galeria Karstadt Kaufhof müsse man Rücksicht nehmen auf die öffentliche Meinung – und dürfe keine Dividenden ausschütten.

Tatsächlich störte sich die Politik daran, dass die Immobilieninvestoren weiter kassierten, obwohl Galeria nur mit staatlichen Hilfen von insgesamt 680 Millionen Euro wiederbelebt wurde. Doch Benko verteidigte das Vorgehen unter anderem im Interview mit dem *manager magazin* 2021 damit, »dass unser Immobilienbereich völlig separiert ist von unseren Handelsaktivitäten«. Was allerdings nur formal stimmte, weil der Immobilienbereich insbesondere von den Kaufhausmieten lebt.

Die Prime-Investoren verzichteten jedenfalls sehr ungern, zumal viele von ihnen den Eindruck hatten, dass Benkos interne Begründung eigentlich nicht stimmig sei. Und zwei Investoren, Kühne sowie die RAG-Stiftung, bestanden darauf, dass ihre Dividenden um den Jahreswechsel 2022/2023 tatsächlich ausgezahlt wurden. Benko schrieb daraufhin seinen Geschäftsführer per Mail, sie sollten das Geld überweisen.

Diejenigen, die leer ausgingen, erfuhren davon erst im Zusammenhang mit der Insolvenz Ende 2023 und waren sauer über die »Ungleichbehandlung der Aktionäre«. Gut möglich, dass die Dividendenzahlung angefochten wird – womit das Investment von Kühne und der RAG-Stiftung möglicherweise noch verlustreicher wird.

Selbst wenn Kühne seine Gewinnausschüttung in Höhe von 16,5 Millionen Euro für 2022 behalten könnte, hätte er einen miserablen Deal gemacht. Denn noch im Frühjahr und Sommer 2022 hatte er zum sehr hohen Stückpreis von 88 Euro Aktien nachgekauft – und damit insgesamt mehr als eine halbe Milliarde Euro investiert.

Auch wenn sich langsam Unmut breitmachte unter den Gesellschaftern, so verstand es René Benko meist, ihnen seinen Willen aufzuzwingen. Seine spezifische Mischung aus Überreden, Schmeicheln und Betteln funktionierte gut in den einzelnen Sparten wie der Prime, aber genauso in der Holding, in der wichtige Gesellschafter wie Ernst Tanner, Hans Peter Haselsteiner oder Torsten Toeller investiert waren. Das hatte für diese den Vorteil, dass ihre Interessen identisch mit denen René Benkos waren. Denn er hielt über seine Privatstiftung ebenfalls Anteile an der Holding.

Mindestens zwei Nachteile allerdings nahmen die Holdinginvestoren in Kauf: Sie konnten erstens, anders als Benko, nicht freihändig in die anderen Sparten reinregieren. Und die Holding hatte, zweitens, fast keine eigenen Vermögenswerte, sondern nur Anteile an den einzelnen Sparten. Wenn da nichts mehr zu holen war, trocknete der Geldfluss zu der Holding aus. Und es blieben nur noch Kosten und Schulden.

Umso wichtiger wäre für die Holdinggesellschafter eine konsolidierte Bilanz gewesen, also eine Übersicht über die tatsächliche finanzielle Lage des Gesamtkonstrukts nach Abzug aller konzerninternen gegenseitigen Beteiligungen, Forderungen und Schulden, Lieferungen und Leistungen. Das aber hatte Benko trotz einiger Anläufe von Gesellschaftern nie geliefert, so dass nur er und einige Geschäftsführer wie der Finanzchef Manuel Pirolt einen wirklich tiefen Einblick hatten.

Die anderen sahen allenfalls einen Ausschnitt aus der Wirklichkeit, neben der Fassade noch einige der Innenräume. Den gesamten Bauplan hatte ihnen der Architekt der Signa nie geliefert.

Dabei hatte etwa Torsten Toeller mehrmals vergeblich versucht, endlich eine transparente Konzernbilanz zu bekommen. Im Juli 2019 rang er Benko in dessen Villa in Sirmione am Gardasee tatsächlich die Zusage ab, man werde das in Angriff nehmen.

Die Konzernbilanz sollte, so die Maßgabe des Hausherrn, allerdings nicht veröffentlicht, sondern nur den Gesellschaftern zur Verfügung gestellt werden. Es passierte wieder so gut wie nichts, auch nicht, nachdem Toeller das Thema im März 2021 in Berlin erneut angesprochen hatte. Nicht einmal die regelmäßig als mangelhaft monierten Unterlagen zu den Gesellschaftersitzungen wurden besser.

Aber selbst mit dem von Benko stark eingeschränkten Gesichtsfeld konnten Aktionäre inzwischen zahlreiche Warnzeichen erkennen – vor allem in der wichtigsten Gesellschaft, der Prime Selection.

Es sanken, moderat noch, die bisherigen Immobilienwerte um rund 8 Prozent. Vor allem aber wurde operativ längst kein Geld mehr verdient. Netto ergaben sich für 2022 dramatische Verlustzahlen: Die Signa Holding schrieb 505 Millionen Euro Verlust, die Signa Prime 1,09 Milliarden Verlust, die Signa Development kam auf 316 Millionen Verlust und die Signa Retail auf 1,39 Milliarden Verlust. Macht mehr als 3 Milliarden Euro in Rot.

Die Folge: Immer zwanghafter musste Benko neue Geldgeber ausfindig machen. Oder vorhandene per Kapitalerhöhung erneut schröpfen, so wie 2022 per Kapitalerhöhung bei der Prime Selection.

Wie ernst die Lage war, zeigt auch eine andere Zahl der Prime-Bilanz: Die Verbindlichkeiten mit einer Restlaufzeit von bis zu einem Jahr waren drastisch auf 1,4 Milliarden Euro gestiegen. Das heißt, die Zinsbelastung würde auf jeden Fall erheblich teurer, dafür sorgten schon die nach oben schnellenden Zinsen. Aber erst einmal musste René Benko im Laufe des Jahres 2023 für diese Summe überhaupt neue Geldgeber finden. Wie sollte das gehen?

Auf die Banken konnte Benko seit dem Einschreiten der Aufsichtsbehörden nicht mehr zählen. Sie ergriffen die Flucht vor der Signa. Das zeigte sich auch bei Benkos wichtigstem Projekt:

dem Hamburger Elbtower. Dass die Landesbank Hessen-Thüringen (Helaba) Anfang 2023 ihre Kreditzusage für den Elbtower endgültig zurückzog und die eigenkapitalschwache Signa damit auf den veranschlagten Baukosten von 950 Millionen Euro fast allein sitzen bleiben würde, erfuhren die meisten Gesellschafter auch erst Monate später. Genau wie die Stadt Hamburg, die mit Benko ihr aktuell größtes architektonisches Renommierprojekt bauen wollte.

KAPITEL 12

Drama um den Elbtower – ein Musterbeispiel für das fatale Zusammenspiel von Geldgebern und Politik

Das Schreiben, das große Bauentwickler Anfang März 2024 in ihrer Post fanden, spart nicht mit Superlativen. Das angebotene Bauprojekt sei ein »once in a lifetime Development«, überdies »the crowning glory of Hafencity«, »245 Meter Leidenschaft«. Auf 14 Hochglanzseiten des »Investment Teasers« greift der führende Immobilienmakler CBRE tief in die Metaphernschublade seiner Profession.

Kleiner Haken: Bei dem Projekt handelt es sich um den Elbtower, der – da haben die wortstarken Makler eindeutig recht – dringend einen »Restart« benötigt. Denn statt einer »umwerfenden Aussicht« bietet das Gebäudegerippe am Rande der Hamburger Hafencity ein Bild des Jammers. Die Baustelle ist im Frühjahr 2024 tot wie ein aufgelassener Friedhof und steht seit Oktober vergangenen Jahres still; im Januar meldete die Projektgesellschaft Elbtower Immobilien GmbH & Co. KG Insolvenz an, die zur Signa-Gruppe von René Benko gehört.

Das Drama um den Elbtower ist mehr als ein gescheitertes Immobilienprojekt. Es kann als ein Musterbeispiel dienen für das Zusammenspiel von Signa-Management und führenden Politikern, ihre Fehlkalkulationen und den Größenwahn aller Beteiligten.

Der Ort der Handlung ist Hamburgs Hafencity. Ein neuer Stadtteil, der direkt zwischen Elbe und historischer Speicherstadt liegt und der das ehemalige Hafengebiet zum Tummelplatz von Investoren gemacht hat. Seit 2003 drehen sich die Baukräne wie Glücksräder, man schmückt sich gerne mit Superlativen: »Europas größte Baustelle«, das »neue Hamburg«, »weltweit das größte Stadtentwicklungsprojekt der Neuzeit«. Vieles ist gelungen, manches harrt noch der Erfüllung. Der Elbtower sollte der krönende Abschluss werden, das Eingangstor zur stolzen Hansestadt.

Maßgeblich voran trieb das Projekt der damalige Chef der Hafencity Jürgen Bruns-Berentelg, ein Immobilienökonom mit Biologie- und Geografiestudium, der in der Vergangenheit für Konzerne an großen Bauvorhaben gearbeitet hat, etwa dem Sony-Center und dem Hauptbahnhof in Berlin. Seit 2003 stand er der Geschäftsführung der Hafencity GmbH vor.

Zusammen mit dem Oberbaudirektor seiner Zeit, Jörn Walter, und später dessen Nachfolger Franz-Josef Höing träumt er von einem markanten Hochhaus mit Büros, Aussichtsplattform und öffentlicher Nutzung.

Im März 2017 trifft die internationale Immobilienszene in Cannes zusammen. Auf der MIPIM, einer der weltgrößten Messen ihrer Art, präsentiert Bruns-Berentelg das Elbtower-Projekt. Jedes Jahr lag auch Benko dort mit seiner Yacht »Roma« im Hafen, um Geldgeber zu gewinnen und neue Geschäftschancen auszumachen.

In der Branche herrscht Sonderkonjunktur. Niedrige Zinsen treiben die Nachfrage. Deutschland befindet sich im Beton-Kaufrausch, die Preise für Neubauten und Bestandsimmobilien schießen durch die Decke.

Einen Monat nach dem Auftritt an der französischen Riviera stellt Hamburgs Hafencity-Gesellschaft eine »Grundstücksangebotsunterlage« online. Wer den Elbtower realisieren will, kann sich nun für das Grundstück bewerben. Um ein Desaster wie beim Konzerthaus der Elbphilharmonie zu vermeiden, sucht die Stadt einen privaten Investor. Zu tief sitzt der Elphi-Schmerz: dreimal länger als geplant brauchte es, um das Konzerthaus zu realisieren; mit 866 Millionen Euro kostete es den Steuerzahler mehr als elfmal so viel wie ursprünglich veranschlagt.

Es gibt gleich mehrere Interessenten für den Elbtower, etwa die Gerchgroup aus Düsseldorf oder Tishman Speyer aus Hamburg. Alle Bewerber fahren mit der Champions League der Architekten auf, der Stadt liegen Entwürfe vor von Zaha Hadid, Hadi Teherani oder Studio Libeskind.

Das Rennen macht die Signa. In der Hohe Bleiche, unfern Hamburgs Flaniermeile Jungfernstieg, unterzeichnet am 6. Februar 2018 Jürgen Bruns-Berentelg für die Hafencity GmbH zusammen mit einem Manager der Signa den Grundstückskaufvertrag für den Elbtower. Man trifft sich in den Räumlichkeiten der Rechtsanwälte von Freshfields Bruckhaus Deringer, einer der großen Anwaltskanzleien. Die Juristen beraten die Stadt beim Grundstücksverkauf, maßgeblich vertreten durch Johannes Conradi.

187 Seiten umfasst das Papier, in dem Signa zusagt, jederzeit sicherzustellen, dass ihnen die für die Bezahlung des Kaufpreises sowie die Erfüllung der Planungs- und Bauverpflichtung »erforderlichen Geldmittel zur Verfügung stehen. Die Finanzierung des Bauvorhabens und seine Entwicklung werden dabei über Eigenkapital und Fremdkapital dargestellt.« Ein Passus von mehreren, die später relevant werden sollten.

In einem festlichen Akt tritt Hamburgs Erster Bürgermeister zwei Tage später im Rathaus vor die Presse. Olaf Scholz, der spätere Bundeskanzler, spricht von einem »besonderen Tag für Hamburg«. Er wolle den im Rathaus Anwesenden vorstellen, wie »das Bild der Hafencity 2025/26 vollendet werden könnte. Nämlich mit einem Hochhaus vor den Elbbrücken, einem wirklich hohen Gebäude für Hamburg von 235 Metern und, wie ich überzeugt bin, einem hervorragenden Gebäude.«

Wie genau die Abstimmung zum Elbtower ablief, bei der die Signa die Zusage für den Bau des Hochhauses erhielt, darüber schweigt die rot-grüne Regierung in Hamburg lieber, genauso wie sie bei den Cum-Ex-Ermittlungen um das hanseatische Bankhaus Warburg erst scheibchenweise mit der Wahrheit herausrückte. Nicht einmal die Frage, ob Scholz an der entscheidenden Sitzung der Hafencity GmbH teilgenommen habe, wollte man beantworten. Erst musste die *Bild*-Zeitung das Informationsrecht einklagen. Mit dem Ergebnis: Scholz war anwesend.

Der Elbtower stammt vom Reißbrett des britischen Stararchitekten David Chipperfield, mit ihm hat Benko bereits das Luxusresort »Villa Eden« am Gardasee realisiert und das Innsbrucker Kaufhaus Tyrol gebaut.

Für Hamburg zeichnet Chipperfield einen imposanten Counterpart zur Elbphilharmonie, einen langen, leicht treppenförmig ansteigenden Riesen, der in seinen Dimensionen alles übertreffen soll, was in Hamburg bis dato gebaut wurde. Nach Fertigstellung, so der Plan, soll der Elbtower eins der höchsten Gebäude Deutschlands sein.

Über den Investor, die Signa von René Benko, die in einem einstufigen Auswahlverfahren den Zuschlag erhielt, findet Scholz an diesem Festtag nur lobende Worte. Es sei »ein hervorragendes Immobilienunternehmen«, das bewiesen habe, »sehr große Projekte stemmen« zu können. »Finanzstark« mit einem »A+-Rating«

und einem »sehr guten Ruf bei seriösen Banken«. Ein paar Jahre zuvor hatte René Benko das Alsterhaus übernommen.

Doch das Projekt besitzt von Beginn an Gegner: in der Bevölkerung und in den Parteien, egal welcher Couleur. Selbst in den Fraktionen der regierenden Parteien SPD und Grüne gibt es Kritiker. Die Hamburger sorgen sich um ihr »hanseatisches Hamburg«, kein Gebäude dürfe höher sein als die Kirchtürme, hieß es lange in der Millionenstadt an der Elbe. Andere finden Gründe für ihre Ablehnung in der Person Benkos: SPD-Politiker wie der Abgeordnete Markus Schreiber oder auch die Linken-Fraktion mit Heike Sudmann trauen dem Wunderwuzzi einfach nicht, sie verweisen auf seine Vorstrafe.

Doch Benko weiß, wie er mit Gegenwind umzugehen hat. Signa mandatiert das Hamburger Beratungsbüro Beust & Coll. Ein Griff ins oberste Regal der Strategieberatung, das Vorgehen besitzt System. Bei Berliner Bauvorhaben unterstützt Benko das Büro von Ex-Außenminister Joschka Fischer, in seinen Signa-Obergesellschaften tummelt sich Österreichs Politprominenz, von Ex-Bundeskanzler Alfred Gusenbauer über Susanne Riess-Hahn, Vize-Kanzlerin a. D. Wer baut, braucht die Stadtvorderen – und damit ein politisches Netzwerk.

Der Gründer von Beust & Coll. ist der Rechtsanwalt Ole von Beust, von 2001 bis 2010 christdemokratischer Erster Bürgermeister der Hansestadt und über alle Parteien hinweg bestens vernetzt. Schon im Auswahlverfahren zum Elbtower mischt Beust & Coll. mit, da allerdings noch bei einem Signa-Konkurrenten. Später sichern sich Benkos Leute Ole von Beusts Netzwerk für die wichtige Phase der Baurechtschaffung, wie es im Juristendeutsch heißt. Die Berater sehen sich als »Transmissionsriemen« zwischen Politik und Wirtschaft.

Wie das in der Praxis funktioniert? Durch persönliche Gespräche, eingestielt durch von Beust, später übernimmt Nikolas Hill, einst Jungstar der hamburgischen Politik, erst Senatsdirektor, dann Staatsrat, bis er 2017 in die Privatwirtschaft wechselt. Hill, ein sympathischer, schlauer Kopf und selbst vom politischen Gegner als »sehr redlich« eingestuft, vermittelt Signas Immobilienchef Timo Herzberg Kontakte in die Politik: zu den Regierenden wie zur Opposition, und insbesondere zu den Elbtower-Gegnern.

Herzberg spricht mit den Grünen, preist an, wie Signa die Stadtentwicklung mit diversen Projekten vorantreibt, etwa Elbtower, Alsterhaus oder Gänsemarkt-Passage. Eine Werbeveranstaltung auf höchstem Niveau, dazu »superseriös, super verbindlich«, wie sich eine Bürgerschaftsabgeordnete der Grünen im Nachgang erinnert.

Auch die größten Gegner spricht Hill für Signa an, er redet mit den Linken, die von Beginn an mit Frontfrau Heike Sudmann gegen den Elbtower stehen, oder versucht, bei den lautstarken, skeptischen SPD-Abgeordneten Schreiber und Mathias Petersen zu missionieren. Ziel immer: gegenseitiges Verständnis stärken, Widerstände für die Signa minimieren. Nicht immer half's: »Herzberg und ich sind keine Freunde geworden«, sagt etwa Markus Schreiber, der sich mit dem Signa-Immobilienchef in einer Videokonferenz traf.

Olaf Scholz blickt da längst aus Berlin auf die Planungen für den Elbtower. Einen Monat nach der Feierzeremonie im Rathaus ist der Politiker als Finanzminister in die Bundesregierung gewechselt. In der Hoffnung, wie er verkündete, dass die Menschen einmal über den Elbtower sagen werden: »Das hat Olaf Scholz gut gemacht.«

So ist es nicht gekommen. In Scholz' ehemaliger Heimat mehrt sich die Kritik. In der Bürgerschaft hinterfragen die Abgeordneten Investor wie die Investorenauswahl: Wie seriös ist die Signa Prime Selection AG? Wieso erhielt die Signa den Zuschlag, obwohl sie nicht Höchstbietender war? Warum erfolgte der Verkauf des Grundstücks statt der geplanten Vergabe im Erbpachtrecht? Viele in der Politik ärgern sich über die Hinterlassenschaft von Scholz, mit der sie nun leben müssen.

Es ist Ende März 2019, als die Stadt der Signa neue Bedingungen stellt. Die Bürgerschaft knüpft die Übergabe des Grundstücks an die Erfüllung einer Vorvermietungsquote, wonach die Signa für rund 30 Prozent der geplanten Büroflächen Mietverträge mit einer Laufzeit von mindestens fünf Jahren nachweisen muss, ebenso für das geplante Hotel mit 15 bis 20 Jahren Laufzeit. Bestätigen soll das ein tauglicher Finanzierer. Heike Sudmann bezeichnet das als »verzweifelten Versuch« der regierenden Parteien von SPD und Grünen, den »Notausstieg schon einmal vorzubereiten«.

Benko, der sich »selbst für den Schlausten« hielt, wie ein Wegbegleiter erzählt, amüsiert sich über die Bedenken Hamburgs. In einem Interview mit den Autoren für das *manager magazin* im Herbst 2021 sagte er: »Sie werden nur wenige bis gar keine internationalen Projekte dieser Dimension finden, die fünf Jahre vor Fertigstellung eine Vorvermietungsquote von mehr als 25 Prozent haben.«

Da hatte er einen Mieter bereits im Sack und war der geforderten Vorvermietungsquote ein gutes Stück nähergekommen. Wie so oft bei Benko, hatte auch dieser Erfolg der Signa einen Beigeschmack:

Per Pressemitteilung gibt die Hamburg Commercial Bank (HCOB), ehemals HSH Nordbank, am 16. Dezember 2020 bekannt, ihren 1972 errichteten, baufälligen Klotz am Gerhart-Hauptmann-Platz einschließlich der Shoppingpassage »Perle« an Signa abgegeben zu haben. Ein Grundstück, das die Stadt der Hamburg Commercial Bank unsinnigerweise, wie Kritiker meinen, mit überlassen hatte. Und das, obwohl erst Milliarden Euro Staatshilfe die Vorgängerbank von ihren Risiken befreit hatten.

Nun dealte die Hamburg Commercial Bank geschickt mit dem Grundstück. Nach einer Phase des Lease-back, in der die Bank das Gebäude von Signa zurückmietet, werde man »in den sich derzeit in Planung befindlichen Elbtower im Osten des jungen Hamburger Stadtteils ›Hafencity‹ umziehen. Angemietet werden rund 11.000 qm, mit der Option auf weitere 2000 qm, für mindestens zehn Jahre«, heißt es in der Pressemitteilung.

Nicht nur, dass die HCOB ihre alten Räumlichkeiten an Signa los ist und neue Büros von Signa abnahm, sie gab auch noch den Kredit zum Verkauf: 166 Millionen Euro flossen an Benko als Finanzierung. Und selbst die Kanzlei, die die HCOB bei dem Deal berät, ist eine alte Bekannte: Freshfields mit Conradi, der die Stadt Hamburg auch beim Verkauf des Elbtowers unterstützte.

»Dieses Geschäft ist nicht nachvollziehbar. Womöglich hat Signa einen extra hohen Kaufpreis an HCOB gezahlt und damit die künftige Miete faktisch vorausbezahlt«, sagt Markus Schreiber im November 2023 dem *Handelsblatt*. Trotzdem erhielt die Signa im März 2022 die Baugenehmigung. Die geplante Baufläche war plötzlich von 100.000 auf 120.000 Quadratmeter gestiegen, der Turm nicht mehr 235 Meter, sondern 245 Meter hoch.

In einer Zeit, in der andere Immobilienfirmen beginnen, ihre Bauprojekte zu hinterfragen, hält Signa am Elbtower fest. Nach dem Überfall Russlands auf die Ukraine steigen die Baukosten, die Europäische Zentralbank hebt ab Sommer 2022 die Leitzinsen gleich mehrere Male hintereinander an.

Trotzdem erweckte René Benko auf einer Signa-Mitarbeiterveranstaltung Ende 2022 den Eindruck, Signa könnte als Gewinnler aus der Immobilienkrise hervorgehen. Es gäbe *den* Immobilienmarkt nicht, es gäbe Immobilien und es gäbe sehr gute Immobilien. Letztere gehörten Signa.

Als Zeichen der Potenz hatte Signa bereits vor Erteilung der Baugenehmigung durch die Stadt mit dem Bau des Elbtowers begonnen und 70 Meter lange Pfähle in den morastigen Hamburger Boden gerammt. Auf eigenes Risiko. Der Elbtower ist in jeder Dimension eine Herausforderung – nicht nur finanziell, sondern auch von der Statik. Als Anfang Januar 2023 die offizielle Übergabe des Baugrundstücks erfolgte, durfte der Turm dann in die Höhe wachsen.

»Mit der fristgerechten Zahlung der letzten Kaufpreisrate wurde der Forderungskatalog der Freien und Hansestadt Hamburg zum Grundstücksübergang erfüllt. Das Grundstück geht wie vertraglich vereinbart auf die Käuferin über und der Hochbau kann beginnen«, sagt Karen Pein, Senatorin für Stadtentwicklung und Wohnen.

Später stellt sich heraus, dass für den Finanzierungsnachweis, den Signa zum Prüftermin am 30. November 2022 vorlegen musste, ein volles Konto und eine Kreditvereinbarung reichten. Wäre das Konto einen Tag später leergeräumt worden, hätte es die Stadt nicht erfahren.

Während die Stadt sich in Sicherheit wähnt, zieht die Hessische Landesbank ihre Finanzierungszusage Ende Februar zurück, und keiner in der Hansestadt merkt es. Das Grundbuchamt bestätigte am 16. Februar 2023 den Eingang der Löschungsbewilligung »Grundschuld – ohne Brief – von € 35.000.000,00« für die Landesbank Hessen-Thüringen Girozentrale. Des Weiteren ist die Signal Iduna mit 50 Millionen Euro engagiert; ursprünglich hatte sie 100 Millionen Euro geben wollen, halbierte aber die Summe, nachdem die EZB vor der Signa gewarnt hatte. Die Commerz Real, eine Tochter der Commerzbank, zahlte über ihren Fonds Hausinvest 50 Millionen Euro Eigenkapital in die Elbtower-Projektgesellschaft.

Faktisch will Benko den Elbtower – ein Projekt, das er mit 950 Millionen Euro kalkuliert hat – nun fast ausschließlich mit Eigenkapital bauen.

Spätestens jetzt befindet sich die Signa im absoluten Krisenmodus. Benko versucht, Kapital aufzutreiben, bei bestehenden Investoren oder auch bei neuen. Es wird ein Wettlauf gegen die Zeit, allein die Baustelle des Elbtowers verschlingt monatlich 25 Millionen Euro.

Im Herbst 2023 fällt der erste Dominostein; nach und nach gehen Signa-Gesellschaften pleite. Die ausführende Baufirma Lupp stoppt die Bauarbeiten in 100 Metern Höhe, mittlerweile sind Handwerkerrechnungen in Höhe von 37 Millionen Euro offen.

Im Januar 2024 teilte die Stadt Hamburg mit, dass die Elbtower Immobilien GmbH & Co. KG »einen Antrag auf Eröffnung des Insolvenzverfahrens gestellt hat.«

Wie geht es nun weiter? Bis Dezember 2024 will der Insolvenzverwalter Martini einen Investor präsentieren. Ein Interessent hat sich im Sommer aus der Deckung gewagt. Dieter Becken, erfahrener Baulöwe aus Hamburg, will den Elbtower zusammen mit weiteren Geldgebern zu Ende bauen. Auch Logistik-Milliardär Klaus-Michael Kühne könnte sich ein Konsortium mit Becken vorstellen, allerdings nur, wenn die Stadt die Hälfte des Elbtowers anmietet und sich darüber hinaus finanziell beteiligt. Doch in der Branche gibt man sich skeptisch: Abreißen sei besser als Weiterbauen, lautete der Schluss eines Interessenten, als er mit dem Baufahrstuhl des Elbtowers wieder unten angekommen war. Ihn störte der Lärm, der Blick auf Straßen und Bahntrassen. Zudem werde sich das Haus – so wie projektiert – nicht rechnen. Die Mietpreise seien völlig illusorisch. Die kalkulierten Mieten liegen bei teils über 40 Euro pro Quadratmeter. Der Vermietungsstand der theoretisch 111.000 Quadratmeter wird im Verkaufsprospekt von März noch mit 28 Prozent ausgewiesen. Inzwischen sind weitere Mieter abgesprungen, auch die Hamburg Commercial Bank zog zurück.

Der Elbtower brauche einen weißen Ritter, sagt ein Ex-Signa-Manager mit Immobilienexpertise. Bis zum Baustopp waren bereits mehr als 300 Millionen Euro verbaut. Nur wenn man den Elbtower günstig kaufen könne, für 50 bis 90 Millionen, sagt er, dann könnte jemand vielleicht die Rechnung aufstellen. Allerdings kalkuliert ein Signa-Vorstand im Mai 2024 mit mindestens 900 Millionen Euro Baukosten, die noch anfallen werden.

Trotz der düsteren Prognosen von Branchenkennern gibt sich der Senat bemüht gelassen. Aus Sicht der Hamburger Verwaltung seien die privaten Investoren am Zug. Die Stadt werde kein Geld in den Elbtower investieren, heißt es ebenfalls im Mai. Nur ein Rückkaufrecht für das Grundstück hat man sich als Stadt gesichert, für alle Fälle.

Indes fragen sich Hamburgs Bürgerinnen und Bürger, wie es weitergeht. »Desaster Elbtower, Kurzer Olaf – was nun?«, lautete ein Plakat, mit dem Die Linke im Mai 2024 rund 30 empörte Frauen und Männer ins Bürgerhaus Wilhelmsburg lockt. Nur rund fünf Kilometer trennen den Stadtteil, in dem viele Menschen von Sozialleistungen leben, vom Elbtower und der Hafencity mit ihren modernen Bauten, Glasfassaden und breiten Boulevards.

Wie in einem Klassenzimmer sitzen Heike Sudmann und einer ihrer Parteigenossen im ersten Obergeschoss zusammen. Man duzt sich und berichtet farbig von der Historie des Elbtowers. Sudmann hat sich tief in das Thema eingefuchst, selbst politischen Kontrahenten gilt sie als die vielleicht bestinformierte politische Gegnerin des Projekts. Sie berichtet über die Fehler des Senats, der Hafencity GmbH und wie sie in der Bürgerschaft oft »mit offenem Mund« dasitze und am liebsten »einen Untersuchungsausschuss« zum Elbtower einrichten würde, die CDU dafür aber nicht gewinnen könne. Nur in einem Punkt sei man sich einig: »Kein Cent öffentliche Gelder« für den Elbtower.

Als ein Senior die Veranstaltung vorzeitig verlässt, dankt er höflich und sagt: »Ich gehe jetzt, mir ist schon schlecht genug.«

KAPITEL 13

Die Gesellschafter begehren auf – René Benko kippt seine Wachstumspläne

Klaus-Michael Kühne hat die Spedition Kühne & Nagel zu Weltgeltung geführt. Er hält große Anteile an der Hamburger Reederei Hapag-Lloyd und an der deutschen Fluglinie Lufthansa. So hat er es zum reichsten Mann Deutschlands gebracht. Zwei Investitionen allerdings haben ihm nur Verluste eingebrockt, finanziell wie emotional. Sein Heimatclub Hamburger Sportverein (HSV) will einfach nicht in die 1. Bundesliga aufsteigen, trotz etlicher Finanzspritzen Kühnes in den vergangenen Jahren. Und da ist René Benkos Signa, in die er ungleich mehr investiert hat. In der Firma stecken mehr als 500 Millionen Euro seiner Familienstiftung, als er zum Jahresanfang 2023 mit zwei Redakteuren des *manager magazins* spricht.

Im Laufe des Jahres 2022 hat Kühne nach und nach realisiert, dass Benko ihn ausgenommen hatte. Nach seinem Einstieg 2019 bei der Immobiliensparte Prime Selection kaufte Kühne im Sommer einmal nach und ging kurz darauf auch noch eine Kapitalerhöhung mit – nur um wenige Monate später festzustellen, dass

Benko Teile des Immobilienportfolios verkauft hatte, ohne dass er, der 10-Prozent-Aktionär, sich im Vorfeld ausreichend informiert fühlte. Die thailändische Central Group hatte die Hälfte der KaDeWe-Immobilie in Berlin erworben; vor allem wegen solcher Prestige-Häuser hatte sich Kühne überhaupt erst beteiligt.

Das wollte er Benko nicht durchgehen lassen. Als der Unternehmer im Dezember 2022 zu einem Treffen mit Kühne in dessen Hamburger Hotel Fontenay eingetroffen war, stand Kühne nach wenigen Minuten abrupt vom Tisch auf und ließ Benko einfach sitzen. Kurz danach teilte er ihm schriftlich mit, dass er sich als Investor aus der Immobiliensparte zurückziehen wolle. Benkos Versuche, sich erneut zu treffen, schmetterte Kühne ab.

»Ich bin ein Kämpfer, das bleibt auch so. Ich sage meine Meinung sehr deutlich, übe deutliche Kritik, wenn ich es für angebracht halte. Dieser Stil hat mir Erfolg gebracht«, sagte der damals 85 Jahre alte Mann den Journalisten kurz darauf Anfang 2023. Und fügte dann noch zwei Sätze an, die das Zeug hatten, dem Unternehmenskonstrukt tragende Pfeiler zu entziehen. »Das ist derzeit etwas volatil«, umschrieb er die Lage der Signa. »Das Thema haben wir unter Beobachtung.« Beide Sätze autorisierte Kühne für die Veröffentlichung. Und verwies darauf, dass er dank einer Put-Option in zwei Jahren mit ein paar finanziellen Abstrichen aussteigen könnte.

Üblicherweise sparen sich Investoren öffentliche Kritik an intransparenten Unternehmen wie der Signa, denn damit weisen sie auf Probleme hin, die sonst noch eine Weile im Verborgenen geblieben wären. Umso aufgeschreckter reagierten andere Anteilseigner auf den markigen Auftritt eines der wichtigsten und bekanntesten Investoren überhaupt und seine Ankündigung, der Signa sein Kapital zu entziehen.

Benko war nun in höchster Not. Sein »Familienunternehmen in erster Generation«, wie er die Signa gerne nannte, drohte schon zwei Jahrzehnte nach der Gründung zu scheitern. Das Geld ging ihm aus.

Die Banken vergaben kaum noch Kredite an die Signa. In den letzten Monaten hätten die Banken mehr als 500 Millionen Euro an Krediten abgesagt, erfuhr der »Fressnapf«-Gründer und Signa-Holding-Investor Torsten Toeller auf einem Treffen Ende April. So hatte sich die Helaba aus der Elbtower-Finanzierung zurückgezogen. Und dann war da noch die Umfrage der Bankenaufsicht unter den europäischen Instituten nach den an die Signa vergebenen Krediten. Ein Vorgehen, das allgemein als Warnsignal aufgefasst wurde.

1,4 Milliarden Euro, das zur Erinnerung, musste allein die Signa Prime im Jahr 2023 refinanzieren, also neue Kreditgeber finden für auslaufende Kredite. Und das war längst nicht alles: Auch im Projektgeschäft (Development), im Handel und in der Holding brauchte Benko frisches Geld.

Am 8. Mai lädt Benko zu diesem Zweck die Gesellschafter der Holding nach Berlin ein. Er empfängt seine Gäste im 31. Stock des Upper West Towers, knapp 110 Meter über dem Breitscheidplatz und zwei Stockwerke unterhalb des spektakulären, über 1000 Quadratmeter großen Penthouses, das er gerade für sich herrichten lässt.

Torsten Toeller ist angereist, ebenso andere Gesellschafter wie der Schweizer Kaffeemaschinenmillionär Arthur Eugster und Ernst Tanner, Verwaltungsratspräsident von Lindt & Sprüngli, die entweder selbst dabei sind oder sich durch Familienmitglieder vertreten lassen, und der Arduini-Clan, eine brasilianisch-italienische Unternehmerfamilie, die ihren Reichtum vor allem mit Zement gemacht hat. Der österreichische Bauunternehmer Hans Peter Haselsteiner (Strabag), der 10 Prozent an der Holding hält, hat sich entschuldigen lassen. Die Gesellschafter wollen wissen, ob René Benko und seine Signa die Immobilienkrise überstehen, die gerade auf Europa zurollt.

Benko zeigt sich auskunftsfreudig. Vor den Gesellschaftern liegen mehr als 260 Seiten mit Zahlen und Fakten zur Branche allgemein, insbesondere aber zu Benkos wichtigsten Immobiliengesellschaften: der Prime (mit Immobilien wie dem KaDeWe in Berlin und der Baustelle Elbtower) sowie der Development, die vor allem Bürohäuser in 1b-Lagen hochzieht.

Gerade erst drei Tage zuvor, am 5. Mai, hat die KPMG die Bilanzen ohne Einschränkung testiert und die Risiken in Zahlen gefasst. Die Buchwerte waren gesunken und damit automatisch auch der Eigenkapitalanteil der Gesellschaften. Benko, der selbst 48 Prozent an der Holding hält, wirbt um eine Kapitalerhöhung. Eine halbe Milliarde Euro will er haben, die Runde lehnt weder ab noch stimmt sie zu. Aber Benko geht mit dem Gefühl aus dem Treffen, dass hier noch etwas zu holen sei. Es solle auf keinen Fall eine »Mickey-Mouse-Kapitalerhöhung« werden, sagt er Vertrauten.

Mit einer strategischen Kehrtwende wirbt Benko bei den Holdinggesellschaftern um Vertrauen. Es gehe nun um Konsolidierung und nicht mehr um Wachstum, sagt er und präsentiert einen Abbauplan. In schneller Folge sollen einzelne Immobilien verkauft werden. Aus mittelgroßen Städten will man sich ganz zurückziehen. Projekte sollen früher abgegeben werden oder kostengünstiger mit Partnern betrieben.

Darauf hatten etliche Anteilseigner zuvor in separaten Gesprächen gedrängt, und Benko zeigt sich einsichtig. Schließlich braucht er so dringend Cash wie nie zuvor in seiner Karriere.

Eine Woche später versucht Benko, seinen inzwischen stark beschädigten Ruf in der Öffentlichkeit zumindest teilweise wieder herzustellen. Die zweite Pleite der Galeria, ein Korruptionsprozess in Wien (der mit seinem Freispruch endet), die Äußerung Kühnes im *manager magazin* und ein kritischer Artikel im *Spiegel* hatten ihn schlecht aussehen lassen. So entschied er sich nach etlichen Anläufen des *manager magazins*, nun eine Journalistin und einen Journalisten des Blatts zu empfangen. Es sind die Autoren dieses Buches.

Benko empfängt im Innsbrucker Kaufhaus Tyrol, sein erster großer Bau vor 20 Jahren. In den obersten beiden Stockwerken, erreichbar über einen Fahrstuhl von der Fußgängerzone aus, residiert die Signa Holding; eine Treppe aus Nussholz verbindet die beiden Ebenen. Eine große Fensterfront gibt den Blick frei auf die Stadt. Benkos Lieblingsarchitekt David Chipperfield, der später für ihn auch den Elbtower entwerfen sollte, hat hier ganze Arbeit geleistet. Das Haus spiegelt das Verlangen nach Luxus, das Menschen dazu treibt, eine Handtasche bei Hermès oder Louis Vuitton für ein paar Tausend Euro oder auch mehr zu kaufen.

Ein Stockwerk über dem Besprechungsraum, in dem die Journalisten warten, befindet sich Benkos Büro. Per Knopfdruck kann man dort eine Wand wegklappen wie in einem James-Bond-Film und mit einem Besprechungsraum verbinden. Hier und nicht in Wien oder in Berlin schlägt das Herz der Signa. Hier umgibt sich Benko mit einem Kreis von Vertrauten, über die er verfügt wie ein Schlossherr über seine Bediensteten, mit dem Unterschied, dass bei der Signa fast alle per Du sind.

Gegenüber von Benkos Büro arbeiten einige seiner ersten Angestellten: der Finanzchef Manuel Pirolt, den Benko vom Wirtschaftsprüfer BDO abgeworben hatte, und der Jurist Marcus Mühlberger, der ihm auf verschiedensten Geschäftsführerposten diente. Die beiden und die Steuerexpertin Karin Fuhrmann gehörten zu Benkos Kernteam, sie kamen auch, wenn er am Wochenende ins Büro rief. Gegenüber der Öffentlichkeit blieben sie meist im Hintergrund.

Auch an diesem Tag spielen sie keine tragende Rolle. In den kommenden zweieinhalb Stunden wird Benko seinen Krisenplan präsentieren, assistiert von einem jungen Mitarbeiter, der gelegentlich mit Unterlagen aushilft. Benko wird kleine Schwächen eingestehen und an anderen Stellen, wo er sich sicher fühlen darf, die Wahrheit verschweigen. Er wird den Journalisten schmeicheln, ein paar Informationshappen freigeben und für die Zukunft noch mehr versprechen. Im Grunde verfährt er mit Medienvertretern ähnlich wie mit Investoren – ist aber gleichzeitig in der Lage, die doch sehr unterschiedlichen Interessen von Kapitalgebern und Medienmenschen zu verstehen.

Benko startet mit einer Ausführung wie aus dem Werbeprospekt der Signa. Die Rede ist von seinen Premium-Immobilien in den besten Lagen, allesamt nachhaltig und damit besser als die Konkurrenz. Seine Zinsen? Im Schnitt über 20 bis 30 Jahre gesichert. Darauf habe er geradezu fanatisch geachtet. Die durchschnittliche Kapitalrendite seit Unternehmensgründung? 35 Prozent.

Dies gesagt, läutet Benko mit einer News seine Strategiewende ein: Gerade erst habe er das Apple-Haus in der Kärntner Straße in Wien für einen historisch hohen Quadratmeterpreis von 31.000 Euro verkauft. Das werde man jetzt häufiger tun. Und ja, man werde sich aus vielen mittelgroßen Städten zurückziehen, wiederholt er seine Versprechen aus der Gesellschafterversammlung in Berlin, über deren Inhalt die Journalisten bereits von Teilnehmern erfahren hatten.

Benko gesteht auch ein, dass es wegen der Zinswende schwieriger geworden sei, an Kredite zu kommen. Doch das gehe dem ganzen Markt so. Dass die allermeisten Banken wegen der EZB-Umfrage insbesondere der Signa kein Geld mehr geben, davon kein Wort. Dass die Helaba gerade die Kreditzusage für den Elbtower zurückgezogen hatte und die Signa ohne Finanzierung dastand, davon sagt Benko ebenfalls nichts; er konnte davon ausgehen, dass die Journalisten davon noch nichts erfahren hatten. Benko behauptet sogar, keine Bank habe sich von der Signa abgewandt, was nicht stimmt.

Bestenfalls eine Teilwahrheit sagt Benko, als er versichert, die Signa Holding habe nur 200 Millionen Euro Bankschulden. Stattdessen sind es zu diesem Zeitpunkt schon mindestens 2 Milliarden Euro Verbindlichkeiten, wenn auch nicht alle bei den Banken. Ende des Jahres 2023 waren die Verbindlichkeiten der Holding sogar auf 6 Milliarden angeschwollen, zum Erstaunen und Erschrecken der Gesellschafter.

Ein großes Thema in dem Gespräch, das bis zum Abend andauert, sind die Abwertungen in den Bilanzen durch sinkende Immobilienwerte. Anfänglich beziffert Benko sie nur verbal ohne Belege. Erst als die Journalisten ihn mehrmals darauf hinweisen, dass sie ohne Belege die Zahlen nicht veröffentlichen könnten, gibt er nach. Benko kommt auf die andere Seite des großen Besprechungstisches, setzt sich zwischen Redakteurin und Redakteur und klappt seinen Laptop auf. In rasender Geschwindigkeit scrollt er durch die testierten Bilanzen für 2022, stoppt kurz bei den Abwertungen in den Sparten Development und Prime und zeigt, dass sie jeweils prozentual nur einstellig sind. Das ist, im Vergleich zu vielen anderen Marktteilnehmern, nicht viel.

Der Artikel, der Mitte Mai erscheint, steht unter den Überschriften »Milliardenreich in der Krise« und »Der neue Abbauplan des Immobilienkönigs René Benko«. Der Text berichtet skeptisch, aber sieht für Benko noch eine Chance. So empfanden es damals auch die meisten Gesellschafter. Auch sie hatten kaum mehr Informationen als die Journalisten – und sollten nun erst mal frisches Kapital liefern.

Eine halbe Milliarde Euro war ursprünglich im Gespräch als Kapitalerhöhung. Aber Torsten Toeller zog nicht mit und Hans Peter Haselsteiner bat erst um Verschiebung seiner Erhöhung und zahlte am Ende auch nicht. So fiel die Kapitalerhöhung deutlich kleiner aus als von Benko ursprünglich gedacht – und wenig davon tröpfelte dann im zweiten Halbjahr in Cash ein.

Tatsächlich fehlte Benko aber inzwischen rund 1 Milliarde Euro. Nun ging es für ihn nur noch um Geldbeschaffung. Jeder Betrag war ihm bald willkommen, zu fast jedem Zinssatz. Die chaotischen letzten Tage der Signa brachen an.

KAPITEL 14

Die letzten Tage der Signa – dem Herrscher entgleitet die Macht

Bei der Signa-Gruppe sind Krisensitzungen seit dem Spätsommer 2023 die Regel. Sie verkleiden sich nur als Aufsichtsratstermine.

Ende September trifft sich das Kontrollgremium der Tochter Prime, in der die größten Immobilien der Gruppe vom gerade entstehenden Elbtower bis zum KaDeWe in Berlin versammelt sind. Für René Benko und die Aufsichtsräte, darunter große Investoren wie Robert Peugeot, die RAG-Stiftung oder der Spediteur Klaus-Michael Kühne, steht vor allem ein Thema auf der Agenda: Wie schafft man frisches Geld ran, um liquide zu bleiben?

Benko präsentiert. Etliche Objekte stehen zum Verkauf, etwa in Hamburg das Kontorhaus Flüggerhöfe und in München ein Gebäude des Warenhauskonzerns Galeria, der zu Signa gehört – immer beste Innenstadtlage. Wie viel Geld gebraucht werde für Refinanzierungen und den Weiterbetrieb der Baustellen? Von um die 400 Millionen Euro ist die Rede, die mit Verkäufen oder Kapitaleinschüssen in den nächsten Wochen zusammenkommen müssten, um die Prime am Laufen zu halten.

Tatsächlich ist die Lage noch schlimmer. Schon seit Monaten versucht Benko, frisches Geld heranzuschaffen, bisher weitgehend vergeblich. Bei den Banken ist nichts mehr zu holen, seit die EZB ein Warnsignal vor der Signa aufgestellt hat. Benko kann schon froh sein, wenn er fällige Bankkredite über 20 oder 30 Millionen Euro um ein paar Monate verlängert bekommt, zu dann deutlich erhöhten Zinsen. Kleingeld!

Der Versuch eines finanziellen Befreiungsschlags in einem Umfang von 400 Millionen Euro scheitert Mitte August. Der südkoreanische Fonds Meritz, der auch stark in Immobilien investiert, sagt Benko endgültig ab. Eine Mail Benkos an seinen Finanzchef Manuel Pirolt nach der Absage am 17. August besteht nur aus einem Wort: »Fuck«, eine Antwort darauf spart sich Pirolt. Es gibt nichts mehr zu sagen. Auch in Singapur und in den Vereinigten Arabischen Emiraten ist nichts mehr zu holen.

Gleichzeitig fließt das Geld aus der Signa Prime heraus wie Wasser aus einem löchrigen Planschbecken. Hunderte von Millionen Euro werden gebraucht für die großen Baustellen vom Wiener Luxuskaufhaus Lamarr über die Alte Akademie in München bis zum Hamburger Elbtower, dessen Bau nun fast ohne die Hilfe externer Geldgeber in den Himmel wachsen soll. Für 2023 stehen allein 1,4 Milliarden Euro Refinanzierungen in der Bilanz der Prime.

Dazu kommen Hunderte Millionen Euro, die die Signa in ihr marodes Handelsgeschäft stecken müsste. Es wird Geld zwischen den einzelnen Sparten der Signa hin und her geschoben oder in Zwischengesellschaften überwiesen, offensichtlich immer dahin, wo die Not gerade am größten ist.

Im August hebt Creditreform das für die Kreditbeschaffung wichtige Rating für Benkos Immobiliengeschäft auf. Als Begründung führten die Analysten an, dass »das zuletzt veröffentlichte Rating von A-/negativ nicht mehr aktuell ist und die Prüfung von Einwänden und Stellungnahmen der Signa Prime Selection AG im Zuge einer Ratingaktion andauert«. Nun sind potenzielle Investoren noch verunsicherter.

Benko gibt intern zu, dass die Signa dringend frisches Geld braucht. Bis Anfang November wolle er zwei Deals finalisieren, versichert er Gesellschaftern. Doch kommen die auch? »Keiner ist entspannt«, stöhnt ein Aufsichtsrat.

Die Anteilseigner, die lange noch auf Benkos Geldbeschaffungskünste gehofft hatten, verlieren den Glauben an Benko. »Wer jetzt nicht skeptisch ist, müsste bescheuert sein«, formuliert ein langjähriger Gesellschafter der Prime.

Die Investoren ziehen die Macht an sich. Lange Zeit folgten die Aufsichtsräte der Prime nur dem ersten Teil von Lenins Maxime »Vertrauen ist gut, Kontrolle ist besser«. Wenn Einzelne von ihnen konkrete Schritte wie eine monatliche Liquiditätsplanung von den Vorständen und Benko gefordert hatten, ließen sie sich regelmäßig von Benko beschwichtigen (»Lasst mich mal machen«). Nun endlich ergreifen sie die Initiative und kommen damit endlich ihrer gesetzlichen Kontrollaufgabe nach. Kühnes Vertreter Karl Gernandt, Jürgen-Johann Rupp von der RAG-Stiftung und Robert Peugeot drängen beim Aufsichtsratsvorsitzenden Alfred Gusenbauer darauf, dass externer Sachverstand hereingeholt wird.

Sie sprechen Henning Block an, Partner der Investmentbank Rothschild & Co, und die Anwälte der Kanzlei White & Case. Ab Ende Oktober bevölkern nun diese Finanzexperten und -expertinnen die Wiener Zentrale der Prime; in Hochzeiten arbeiten bis zu 40 Menschen auf dem Signa-Job. Ihre Aufgabe ist klar begrenzt. Sie sollen möglichst schnell einen Investor finden, der mindestens 500 Millionen Euro in die Prime schießt.

Schon vor dem Eintreffen der Banker und Anwälte gibt es vor allem einen Hoffnungsträger: den Public Investment Fund (PIF) aus Saudi-Arabien. Man kennt sich von früheren Gelegenheiten, die Saudis sind Teilhaber bei der Kaufhauskette Selfridges, und Benko zeigt gern ein Selfie mit dem saudischen Kronprinzen Mohammed bin Salman vor. Die Emissäre des Staatsfonds überlegen sogar, über 1 Milliarde Euro einzuzahlen. Mehrere Gespräche finden dazu statt in Wien, erst ohne und dann mit den Rothschild- und White & Case-Leuten.

Wie hemdsärmelig es dabei zuging, erinnert ein Teilnehmer eines Gesprächs. Benko ruft einen saudischen Vermögensverwalter an, einen Verwandten des Prinzen, und bittet um Hilfe, mindestens 1 Milliarde. Der Fondsverantwortliche fragt: Habt ihr gute Projekte? Benko bejaht und nennt ein paar. Der Saudi scheint überzeugt und sagt, er wolle noch den Prinzen fragen und sich wahrscheinlich morgen wieder melden.

Auch die Hedgefonds Elliott und Attestor sind interessiert. Elliott, gegründet von Paul Singer, hat einen Ruf als knallharter, für die Eigentümer oft sehr unangenehmer Investor. Die Amerikaner steigen regelmäßig bei Unternehmen ein, die kurz vor der Pleite stehen – oder auch erst danach. Wer Hedgefonds wie Elliott anspricht, dem steht das Wasser meist schon am Hals, und oft nehmen diese Fonds nur die Gelegenheit wahr, sich Unternehmen näher anzuschauen für den Fall einer Pleite. Denn dann haben sie einen Informationsvorsprung vor Konkurrenten. Attestor sollte später nach der Pleite denn auch einen hoch verzinsten und gut besicherten Massekredit an die Signa ausreichen.

Neben Elliott und dem englischen Attestor-Fonds sind im Spätjahr 2023 weitere Hedgefonds im Gespräch mit Rothschild. Zinssätze zwischen 15 und 20 Prozent aufs Jahr würde die Signa in Kauf nehmen, doch trotz der hohen offerierten Zinssätze verabschieden sich nach und nach sämtliche potenziellen Nothelfer der Signa.

Ein Insider, der die Gespräche mitgeführt hat, sagt, alle Interessenten seien an den gleichen Hürden hängen geblieben.

Erstens: Die Immobilienbewertung in den Büchern sei zu hoch gewesen. Alle potenziellen Investoren hätten gewusst, dass sie diese Werte nicht hätten erzielen können. »Man wusste nicht mal, wo der Wert lag.«

Zweitens: Man habe wegen der extremen Komplexität der Signa nicht garantieren können, dass die Kredite wirklich vorrangig gestellt worden wären. Denn unterhalb des potenziellen Kreditnehmers, der Prime Selection, gab es noch Hunderte Einzel- und Zwischengesellschaften, die eventuell noch vor den Hedgefonds bedient worden wären.

Der Finanzchef der Signa, Manuel Pirolt, sollte diese Einschätzung im Juni 2024 weitgehend bestätigen: »Es ist richtig, dass der eine oder andere mögliche Investor an der rechtlichen Komplexität gescheitert ist, obwohl er vielleicht Signa-Immobilien spannend gefunden hätte«, sagte Pirolt in einem Interview mit dem *manager magazin*. »Die Struktur der Signa war natürlich darauf ausgerichtet, den bestmöglichen Ertrag im Normalbetrieb zu erzielen, und nicht auf die schnellstmögliche Transparenz im Notfall.«

Die Grundlage des Erfolgs der Signa, die steilen Aufwertungen der Immobilien und die kaum durchschaubaren Strukturen, führten also am Ende zu ihrem Scheitern. Als es darauf ankam, war der Kaiser nackt. Und jeder konnte es sehen.

Zwischen Oktober und Dezember entglitt René Benko die Macht über seine Schöpfung – auch wenn er das nicht wahrhaben will. Sein Management wird sprunghaft, offensichtlich unberechenbar. So schließt er noch am 12. Oktober einen neuen Zweijahresvertrag ab mit seinem Retail-Chef Wolfram Keil, nur vier Tage später verweigert er völlig überraschend für seine Handelsleute eine fest zugesagte Zahlung von 150 Millionen Euro an den Onlinehändler Signa Sports United und schickt diesen damit in die Pleite.

Benko wird vom Immobilienkönig zum König der Bettler. Sehr deutlich führte ihm das der Prime-Gesellschafter Klaus-Michael Kühne Anfang November in seinem Hamburger Luxushotel Fontenay vor. Benko flog wie üblich mit seinem Privatflugzeug ein, begleitet von seinen Bodyguards, und bezog die Luxussuite mit Blick auf die Außenalster und die weißen Villen der reichen Leute.

Benko gab Geld aus, etwa 9000 Euro die Nacht kostet die Suite, vor allem aber wollte er Geld einsammeln. Kühne interessierte sich als Hamburger eher für den Elbtower und eine Möglichkeit, dort als Weißer Ritter aufzutreten. Jeden Versuch Benkos, von ihm frisches Geld zu bekommen, blockte er im Frühstadium ab. Er wollte, wie er nach der Signa-Pleite Redakteuren des *manager magazins* sagte, »nicht schlechtem Geld gutes hinterherwerfen«.

Mit dabei war neben Kühnes Statthalter bei der Signa, Karl Gernandt, auch ein gemeinsamer Bekannter Benkos: der Insolvenzexperte Arndt Geiwitz. Kühne hatte Geiwitz auf der Yacht vor Ibiza kennengelernt, als er mit Benko nochmals den Einstieg in die Signa besprochen hatte. Inzwischen hatte Geiwitz zweimal in Benkos Auftrag und dessen Sinn ein Schutzschirmverfahren für die Warenhauskette Galeria gemanagt.

Schon im Juni hatte sich Geiwitz bei Benko als Nothelfer auch für das viel wesentlichere Immobiliengeschäft angedient. Damals sah Benko noch keinen Bedarf, er hoffte auf das Geld aus Südkorea und das weiterer großer Investoren. Als das schließlich ausblieb und die Gesellschafter nach Lösungen riefen, engagierte Benko im Spätsommer den Sanierer und rief ihn als Nothelfer in die Signa-Zentrale. Geiwitz kam mit zwei Mann seines Büros und arbeitete sich in Wien ein.

Tatsächlich sahen in Geiwitz auch viele Gesellschafter, insbesondere in der Holding, eine letzte Chance. Sie drängten Benko per Brief zum Rücktritt. Nach einigem Zögern gab Benko nach. Geiwitz führte ab 8. November den Beirat und »nimmt eigenverantwortlich die Interessen der Familie Benko Privatstiftung wahr«. So stand es zumindest in einer offiziellen Pressemitteilung der Signa.

Zwei Tage später verkündete die Signa »nächste Restrukturierungsschritte«. Der Firmensanierer (und Geiwitz-Buddy) Ralf Schmitz sei ab sofort Chief Restructuring Officer der Gesellschaften Prime und Development. Tatsächlich jedoch wollen Schmitz und Geiwitz ihre Ämter nie angetreten haben. Geiwitz habe angeblich die Stimmrechte des Haupteigentümers Benko aus juristischen Gründen nicht übernehmen können und damit auch nicht den Vorsitz im Gesellschafterkomitee; es bestünde »ein Risiko auf Auslösung von Grunderwerbssteuer«, teilte die Signa einige Wochen später mit.

Schmitz vermittelte den Eindruck, er habe seiner Ernennung nie zugestimmt. »Freitag entschied der Aufsichtsrat, mich zum Vorstand zu bestellen, was sie dann umgehend per Pressemitteilung rausgeschickt haben. Ich habe der Bestellung jedoch sofort widersprochen«, sagte er dem *Handelsblatt* in einem seltsamen Interview im Dezember 2023, in dem er Benko verteidigte (»Ich habe vor seiner Einstellung in diesem Kampf großen Respekt«) und »die kritischen Fragen der EZB an die Banken« als Auslöser der Krise bezeichnete.

Der eigentliche Grund für die Absage des Teams lag wohl anderswo. Beide erkannten offensichtlich, dass bei der Signa nichts mehr zu retten war, und wollten nicht in offiziellen Funktionen scheitern – so sehen es zumindest einige Gesellschafter der Signa. Das Duo hatte darauf gesetzt, dass die Gesellschafter mehr Eigenkapital nachschießen würden, und wollte dann die Fremdkapitalgeber zu einem Stand-Still bewegen, also der Aussetzung von Zins- und Tilgungszahlungen. Deshalb hatten sie dem Aussenden der Pressemitteilung zugestimmt. Als dann klar wurde, dass das Eigenkapital nicht kommen würde, verweigerten Geiwitz und Schmitz die Unterschrift beim Notar.

Schmitz zog sich sofort zurück. Geiwitz machte noch ein paar Wochen als Berater weiter, kostenlos, wie er betont. Ende November dann ging die Signa Holding als erste Gesellschaft der Signa-Gruppe in die Insolvenz. Zuvor hatte Geiwitz noch vergeblich versucht, bei den wichtigen Gesellschaften Prime und Development eine dominantere Rolle zu spielen.

Nun wurden andere wichtiger. Schon beim Rückzug Benkos hatte Hans Peter Haselsteiner entscheidend mitgewirkt. Zum 1. Dezember entsandte der österreichische Bauunternehmer (Strabag), 15-Prozent-Anteilseigner in der Holding und langjähriger Benko-Spezi, einen anderen Spezi als Vorstand in die Sparten Development und Prime: seinen Büropartner Erhard Grossnigg, mit dem er seit Langem eine Bürogemeinschaft in der Wiener Walfischgasse unweit der Oper teilt. Sie nennen sich selbst gelegentlich den »Geriatrie-Club«, denn Grossnigg ist 77, als er das Vorstandsamt übernimmt, für das ihn der noch zwei Jahre ältere Haselsteiner gewinnt.

Tatsächlich lag Grossniggs große Zeit als Sanierer schon einige Jahre zurück. Er lässt lieber faxen, als dass er Mails per Smartphone verschickt, und gelegentlich nickt er in Sitzungen ein. Vor allem aber versendet er Briefe, die Empfänger irritiert bis erschüttert lesen. Kurz vor Weihnachten schreibt er an Gesellschafter, »wir benötigen EUR 350 Mio. schnell«. 9 Prozent Zinsen bietet er den Investoren an, dazu einen Anteil am »Mehrwert (Verkaufswert vs. Zerschlagungswert)«. Das Geld solle die Prime und Development durch die nächsten Monate bringen.

Ein Anteilseigner wundert sich, da fehle doch jede Entscheidungsgrundlage. Weder der genaue Verwendungszweck noch die finanzielle Lage, in die er den Kredit platzieren müsste, werden genannt. Außerdem gibt es keine relevanten Sicherheiten. Niemand folgt Grossniggs Hilferuf.

Ähnlich reagieren potenzielle neue Investoren, die der neue Signa-Vorstand brieflich um Geld angeht. »Da standen nur allgemeine Sätze drin über die tollen Immobilien, das war keine Grundlage für professionelle Investoren. So etwas können Sie vielleicht an die Hausbank eines Mittelständlers schreiben, aber nicht an Investoren«, sagt ein Investmentbanker, der den Brief kennt.

Ende Dezember 2023 gehen auch die Immobiliengesellschaften Prime und Development pleite. Arndt Geiwitz gibt nach dem Weihnachtsfest seine Signa-Schlüssel in Wien ab. Alles ist verloren. Benkos Traumhäuser entpuppen sich als Luftschlösser.

KAPITEL 15

René Benko allein zu Haus – seine Art der Unternehmensführung wendet sich gegen ihn

Irgendwann im Spätjahr 2023 wird René Benko zu einem Phantom – ein Mensch, über den alle sprechen, aber der nicht mehr greifbar ist. Pendelt er mit seiner Bombardier Global Express BD-700 im Oktober noch mehrmals die Woche zwischen Innsbruck und Wien und versucht von den beiden Signa-Zentralen aus telefonisch Geld aufzutreiben, so reduzieren sich nach seiner Entmachtung Anfang November die Flugbewegungen drastisch. Die Flugdaten weisen Ende November noch einen Ausflug nach Barcelona und die Rückkehr nach Innsbruck aus, bei der ein Fotograf ihn und seine Frau Nathalie erwischt hatte und die Fotos ihren Weg in die *Bild*-Zeitung fanden.

Das Boulevardblatt empörte sich über den Ausflug zeitgleich mit den ersten Insolvenzen des Signa-Reiches und informierte detailliert, was Schuhe und Handtasche von Nathalie Benko angeblich kosteten: Chanel-Handtasche »22 Handbag Denim« für rund 8000 Euro, Sneaker »White & Purple Nama« von Chloé für rund 700 Euro.

Tatsächlich aber war es wohl mehr als ein Shopping-Ausflug. Die Benkos überlegten zu der Zeit, ihre Kinder in Barcelona statt in Innsbruck auf die Schule zu schicken – nicht weit vom Domizil der Benkos auf Ibiza. Bekannte hatten ihnen geraten, den Schwerpunkt der Familie ins Ausland zu verschieben, zum Schutz der Kinder. Sie sollten Abstand von dem Drama gewinnen, das sich in der Heimat abspielte: die Pleite der Signa und der tiefe persönliche Fall von René Benko vom Starunternehmer und Österreichs reichstem Mann zu einem Verlierer.

René Benko hat eine Familie, aber er hat keine Freunde mehr. »Er ist vereinsamt«, sagt ein enger Geschäftspartner, der bis in den Sommer 2024 hinein losen Kontakt mit dem Unternehmer hielt. Vielleicht hatte Benko in seinem Erwachsenenleben nie Freunde abseits des Geschäftlichen.

Mit seinen Geschäftsfreunden ging er nur Partnerschaften auf Zeit ein. Seine ersten Investoren wie Beny Steinmetz tauschte Benko aus, als er merkte, dass ihr schlechter Ruf begann, seinen Geschäften zu schaden. Aber derlei ist üblich im Geschäftsleben, es ist professionell.

Am ehesten schien sich die Zusammenarbeit mit seinem Handelsmann Dieter Berninghaus zu einer Freundschaft zu entwickeln. Als »B und B« firmierten die beiden, manche, die sich früher der Sonne namens Benko näher gefühlt hatten, beklagten, dass Berninghaus die Kontakte monopolisierte. Und tatsächlich konnte der sich erlauben, vor einem gemeinsamen Geschäftstermin Benko aufzufordern, seine Haare zu waschen.

Wichtig aber war Berninghaus in den Jahren zwischen 2013 und 2022 vor allem deshalb, weil die Signa ihr Handelsgeschäft spektakulär ausbaute und Benko davon weniger verstand als Berninghaus. Außerdem hatte der Händler gute Kontakte zu reichen Menschen weltweit, die als Geschäftspartner und potenzielle Investoren infrage kamen.

Heute sind B und B geradezu verfeindet. Benko sah wohl irgendwann, dass Berninghaus eher die Interessen anderer Investoren der Holding vertrat als seine eigenen und verdächtigte Berninghaus des Seitenwechsels. Der Händler wiederum fühlte sich von Benko getäuscht, als der bei der Übernahme der britischen Handelskette Selfridges trickste und langjährige Partner wie die thailändische Central Group vor den Kopf stieß.

Die Verbindung Benkos zu Timo Herzberg, Geschäftsführer der Immobiliengesellschaften Prime Selection und Development Selection und ein im Markt weithin anerkannter Fachmann, endete mit einer fristlosen Entlassung und einer Pressemitteilung. »Die Gründe für die Entlassung sind ein dringender Verdacht auf grobe Verletzungen der Pflichten als Vorstandsmitglied«, erklärte Signa Mitte Dezember.

Herzberg hatte mit einer eigenen Gesellschaft als Mieter beim Berliner Bürokomplex Beam der Signa fungiert und wird offensichtlich verdächtigt, Geschäfte auf eigene Rechnung gemacht zu haben. Das Ende dieser Beziehung werden voraussichtlich die Gerichte klären müssen, aber langjährige Insider der Signa gehen davon aus, dass Herzberg derlei Deals nicht ohne Benkos Zustimmung eingegangen wäre. Herzberg wie Benko betonen ihre Unschuld.

Auch Benkos Verhältnis zu langjährigen Spitzenkräften wie dem Chairman der Luxushandelssparte, Wolfram Keil, ist völlig erkaltet. Keil unterschrieb im Herbst 2023 noch einen Zwei-Jahres-Vertrag, obwohl er da schon weitgehend desillusioniert war. Seine Begründung: »Wir wollten das Handelsgeschäft mit den Luxushäusern weiter vorantreiben, um das Ziel einer europäischen Luxusgruppe noch zu erreichen. Danach wollte ich etwas anderes machen.«

Keil hätte wohl gerne seine Anteile an der Signa noch gegen Geld eingetauscht, soll aber so lange von Benko hingehalten worden sein, dass schließlich die Insolvenz dazwischenkam. Noch schlechter als ihm, der viele Jahre gut verdient hat, ergeht es dem Gros der Signa-Mitarbeiter: Sie hatten ihre Altersversorgung auf Anteilen an der Signa aufgebaut, die jetzt faktisch wertlos sind. Benko hatte immer sehr für die Mitarbeiteraktien geworben.

Anerkennung, ja, blinde Gefolgschaft schlug mit den Pleiten um in Abneigung, in Wut. Der Meister war entzaubert, auch von seinen Stärken schien nichts mehr übrig zu sein. Lange wurde er bewundert, weil er auch in Krisensituationen cool blieb und Lösungen fand, wenn andere schon nervös wurden. René habe immer eine Idee gehabt, sagt ein Finanzexperte, der viele Transaktionen mit ihm zum Abschluss gebracht hat.

Nun, mit den sich abzeichnenden Insolvenzen, wirkte Benko immer fahriger. Dem Investor Roland Berger, der zuletzt Mitte Dezember 2023 mit ihm gesprochen hatte, wurde klar, dass Benko die Dinge offenbar über den Kopf gewachsen waren: »Herr Benko meinte, er habe im Moment auch keinen Überblick, er suche die Zahlen und würde sich wieder melden. Da habe ich ihm gesagt: Wenn Sie die Zahlen nicht haben, wer dann? Ich wusste nun, dass ich von ihm keine fundierte, ehrliche Antwort mehr bekommen würde.«

Andere sprechen von »sinnentleerten Anrufen« und dass Benko in den Gesprächen teils rüde über Investoren und frühere Vertraute hergezogen sei. Manche hatten den Eindruck, dass Benko am Abend und in der Nacht nicht mehr ganz Herr seiner Sinne war. Auf Versuche der Autoren dieses Buches, mit ihm nach den Insolvenzen ins Gespräch zu kommen, ging Benko nicht ein. So lässt sich nur mutmaßen: Als die Fassade des Gebäudes Signa zusammenstürzte, da begrub sie auch ihren Architekten und Bauherrn unter sich. Auch für ihn wurde die Last zu groß.

Letztlich wurde Benko ein Opfer seines Systems, in dem fast alle relevanten Entscheidungen von ihm getroffen wurden und alle anderen nur über Ausschnitte Bescheid wussten. Es ging zu wie früher am Hofe des österreichischen Kaisers Franz Joseph I. So wie jeder der Minister und Höflinge versuchte dem Kaiser nahe zu sein, so mussten die Geschäftsführer und sonstigen Manager den direkten Zugang zu René Benko haben, sonst drehten sie sich nur im Kreis. Die Fixierung auf Benko und sein Herrschaftswissen bedeutete am Ende auch, dass Benko sich niemandem anvertrauen konnte und die Verantwortung allein auf ihm lastete.

In den meisten großen Unternehmen hat eine Führungskraft, also auch der Chef, nicht mehr als zehn Direct Reports, also Menschen, die er führt und die direkt an ihn berichten. Werden es mehr Menschen, kann Überforderung einsetzen, die Entscheidungsfähigkeit leidet. Benko, der eigentlich gar kein Amt besaß, führte im Zweifel alle Mitarbeiter und Mitarbeiterinnen. Er hatte potenziell Tausende Direct Reports.

Denn bei der Signa warteten die unterschiedlichsten Entscheidungen auf Benko. Ganz kleine und ganz große. Ob es um die Gästeliste und die Platzierung der Gäste auf seinem 40. Geburtstag in der Villa am Gardasee ging. Oder darum, zu welchen Konditionen die Signa die britische Warenhauskette Selfridges kaufen sollte. Benko verhandelte mit den zuständigen Staatssekretären im Detail den staatlichen Zuschuss beim ersten Schutzschirmverfahren von Galeria Karstadt Kaufhof. Genauso wie er entschied, welchen Marmor man verwenden solle in seinem Penthouse in Berlin, wie das Bett aussehen solle und dass die große Scheibe aus Panzerglas sein solle.

Um die Investoren in allen Signa-Sparten kümmerte sich: nahezu ausschließlich Benko. Genauso wie um alle größeren Übernahmen oder neuen Projekte. Optik und Inhalt der Präsentationen: mussten von Benko ihr Plazet bekommen. Sogar einige Artikel in der »Signa Times«, im hauseigenen Public-Relations-Organ, wollte der Chef kennen – für die übrigens Chairman Berninghaus eigenhändig Texte verfasste. Da hatte offensichtlich das Beispiel des Oberbosses Schule gemacht.

Benko begann als Start-up-Unternehmer und er blieb es einfach, auch als die Firma sich verzweigte und in die Breite und Höhe wuchs. Andere Start-up-Unternehmer holen sich irgendwann erfahrene Manager ins Unternehmen, um es neu zu sortieren – wie die Google-Bosse Eric Schmidt, der zuvor klassische IT-Unternehmen geführt hatte, oder Facebooks Mark Zuckerberg die Managerin Sheryl Sandberg, die Stationen bei McKinsey und Google hinter sich hatte.

René Benko hat nie in einem Konzern gearbeitet, und als seine Firma sich zu einem Konglomerat entwickelte, machte er einfach so weiter wie bisher. Bis in die letzten Tage der Signa war René Benko mit fast allen Beschäftigten per Du, genauso wie mit dem Gros seiner Investoren und Gesellschafter. Der Monarch protzte und dominierte, aber er gab sich auch nahbar.

Mehrmals versuchten einzelne Manager, die Signa zu einem gewöhnlicheren Unternehmen zu formen. Um 2015 bemühte sich eine Gruppe um den Handelsmann Wolfram Keil, der früher unter anderem für Procter & Gamble gearbeitet hatte, die Firma zu modernisieren. Das Züricher Beratungshaus Eden wurde engagiert, eine Mitarbeiterumfrage in Auftrag gegeben. Von Führungskräfteentwicklung war die Rede und von Leitlinien, die man sich geben wollte. Aber irgendwann versandete die Initiative, weil Benko kein Interesse daran zu haben schien.

2019, als Karstadt und Kaufhof fusionierten, entwickelten Berninghaus und der Kommunikator Michael Cramer ein Konzept für die Signa als Modernisierer der Innenstädte. Man wollte weg von René Benko als dem Dominator in der Öffentlichkeit und stattdessen die Marke Signa in den Vordergrund stellen. Das scheiterte schon daran, dass Benko – zutreffenderweise – meist von »Ich« in seinen internen Reden sprach und nicht von »Wir«, wenn es um Entscheidungen ging. Spätestens Corona begrub die Initiative unter sich.

Ging es bei den beiden gescheiterten Modernisierungsprojekten eher um weiche Themen, so reichte das dritte direkt ins Zentrum der Firma und Benkos ureigenstes Metier: die Kapitalbeschaffung. Die Signa war nahezu ausschließlich auf Kredite und das Gewinnen immer neuer Anteilseigner angewiesen. Der Kapitalmarkt, also die Börse oder die Finanzierung über Anleihen, war der Signa die meiste Zeit verschlossen, weil sie die nötigen Transparenzpflichten nicht erfüllte. Das sollte Jürgen Fenk ändern, den René Benko als Vorstand bei der Landesbank Hessen Thüringen (Helaba) kennengelernt hatte. Nach zahlreichen Gesprächen und dank eines zugesagten Gehaltssprungs gelang es Benko 2017, den Bankenprofi als für die Geldbeschaffung zuständigen Geschäftsführer zu installieren. So wollte sich Benko offensichtlich entlasten.

Fenk zog einzelne Investoren an Land und versuchte, allerdings vergeblich, eine Anleihe für die Prime Selection zu organisieren. Später dann, Mitte 2021, gelang es immerhin, eine 300-Millionen-Euro-Anleihe für die Projektsparte Development mit einem Zinssatz von 5,5 Prozent zu platzieren. Aber da war Fenk schon kurz zuvor ausgeschieden. Denn er hatte schnell bemerkt, dass Benko weiter nach Gutdünken agieren wollte. Und er realisierte, dass die Signa schon in den Jahren um 2020 gefährlich hoch verschuldet war.

Nach Fenks Abschied war Benko wieder allein für die Geldbeschaffung zuständig, alles andere musste angesichts der kritischen Finanzlage nun hintanstehen.

Was sich nicht änderte: Benko wollte weiter kleine wie große Entscheidungen treffen. Wenn er auf Reisen ging, dann füllte er seine Taschen mit unzähligen Ausdrucken, um sie im Flugzeug oder im Auto durchzuarbeiten. Es konnte Wochen dauern, bis er sich damit beschäftigt und etwas entschieden hatte. Bis dahin passierte: nichts. So drosselte Benko, der immer von schnellen Entscheidungswegen gesprochen hatte, ungewollt das Tempo der Signa. Sein Unwillen, dem Unternehmen eine Organisation zu geben, die der Größe angemessen gewesen wäre, wirkte sich auch da fatal aus. Eine langjährige Spitzenkraft der Signa, der Finanz- und Handelsexperte Wolfram Keil, resümiert: »René Benko hatte das Unternehmen komplett auf sich zugeschnitten und änderte das auch nicht, als die Signa stark gewachsen war und zum Konzern wurde. Fast alle wichtigen Entscheidungen mussten von ihm getroffen werden. So wurde er zum Flaschenhals für die ganze Organisation.«

Auch die Wahl der Führungskräfte und die Führungskräfteentwicklung richtete sich nach dem Gusto Benkos. Neben erstklassigen Leuten in ihrem Fach wie Timo Herzberg für Immobilien oder Dieter Berninghaus für Handel, die Benko engagierte, setzte er Menschen in hohe Positionen, die überfordert waren.

Ein Beispiel für viele: der Jurist Marcus Mühlberger, der 2003 als einer der ersten Mitarbeiter zur Signa gestoßen und von Benko auf verschiedenste Geschäftsführerposten gehievt worden war. De jure führte er die Holding und Hunderte anderer Gesellschaften. Als Vorstand in Benkos Privatstiftung amtierte er ebenfalls. Mühlberger galt intern wahlweise als »Unterschriftenautomat« oder »Chief Signing Officer«, als Mann ohne eigene Ideen. Aber er parierte offensichtlich, wenn Benko etwas wollte. Ihm konnte der Chef, selbst gar nicht unterschriftsberechtigt, rückhaltlos vertrauen.

Benko vertraute sehr wenigen Menschen, nur sein engster Kreis um Mühlberger und Finanzchef Pirolt herum wusste wohl über alle Unternehmenssparten hinweg Bescheid. Den meisten anderen gegenüber war Benko misstrauisch. Ausdrucke sollte möglichst niemand nach Hause mitnehmen, das Herunterladen von Daten auf Sticks war verpönt. Etliche Präsentationen durften nicht verschickt werden ohne Genehmigung des Bosses. Führungskräfte gingen davon aus, dass ihre Mails mitgelesen wurden. Tatsächlich konnte die IT des Unternehmens sämtliche elektronische Kommunikation auf den Diensthandys mit- oder nachlesen, wie die Insolvenzverwalter später feststellen sollten.

Benkos Art zu managen und die Auswahl der Führungskräfte brachte viele Nachteile mit sich, aber sie hatte ihre Logik. Niemand sollte alles wissen, außer dem Gründer. Das Unternehmen war auf Intransparenz angelegt, in Silos sortiert, ohne übergreifende Gremien. So blieb die Wahrheit lange verborgen: dass die Signa schon viele Jahre vor den Pleiten extrem hoch verschuldet war und sie nur weiterexistieren konnte, weil neue Bankkredite und Investoren immer wieder frisches Geld reinpumpten.

Viele Aufsichtsräte und Geschäftsführer scheinen der Entwicklung weitgehend tatenlos zugesehen und die formalen Beschlüsse gefasst zu haben, ohne den Überblick zu haben – was sie allerdings von einer etwaigen strafrechtlichen Verantwortung wohl nicht entbinden wird.

Benko errichtete Aktiengesellschaften mit lauter Hintertürchen. Die Bilanzen erweckten den Anschein eines geordneten Geschäftsgangs. Jährlich wurden die Kurswerte der Anteile ermittelt, ähnlich wie an der Börse. Und Ausstiegsmöglichkeiten wie an der Börse gab es auch, während in vielen Immobiliengesellschaften die Anteile wie festbetoniert liegen.

Allerdings war vieles dann doch ganz anders, als man das von der Börse kennt, wo alle Aktionäre gleichbehandelt werden. Jedem Investor der Signa soll Benko eine eigene, passgenaue Geschichte erzählt haben. Viele hatten einen individuellen Spezialdeal. Manche, wie die RAG-Stiftung oder Kühne, bekamen für 2022 noch Dividenden, wenn sie Krach schlugen – wovon die anderen Anteilseigner nichts erfahren durften. Manche, wie Roland Berger oder zwischenzeitlich Torsten Toeller, durften als Gäste dem Aufsichtsrat der Prime beiwohnen, wenn sie darauf bestanden. Andere nicht. Etliche Investoren erhielten Put-Optionen, die ihnen innerhalb gewisser Fristen den Ausstieg möglich machten. Andere nicht.

Der Innsbrucker Betriebswirtschaftsprofessor Leonhard Dobusch und sein Mitarbeiter Jakob Sturn sehen in der Kapitalbeschaffung »eine der zentralen Innovationen des Signa-Modells« und beschreiben die Vorgehensweise in einem Aufsatz der österreichischen Fachzeitschrift *Juridikum.* Unter der Überschrift »Hört die Signa(le)« fassen sie in ihrem Manuskript zusammen: »Der Ausstieg funktioniert natürlich nur, wenn nicht alle Anteilseigner:innen gleichzeitig aussteigen (…) Gleichzeitig ist es aber so, dass dieses Finanzierungsmodell zu einem gewissen Grad auf Transparenzvermeidung angewiesen war. Nicht allen Investoren wurden Put-Optionen angeboten, ebenso blieben die Konditionen für die Put-Optionen geheim. Dies diente wohl auch dazu, ›Ansteckungs-‹ bzw. ›Herdeneffekte‹ zu vermeiden, sollten einzelne Investor:innen von ihren Put-Optionen Gebrauch machen, sowie Ungleichbehandlung von Investor:innen zu verschleiern.«

Manche, wie der Signa-Holding-Investor Torsten Toeller, hatten lange gezögert, bis sie ihre Optionen zogen, um so für ihre Anteile Geld zu bekommen. Sie sahen die angespannte finanzielle Lage, wollten als Gesellschafter helfen und hofften immer wieder, dass Benko das von ihnen geforderte transparente Zahlenwerk liefern und neue Investoren beischaffen würde. Erst als klar wurde, dass mit Benko nicht mehr zu rechnen war, machte Toeller die Kehrtwende. Am 10. Oktober, kurz vor der Pleite der Holding, schickte der Anwalt Toellers schließlich eine Zahlungsaufforderung an die Benko Privatstiftung, die sich bei Vertragsunterzeichnung dazu verpflichtet hatte, Geld gegen Anteile zu geben.

Die meisten Gesellschafter hatten nicht Benkos Privatstiftung als Vertragspartner, sondern die Holding. Roland Berger, der mit niedrigen Prozentbeträgen jeweils in den Signa-Gesellschaften Prime, Development und Retail investiert war, gelang noch ein Teilausstieg. Offensichtlich pochte er frühzeitig auf Zahlung bei Benko und tauschte etwa die Hälfte seiner Prime-Anteile in Geld um. Dabei profitierte Berger von dem hohen Kurswert der Anteile, der sich seit dem Einstieg vervielfacht hatte. Unter dem Strich allerdings wird Berger wohl mit einem kleinen zweistelligen Millionenminus aus seinem Signa-Investment herausgehen, Torsten Toeller verliert einen dreistelligen Millionenbetrag, im Geschäftsjahr 2023 schreibt er einen Buchwert von 196 Millionen Euro ab, nachzulesen im Jahresabschluss von »Fressnapf« Luxemburg.

Für Klaus-Michael Kühne wird es teurer werden, obwohl der Unternehmer noch einiges versuchte, um seine Verluste zu begrenzen. Im Dezember 2022 drohte er Benko mit einer »Rückabwicklung«, er sprach Anfang 2023 gegenüber Journalisten davon, seine Put-Option ausüben zu wollen. Für einen geglückten Ausstieg hatte Kühne aber letztlich zu lange Kündigungsfristen, es kam nicht mehr dazu. Stattdessen kaufte er für 189,9 Millionen Euro die Hälfte des Berliner Bürohochhauses Beam von der Signa und bekam damit echte Immobilienwerte sowie eine verbesserte Put-Option, die ihm aber ebenfalls nichts mehr nützte. Seine Anteile an der Immobiliengesellschaft Prime, 15 Prozent, werden voraussichtlich wertlos sein.

Sämtliche Deals mit Investoren insbesondere im Jahr vor den Pleiten werden die Insolvenzverwalter genau untersuchen. Sind sie zu marktgerechten Preisen erfolgt? Haben sie der Gesellschaft Liquidität entzogen? Dann werden sie angefochten und rückabgewickelt werden. Denn die hohen Zahlungen entleerten die diversen Signa-Gesellschaften zusätzlich – und trugen damit ihren Teil zum Ende von Benkos Baby bei.

Das könnte auch für Überweisungen an Signa-Offizielle wie Dieter Berninghaus gelten. Er hatte 2021 und 2022 ein Viertel seiner Phantom Shares an der Holding zu Geld gemacht. Phantom Shares sind Aktien ohne Stimmrecht, die Berninghaus neben seiner jährlichen Vergütung von gut 2 Millionen Euro erhalten hatte. Dabei ging es um viel Geld, die Phantom Shares hatten damals einen Wert von fast 200 Millionen Euro, 50 Millionen Euro ließ sich Berninghaus demnach auszahlen.

Wer von den Gesellschaftern sein Geld nicht bekommen hat oder nur teilweise, begründet damit zahlreiche Forderungen an die Insolvenzverwalter. So erklären sich auch manche der Milliardenforderungen, die an die diversen Insolvenzverwalter gingen und nur zum geringen Maß anerkannt wurden.

Phantomaktien und Luftbuchungen begleiten die Signa also auch über ihren Tod hinaus. Und klar wird, die Gesellschafter und andere Investoren haben ihren Teil zum Ende der Signa beigetragen.

KAPITEL 16

Opfer und Täter zugleich – die Banken, Versicherer und reichen Investoren

»Benko war es nicht alleine«, so steht es geschrieben auf vielen brachliegenden Baustellen der Signa. An der Alten Akademie in Münchens Neuhauser Straße hat jemand den Slogan Weiß auf Grau auf die Sichtschutzwände gesprayt. In der Wiener Mariahilferstraße, wo der Rohbau des Luxuskaufhauses Lamarr steht, bevorzugt der Sprayer ein knalliges Rot. Wolfgang Peschorn sagt denselben Satz in seinem Palast unweit des Stephansdoms. Er ist der Präsident der Finanzprokuratur und führt damit knapp 60 Anwälte, die nun auch im Fall Signa die Interessen der Republik Österreich vertreten.

Die Sprayer wie der Präsident beschäftigen sich mit den Folgen der Pleite. Sie fragen nach der Mitverantwortung von Politikern, von kreditgebenden Banken und Versicherungen, von leichtfertigen Gesellschaftern, Aufsichtsräten und Geschäftsführern der Signa. Denn ohne sie hätte Benko nie ein solches Luftschloss aufbauen können.

Und sie fragen, was denn nun aus den vielen angeschlagenen Unternehmen und halbfertigen Projekten werden soll, die Benkos Signa hinterlassen hat. Zum Beispiel: Wer baut den Elbtower fertig? Und wer bezahlt dafür? Oder: Wie viele Warenhäuser von Galeria Karstadt Kaufhof mit wie vielen Beschäftigten werden überleben? Aber auch: Finden sich für Luxuskaufhäuser wie das Lamarr oder Areale wie die Alte Akademie noch neue Investoren?

Ein Blick zurück in das Deutschland der 1990er Jahre und den bis dahin größten Bau- und Betrugsskandal kann erste Hinweise geben. Der Bauunternehmer Jürgen Schneider, der Anfang 1994 etwa 170 Immobilien in Deutschland besaß, verfolgte ein ähnliches Geschäftsmodell wie René Benko. Er kaufte Gebäude in deutschen Innenstädten, renovierte sie aufwändig und verwandelte sie in erstklassige Büros und Luxuspassagen.

Ging Schneider bei seiner Finanzierung über Bankenkredite ungleich grober vor als Benko und erfand ganze Etagen, um höhere Kredite zu bekommen, so sind die Schäden doch verblüffend ähnlich. Schneider hinterließ rund 5,5 Milliarden D-Mark Schulden und sehr viele Baustellen. Die meisten der Gebäude, von der Leipziger Mädler-Passage bis zum Münchener Bernheimer-Palais, wurden fertiggebaut, meist mithilfe der kreditgebenden Banken wie der Deutschen und der Commerzbank. Es dauerte aber oft viele Jahre, bis die Baustellen geschlossen werden konnten.

Wer mit Jürgen Schneider nach seiner Haftzeit durch seine Paläste spazierte, erlebte einen zwar verarmten, aber selbstbewussten Mann. Schneider war stolz auf die renovierten Gebäude, er sah sie als sein Vermächtnis an, auch wenn er sie nicht fertigbauen konnte. Dass letztlich vor allem die Banken dafür zahlten – allein die Deutsche Bank musste 500 Millionen D-Mark abschreiben –, schien Schneider nicht weiter zu kümmern.

Tatsächlich trugen die Banken wegen ihrer Leichtgläubigkeit eine erhebliche Mitschuld, wie das Frankfurter Landgericht feststellte. Deshalb kam Schneider mit einer Gefängnisstrafe von sechs Jahren und neun Monaten davon. Einige Bankenmanager wurden entlassen, Konsequenzen auf Vorstandsebene gab es jedoch genauso wenig wie strafrechtliche Folgen, obwohl das Bundesaufsichtsamt für das Kreditwesen feststellte, dass allein die Deutsche Bank in 15 Fällen gegen das Kreditwesen- und Hypothekenbankgesetz verstoßen hatte.

Auch das Selbstbewusstsein des damaligen Deutsche-Bank-Chefs Hilmar Kopper erlitt keinen Schaden. Stattdessen ging er in die Wirtschaftsgeschichte ein, als er im Zusammenhang mit offenen Handwerker-Rechnungen über 50 Millionen D-Mark von »Peanuts« sprach und damit den Zorn der Normalverdiener erregte.

Ganz abgesehen davon, dass bei René Benko die Unschuldsvermutung gilt, so unterscheiden den Fall Schneider und den Fall Signa vor allem zwei Punkte. Zum einen die Finanzierung: Schneider holte sich das Geld nur über Bankenkredite, Benko zusätzlich vor allem von Gesellschaftern sowie als Mezzanine von Versicherungen und Pensionskassen. Zum andern die Unternehmenskonstruktion: Schneider war persönlich haftender Alleinunternehmer, Benko war bestimmender Gesellschafter in diversen Aktiengesellschaften und GmbHs und formal ohne operatives Amt.

Aber es gibt auch einige verblüffende Gemeinsamkeiten: Neben dem ähnlichen Geschäftsmodell etwa das Wegducken vieler Verantwortlicher unter den Gesellschaftern und Kreditgebern. Nur der Chef des Schweizer Bankhauses Julius Bär, Philipp Rickenbacher, musste wegen schlecht besicherter Signa-Kredite in Höhe von 600 Millionen Schweizer Franken gehen. Die anderen Vorstände von Banken, Versicherungen, Pensionskassen und Stiftungen waren im Juni 2024 alle noch in ihren Ämtern.

So auch Bernd Tönjes, Vorstandsvorsitzender der RAG-Stiftung. Er sprach noch im Oktober 2023 in einem Interview mit dem *manager magazin* davon, dass die Anteile an der Signa Prime (5 Prozent) und Signa Development (3,5 Prozent) »uns viel Freude gemacht haben«. Tatsächlich schreibt die RAG-Stiftung, die die Ewigkeitslasten des Bergbaus im Ruhrgebiet tragen muss, bis zu 350 Millionen Euro auf das Signa-Engagement in der Bilanz 2023 ab. Tönjes Vorstandskollege Jürgen-Johann Rupp beobachtete offensichtlich tatenlos viele Jahre als Aufsichtsrat den Irrweg von Prime und Development, wenn er überhaupt an den Sitzungen teilnahm. Erst im Herbst 2023, als alles schon zu spät war, wachte Rupp auf aus seiner Lethargie und sorgte mit dafür, dass die Finanzexperten der Bank Rothschild engagiert wurden.

Auch bei den Versicherern Signal Iduna und R+V machen die Vorstände personell so weiter, als sei nichts geschehen. Die Signal Iduna, die insgesamt 1,1 Milliarden Euro an die Signa ausgereicht hatte, muss nun rund 230 Millionen Euro abschreiben. Sie sieht sich insgesamt aber noch knapp im Plus, weil Zinszahlungen der Signa über einen langen Zeitraum auf der Habenseite stehen.

Deutlich schlimmer wirkt sich das Signa-Engagement auf die Bilanz der R+V-Versicherung aus. Sie gab Benko vor allem eigenkapitalähnliche Finanzierungen wie Genussscheine, und war Anteilseigner des Zockerpapiers Signa Sports United (SSU). Das Geld ist wohl komplett verloren. Die R+V muss nach eigenen Angaben einen »robusten dreistelligen Millionenbetrag« abschreiben – nach diversen Berichten soll es über eine halbe Milliarde Euro sein. Das werden die Lebensversicherungskunden der Genossenschaft zu spüren bekommen, denn ihre Auszahlungen werden sinken. »Wir sind dabei, daraus zu lernen«, versuchte Vorstandschef Norbert Rollinger zu trösten.

Menschen wie Norbert Rollinger und RAG-Stiftungsvorstand Jürgen-Johann Rupp hat Wolfgang Peschorn, der Präsident der österreichischen Finanzprokuratur, im Blick, wenn er sagt: »René Benko war es nicht alleine. Verantwortlich sind auch Vorstände,

Geschäftsführer, Aufsichtsräte.« Und in Bezug auf René Benko und die Gläubiger formuliert Peschorn: »Da treffen sich die Interessen des Betrogenen und des Betrügers. Beide haben ein Interesse daran, in der Öffentlichkeit ihr Vorgehen nicht rechtfertigen zu müssen. Gerade wenn es um das eigene Versagen geht.«

Wolfgang Peschorn, das hat er im Fall der Signa gezeigt, sollte man ernst nehmen. Bei Benko sorgte er mit dafür, dass der Unternehmer die Insolvenz als Einzelunternehmer erklären musste und die Behörden daraufhin auch Finanzen seiner Stiftungen durchleuchten konnten. Der Beamte, der 2019 zwischenzeitlich als österreichischer Innenminister amtierte, hatte nach den Insolvenzen einen tiefen Einblick in das System Benko, weil er in allen Gläubigerausschüssen Sitz und Stimme hatte. Die Finanzprokuratur ist neben der Staatsanwaltschaft und der Soko Signa des österreichischen Bundeskriminalamtes eine weitere staatliche Institution, die sich um Aufklärung kümmert.

Peschorn empfängt, wie es sich für einen hohen Staatsbeamten der früheren k. u. k. Monarchie gehört, im Palais Rottal, gebaut von Franz Billiotte, Leibarzt ihrer kaiserlichen Hoheit Leopold I., im 17. Jahrhundert. Das Büro des Präsidenten ist ein Rokoko-Saal, die Wände weiß, darauf goldfarbene Ornamente, und kann von der Größe her fast mit Benkos früherem Büro im Palais Harrach mithalten, einen Spaziergang entfernt. Wir sitzen auf zierlichen, mit rotem Stoff bezogenen Stühlchen. Nur zwei Monitore und eine Tastatur nebst Aktenstapeln auf dem Schreibtisch zeigen an, dass wir uns in der Gegenwart befinden.

Peschorn, ein schlanker Herr im perfekt sitzenden dunkelblauen Anzug, hält sich sehr gerade, ein so höflicher wie energischer Mann. Schon bei der Abwicklung der Hypo-Alpe-Adria-Bank Anfang der 2000er Jahre spielte der Beamte eine herausragende Rolle. Dabei mussten neben den verantwortlichen Managern auch Geldgeber und Politiker in zahlreichen Verfahren und Untersuchungsausschüssen aussagen, weil sie eng mit Fehlentscheidungen der Bank verwoben waren.

Den Fall der Signa hält er für vergleichbar, weil Investoren und Kreditgeber Geld gegeben hatten, ohne die wirkliche Finanzlage und das System der Geldflüsse unter den einzelnen Sparten zu durchschauen. »Ich halte die Investments für verantwortungslos«, sagt Peschorn. Aus seiner Arbeit in den Gläubigerausschüssen der insolventen Signa habe er den Eindruck gewonnen, dass viele Gläubigervertreter wie der RAG-Stiftung oder der Signal Iduna keine wirkliche Aufklärung wollten, weil sie nicht über ihre Fehler reden wollten. Peschorn vertritt eine diametral andere Haltung: »Wenn es nach mir geht, ist alles auf Punkt und Komma aufzuklären.«

Tatsächlich machte eine Mischung aus Desinteresse und Gier unter den Investoren und der leichtfertige Glauben an die Macherqualitäten Benkos den tiefen Fall der Signa erst möglich. Das Immobiliengeschäft hierzulande lebe von Intransparenz und von der Faulheit der Investoren, sich wirklich kundig zu machen, sagt ein bekannter deutscher Immobilienexperte; er will seinen Namen nicht im Buch lesen, weil er weiter im Geschäft bleiben will.

Wie meist bei Finanzblasen, so war es auch im Fall der Immobilien: Viele Investoren blieben bis zum Ende dabei, auch weil in den letzten Jahren vor dem Platzen der Blase die Wertsteigerungen am höchsten sind.

2019 bezifferte das Deutsche Institut für Wirtschaftsforschung die Wahrscheinlichkeit einer Immobilienblase in Deutschland bereits mit 92 Prozent. Trotzdem stiegen zwischen 2019 und 2021 die Preise für Wohnimmobilien weiter um insgesamt mehr als 30 Prozent in großen Städten, ebenso wuchs der Wert der Anteile der Signa jährlich um etwa 10 Prozent, wenn auch nur auf dem Papier.

Die Insolvenzverwalterin der Signa Development Selection AG (SDS), Andrea Fruhstorfer, zeichnet in ihrem zweiten Sanierungsbericht vom 26. Februar 2024 die fatale Entwicklung nach: »Die zunächst noch günstigen Finanzierungskonditionen für Käufer und Entwickler, Urbanisierungstrends und das anhaltende Interesse an hochwertigen Immobilien trugen insbesondere im Jahr 2021 zu einem florierenden Markt bei. Die SDS nutzte diese günstigen Bedingungen, um ihre Projekte voranzutreiben und von der starken Marktdynamik zu profitieren.« Kritik an diesem Investitionsverhalten von Benko & Co. sucht man im Bericht der Verwalterin vergebens.

Peschorn votierte wohl auch wegen dieser unkritischen Haltung in den Gläubigerversammlungen gegen die Sanierungen und forderte stattdessen einen Konkurs, also die Konzentration auf die Verwertung der Immobilien und der Immobilienprojekte in Laufe der nächsten Jahre. Damit stellte er sich gegen die Verwalter und die Mehrheit der Gläubiger.

Seine Gründe: Auch die Sanierungsverfahren dienen – anders als die Bezeichnung suggeriert – letztlich nur der Verwertung. Allerdings haben sie aus Sicht der Gläubiger zwei Nachteile: Die Verfahren sind deutlich teurer, unter anderem weil die Verwalter höher dotiert werden, und die Verwalter müssen den Gläubigern nicht ständig Bericht erstatten.

Dadurch sind die Verfahren weniger transparent. Fehler von Gesellschaftern aus der Vergangenheit können eher unter den Teppich gekehrt werden. Und Sonderinteressen einzelner Gesellschafter, wie die des österreichischen Bauunternehmers Hans Peter Haselsteiner oder von Pfandrechteinhabern wie der deutschen Milliardärsfamilie Schoeller, könnten bei der Veräußerung von Immobilien die Oberhand gewinnen.

Im Groben müssen die Verwalter zwei Arten von Objekten losschlagen.

Erstens: Bereits fertiggebaute und vermietete Immobilien, für die sich ein Käufer finden muss. Unter den Dutzenden Häusern finden sich zahlreiche begehrte Gebäude, die sich, wie das Goldene Quartier in Wien, zu einem guten Preis verwerten lassen. Das gilt allerdings nicht für die meisten Warenhäuser, die Signa an Galeria Karstadt Kaufhof zu Höchstpreisen vermietet hatte und aus denen Galeria jetzt auszieht. Die Häuser sind oft renovierungsbedürftig und müssten für potenzielle neue Mieter komplett umgebaut werden. Das lohnt sich häufig nicht. Bis heute stehen etliche ehemalige Warenhäuser ganz oder teilweise leer, aus denen Karstadt und Kaufhof schon in früheren Sanierungsrunden ausgezogen waren.

Zweitens: An die 50 Bauprojekte, die in verschiedenen Stadien vor sich hindämmern. Dazu zählt der Elbtower, dessen Fertigbau zusätzlich rund 900 Millionen Euro kosten könnte und dessen Wirtschaftlichkeitsrechnungen von der Zeit überholt wurden, weil der Immobilienmarkt eingefroren ist und Büros weit weniger begehrt sind als noch 2019 gedacht. Hier dürfte es schwer werden, solvente Käufer zu finden, wenn nicht etwa die Stadt Hamburg mit einspringt.

Auch die Alte Akademie in München oder das Wiener Luxuskaufhaus Lamarr braucht finanzkräftige und risikobereite Investoren, um irgendwann eröffnet werden zu können. Bei Objekten dieser Art könnte es etliche Jahre dauern, bis Investoren das Risiko eingehen, zumal diverse Gläubiger Ansprüche erheben und die Verwalter Kompromisse unter den Beteiligten finden müssen. Auch deshalb hat die thailändische Central Group, die Häuser wie das Berliner KaDeWe übernommen hat, kein Interesse am Lamarr.

Besonders schwierig dürfte es werden, Investoren für diverse Büroprojekte der Signa in etlichen deutschen Städten zu finden. Denn viele Firmen geben Büros wegen des ungebrochenen Trends zum Homeoffice ab. Zahlreiche Bauruinen oder Baulücken dürften also noch viele Jahre vom Zusammenbruch der Signa künden. Auch die Insolvenzverwalter sind skeptisch. Sie garantieren den Gläubigern nur eine Quote von 30 Prozent, und Wolfgang Peschorn, Anwalt der Republik, bezweifelt sogar, dass dieser Wert erreicht wird.

Der Hauptgrund für den Pessimismus fast aller Handelnden liegt in den weiter hohen Zinsen und Baukosten – beides schon Gründe für den Tod der Signa. Der Gewerbeimmobilienindex für Deutschland der Bundesbank weist für 2023 einen Wert von 134,9 aus, weit unter dem Höchststand von 171,6 aus 2019 und sogar unter dem Wert von 2016. Auch für 2024 erwarten Immobilienexperten keine durchgreifende Besserung.

Bis der Markt erneut die Boomhöhen der Jahre um 2019 erreicht, dürfte es etliche Zeit dauern. Erst wenn die EZB die Leitzinsen spürbar gesenkt hat und Deutschland und Österreich wirtschaftlich wieder in Schwung kommen, werden die Immobilienpreise wieder steigen.

Die schlechte Verwertungslage wird auch sichtbare Spuren in den Bilanzen vieler Investoren hinterlassen, so wie in den 1990er Jahren die Schneider-Pleite in den Bilanzen der kreditgebenden Banken. Versicherungskunden werden das mit höheren Beiträgen bezahlen, Angehörige von Pensionskassen mit sinkenden Rentenzahlungen und Aktionäre mancher Banken mit sinkenden Dividenden. Die Verantwortlichen für die leichtfertige Geldvergabe an die Signa, die Vorstände, scheinen dagegen weitgehend ungeschoren davonzukommen.

Dass Benko unter tätiger Mithilfe der Immobiliengutachter und Wirtschaftsprüfer seine Immobilien sehr hoch bewertet hatte, macht es für die Insolvenzverwalter der Signa umso schwieriger, gute, die Erwartungen erfüllende Preise zu erzielen. Und etliche Projekte werden in der von der Signa erdachten Form wohl nie fertiggestellt werden.

Hier finden denn auch die Parallelen zwischen den beiden Baupleitiers René Benko und Jürgen Schneider ihr Ende. Vieles von dem, was die Signa erdacht und gebaut hat, wird später einmal ganz anders dastehen als geplant. Manche Baulücken werden wohl bleiben. Sie sind Mahnmale einer wilden Wachstumsstrategie, angetrieben vom Ehrgeiz eines Mannes und der Gier und der Faulheit vieler seiner Investoren.

KAPITEL 17

Die Komplizen – das erneute Versagen der Wirtschaftsprüfer nach Wirecard

Als die Signa-Gesellschafter nach einigen Verzögerungen im Mai 2023 die Bilanzen für 2022 zu Gesicht bekamen, war die Finanzlage schon dramatisch. Die Bilanzen aber lasen sich so unaufgeregt wie eine Seite von Marcel Prousts *Auf der Suche nach der verlorenen Zeit*. Ja, man schrieb nach den Regeln der internationalen Rechnungslegung (IFRS) netto hohe Verluste, und auch die Werte der Immobilien in den Bilanzen waren geschrumpft. Eine Dividende, das war recht schnell klar, würde es keine geben. Aber niemand konnte beim Studium der Jahresabschlüsse auf die Idee kommen, dass alle wichtigen Gesellschaften der Signa sieben Monate später pleite sein würden.

Noch besser sah es in der Bilanzierung nach dem österreichischen Unternehmensgesetzbuch (UGB) aus, die parallel erstellt wurde. Dr. Helge Löffler, Partner der Wirtschaftsprüfungsgesellschaft KPMG in Linz, fand im Anhang zur Bilanzprüfung der Immobiliengesellschaft Prime Selection beruhigende Worte: »Am 24. Februar 2022 ist ein Krieg in der Ukraine ausgebrochen, der bisher nicht beendet wurde. Die Europäische Union und andere führende Nationen haben Sanktionen gegen Russland beschlossen, die weiterhin direkte und indirekte Auswirkungen auf ganz Europa haben. Die Immobilienbranche ist überwiegend indirekt durch einen Mangel an Baustoffen, Lieferverzögerungen und Preisanstiege betroffen. Diese Faktoren führten in Verbindung mit ebenfalls stark gestiegenen Zinsen zu einer ausgeprägten Volatilität auf den internationalen Finanzmärkten.

Die monetären Auswirkungen ergeben sich für die Gesellschaft allenfalls mittelbar über die Bewertung der Anteile an verbundenen Unternehmen und Beteiligungen. Die Tochtergesellschaften bwz. (sic!) Beteiligungen versuchen diesen Auswirkungen durch ein aktives Management ihrer Bautätigkeiten sowie der Finanzierung in enger Abstimmung mit den Lieferanten bzw. Kreditgebern entgegenzuwirken. Erkennbare oder entstandene und im Wesentlichen indirekte Auswirkungen wurden in den Bewertungen zum Bilanzstichtag berücksichtigt.«

Man konnte davon ausgehen, dass Herr Löffler nicht scherzen wollte, als er schrieb, dass die »monetären Auswirkungen (…) sich allenfalls mittelbar über die Bewertung der Anteile an verbundenen Unternehmen und Beteiligungen« ergeben. Aber angesichts der damals eklatanten Finanznot der Signa und der nach den Pleiten Ende 2023 klar sichtbaren Überschuldung der Gesellschaften klingt die Sentenz wie ein Witz, wenn auch wie ein sehr schlechter. Und nach dem Fall Wirecard und dem Versagen des Prüfers – dort zeichnete EY die Bilanzen ab – stellen sich für Anleger erneut mindestens zwei Fragen: Was taugt eine testierte Bilanz? Und: Wie unabhängig agieren Prüfer?

Im Fall Wirecard steht eine endgültige Antwort noch aus. Aber ein paar vorläufige gibt es schon. Die deutsche Bilanzprüferaufsicht Apas verhängte 2023 nach dem ausführlichen Studium der von EY testierten Bilanzen eine Strafe von einer halben Million

Euro und beschloss, dass die Wirtschaftsprüfer in Deutschland für zwei Jahre keine neuen Prüfungsmandate börsennotierter Gesellschaften annehmen dürfen.

Sehr viel teurer können zivilrechtliche Klagen kommen. Der Wirecard-Insolvenzverwalter fordert Schadensersatz in Höhe von 1,5 Milliarden Euro. Die Aktionärsvertretung DSW klagt 700 Millionen ein und die Commerzbank hätte gerne 200 Millionen Euro von EY.

Bei Wirecard dauerte es nach der Pleite 2020 drei Jahre, bis erste Konsequenzen sichtbar wurden. Sollte es zu Klagen, straf- oder zivilrechtlichen Folgen für die Prüfer der Signa kommen, so wird sich das noch einige Zeit hinziehen. Und bis dahin gilt die Unschuldsvermutung. Seit Mai 2024 aber lassen die Sanierungsverwalter der insolventen großen Signa-Gesellschaften prüfen, ob sie Ansprüche gegenüber den Wirtschaftsprüfern geltend machen. Erste Gutachter wurden zu dem Zeitpunkt angesprochen.

Am weitesten war dabei offensichtlich die Signa Holding. Das Handelsgericht Wien hat hier, wie es in der österreichischen Ediktensammlung heißt, »für die Prüfung und Geltendmachung von Ansprüchen gegen den Jahresabschlussprüfer der Schuldnerin, BDO Assurance GmbH Wirtschaftsprüfungs- und Steuerberatungsgesellschaft«, eigens einen eigenen Verwalter eingesetzt: den Wiener Anwalt Raoul Wagner.

Eile war geboten, denn die Ansprüche müssen innerhalb von sechs Monaten nach Insolvenzbeginn geltend gemacht werden. Die Holding ging Ende November 2023 pleite, die Immobiliengesellschaften Prime Selection und Development Selection einen Monat später; die Fristen laufen also Ende Mai beziehungsweise Juni ab. »Das muss ausjustiziert werden«, heißt es dazu aus dem Umfeld eines Sanierungsverwalters. Man gehe dem Verdacht nach, dass fahrlässig geprüft worden sei. Als gesetzliche Grundlage für das Vorgehen dient unter anderem der Paragraf 275 (2) des österreichischen Unternehmensgesetzbuches, der den Abschlussprüfer bei Vorsatz oder Fahrlässigkeit »zum Ersatz des daraus entstandenen Schadens verpflichtet«.

Im Fokus der Sanierungsverwalter stehen die BDO als Prüfer der Holding sowie die KPMG als Bilanzprüfer von Prime und Development. Der Sanierungsverwalter der Prime, Norbert Abel, sagte dazu im Frühling 2024 gegenüber den Autoren dieses Buches: »Die Aufarbeitung sämtlicher potenzieller Ansprüche wird weiterhin intensiv verfolgt, und diese werden fristgerecht geltend gemacht.«

Ebenfalls betroffen sein könnten die Wirtschaftsprüfer von PwC, die bei der Prime unterstützend gearbeitet haben. Damit würden drei der fünf weltweit größten Wirtschaftsprüfer in den Strudel der Signa-Pleite gezogen. Dazu könnten möglicherweise noch Berater kommen wie die TPA Steuerberatung, die das Erstellen der Signa-Holding-Bilanz vorbereitete und nach Selbstauskunft eines der größten österreichischen Steuerberatungsunternehmen ist. Deren Partnerin Karin Fuhrmann gilt als langjährige Vertraute von René Benko und amtierte als Vorständin der Familie Benko Privatstiftung. Auch hier gilt die Unschuldsvermutung.

Angesichts des Milliardenschadens durch die Signa-Insolvenzen drohen den Wirtschaftsprüfern teils hohe Zahlungen und darüber hinaus handfeste Nachteile, wie der Verlust von Mandaten.

Klar ist schon jetzt, dass die Bilanzen der Signa kein durchgängig realistisches Bild der Unternehmen zeichneten. Denn bald nach den Insolvenzen wurde offensichtlich, wie verzweifelt knapp das Geld 2022 bereits war. Und bisher haben die diversen Sanierer und Insolvenzverwalter den Gläubigern nur eine Quote von 30 Prozent versprochen. Zwei von drei Euro könnten also als verloren gelten. Die Aktionäre, so sieht es Mitte 2024 aus, werden ohnehin leer ausgehen.

Warum also bildete sich das nicht in den Bilanzen ab? Warum wurden Risiken wie das Zinsrisiko und seine potenziellen

Folgen so verniedlichend beschrieben wie mit den Worten des KPMG-Prüfers? Warum finden relevante Signa-spezifische Risiken keine Erwähnung in den Bilanzen – etwa die Put-Optionen, mit denen Benko zahlreiche Kapitalgeber ausstattete. Diese Regelung erlaubte es etlichen Gesellschaftern wie Torsten Toeller, Klaus-Michael Kühne oder Roland Berger vertraglich, zu guten Konditionen auszusteigen.

Das Eigenkapital der Signa war sehr fluid, und natürlich flüchten Eigenkapitalgeber insbesondere dann, wenn eine Gesellschaft Probleme bekommt. Also dann, wenn ihr Kapital am nötigsten gebraucht wird. Österreich hat deshalb strenge Eigenkapitalvorschriften, strenger als in vielen anderen europäischen Ländern. Die »Einlagenrückgewähr« ist verboten und kann strafrechtlich verfolgt werden. Das Verbot erschwert nicht nur die Auszahlung des Eigenkapitalgebers, sondern auch Kapitalflüsse zwischen einzelnen Gesellschaften. Beides ist bei der Signa insbesondere in ihren letzten Monaten und Jahren häufig geschehen.

Die Wirtschaftsprüfer hätten keinen guten Job gemacht, sagt ein bilanziell kundiger Vertreter eines Gesellschafters. Und meint damit vor allem KPMG für die Prüfung der zentralen Gesellschaften Prime Selection und Development Selection sowie BDO für die Prüfung der Signa Holding. In einigen Fällen dürfte am Ende auch juristisch geklärt werden, welche Informationen Benko und seine Geschäftsführer an die Wirtschaftsprüfer gegeben haben und ob die Prüfer ausreichend nachgefragt haben. Ob Benko und sein Finanzchef Manuel Pirolt beispielsweise gegenüber den Wirtschaftsprüfern erwähnt hatten, dass viele Gesellschafter die vertragliche Zusicherung hatten auszusteigen und dafür den Kurswert zu kassieren.

Für Benko war die Testierung der Bilanzen die Voraussetzung dafür, dass er bei Banken und Gesellschaftern überhaupt Geld bekam. Sätze wie »unsere Bewertung wird nicht im stillen

Kämmerlein oder von mir und unserem Management gemacht. Ganz im Gegenteil haben wir eine sehr transparente Governance für unsere Aktionäre und Investoren«, gehörten zu Benkos Standardausführungen gegenüber Journalisten. Regelmäßig sprach er auch gegenüber potenziellen Investoren von »den internationalen Gutachtern« und einem »dreistufigen Verfahren«.

Zuständig für die Betreuung der Wirtschaftsprüfer war vor allem sein Finanzchef Manuel Pirolt, der als Wirtschaftsprüfer für BDO gearbeitet und den Benko für die Signa abgeworben hatte. Meist bildet der Finanzvorstand in börsennotierten Gesellschaften einen wichtigen internen Gegenpart zum Vorstandsvorsitzenden. Das Verhältnis zwischen dem auch ohne formales Amt eigentlichen Signa-Chef Benko und seinem Finanzmann war anders. Gelegentlich musste sich Pirolt in Sitzungen von Benko vor Zeugen beschimpfen lassen, während eine scharfe Widerrede Pirolts nicht bekannt ist. So konnte es Benko gelegentlich gar nicht leiden, wenn sein Finanzchef nach einem langen Arbeitstag auch mal nach Hause wollte.

Spricht man Pirolt heute auf sein Verhältnis zu Benko an, so entschuldigt er ihn sogar. »Da, wo gehobelt wird, fallen Späne, und es wird auch mal laut, wenn der Druck steigt«, erklärt er den groben Umgang miteinander in einem Interview mit dem *manager magazin* im Juni 2024. Pirolt, gegen den die Staatsanwaltschaft ebenso ermittelt wie gegen Benko, streitet jedes Fehlverhalten ab. Bis heute scheint ihm jede Distanz zu fehlen, mit seinem Vollbart und der kräftigen Statur könnte er sogar als Benkos Double durchgehen. Er bereue nichts, sagt Pirolt, »ich war weder Sklave noch Vasall«.

Ein früherer hoher Signa-Manager nennt ihn »den Buchhalter des Paten«, wobei kriminelles Fehlverhalten Benkos oder Pirolts, so es denn vorgekommen sein sollte, erst bewiesen werden müsste und von beiden abgestritten wird. Aber klar ist, dass Geschäftsführer wie Pirolt oder Marcus Mühlberger durch ihre gleichzeitigen Funktionen in Benkos Stiftungen formal mehreren Herren dienten: den Signa-Gesellschaften und den davon unabhängigen Stiftungen, die von der Familie Benkos dominiert wurden.

Nach außen aber sah in den Signa-Bilanzen alles sehr professionell und gut aus, wie üblich bei der Signa. Als erstes bewerteten Immobilienexperten die einzelnen Grundstücke und die darauf stehenden Immobilien. Verantwortlich zeichneten unter anderem Jones Lang LaSalle, CBRE oder Cushman & Wakefield, allesamt international renommierte Größen, sie bewerteten nach den anerkannten Richtlinien der European Public Real Estate Association. Verantwortlich für die Höhe des Werts sind vor allem die Lage des Objekts, der Zustand und die Mieten, die bezahlt werden.

Im Anschluss schauten sich die Prüfer von PwC Austria – ebenso wie KPMG und BDO weltweit anerkannt – die Bewertungen auf Plausibilität an. Für jedes Objekt wurde dann auch festgehalten, wie hoch das Risiko einer Fehleinschätzung ist (»niedrig«, »mittel«, »hoch«). Meist habe PwC »niedrig« geurteilt, schreibt ein Gesellschafter der Prime in einer internen Dokumentation. Sogar das Risiko einer falschen Elbtower-Bewertung galt PwC 2022 demnach wohl als »niedrig«. Die PwC berechnete auch den Net Asset Value pro Anteil der Gesellschafter, damit ließ sich der Kurswert jedes Anteils ausweisen.

Von PwC bekam KPMG die Zahlen der Immobiliengesellschaften, prüfte und testierte bis einschließlich 2021 regelmäßig stark steigende Immobilienwerte und für 2022 im Verhältnis zum restlichen Markt geringe Abschläge. »Insgesamt war dies m. E. ein sinnvoller Prozess, der sich an den bestehenden Guidelines orientiert hat und auch von mehreren vertrauenswürdigen Drittfirmen getragen wurde«, heißt es weiter in dem Bericht, den ein Prime-Gesellschafter 2023 zur internen Verwendung erstellen ließ.

Wo aber liegt dann der Fehler im System, wenn es denn einen gab? Klar ist, dass Immobilienbewerter wie Cushman & Wakefield oder Jones Lang LaSalle eher ein Interesse an hohen Bewertungen haben, denn ihr Honorar richtet sich üblicherweise nach dem Wert der Immobilie. Sie werden beauftragt und bezahlt vom Besitzer der Immobilie, werden also auch deshalb seinen Argumenten eher folgen als widersprechen, jedenfalls wenn sie sich damit innerhalb der Regularien bewegen.

Immobilienbewerter sind somit genauso unabhängig oder abhängig wie Ratingagenturen, die die Kreditwürdigkeit von Unternehmen oder die Ausfallwahrscheinlichkeit von Finanzprodukten bewerten. Die Ratingagenturen Standard & Poor's, Moody's und Fitch Ratings haben ihren Teil zur Finanzkrise 2008 beigetragen. Sie bewerteten die Risiken von Finanzprodukten, in denen reihenweise Immobilienkredite steckten, die dann ausfielen, viel zu gering.

So wie die Finanzprodukte der Kategorie Subprime von außen kaum durchschaubar waren, so blickten die Gesellschafter der Signa auch nicht tief in die Immobilienbewertungen. Sie erhielten zwar den PwC-Bericht etwa sechs Monate nach Abschluss des Geschäftsjahres. Sie kannten aber in der Regel nicht die Bewertungen der einzelnen Objekte. Sichtbar wurde allerdings gelegentlich, dass in der Regel hohe Mieterträge zu dem hohen Wert geführt hatten.

»Die Mietverträge für die Objekte waren vermutlich der Haupt-Stellhebel der Signa, um die Bewertung der Objekte zu beeinflussen«, heißt es in der Dokumentation des Gesellschafters. Selbst für die meisten Objekte der Warenhauskette Galeria Karstadt Kaufhof sei die Miete als »marktüblich« bezeichnet worden. Inzwischen ist aber längst klar, dass die Prime Selection die Mieten für Galeria und Häuser wie das KaDeWe so hochgeschraubt hatte, dass sich das Handelsgeschäft dort kaum rentieren konnte.

Galeria-Warenhäuser in Gebäuden anderer Vermieter waren in der Regel günstiger zu mieten und deshalb auch eher profitabel.

Welche Schlüsse lassen sich aus der Analyse der Bilanzen aus heutiger Perspektive ziehen? Die testierten Bilanzen, die den Gesellschaftern, Banken und anderen Geldgebern präsentiert wurden, mögen – bis zum Beweis des Gegenteils – regelgerecht gewesen sein. Der ganze Prozess ihrer Erstellung mit den Immobilienbewertern, PwC als Bindeglied und KPMG und BDO als Hakelmacher war aufwändig. Aber letztlich erfüllten die testierten Bilanzen ihre gesetzliche Aufgabe nicht, Transparenz über die finanzielle Lage herzustellen. Stattdessen konnte Benko sie zu Werbezwecken nutzen.

Außerdem legte Benko nie eine konsolidierte Konzernbilanz vor, also eine Bilanz, die die Geldflüsse zwischen den einzelnen Gesellschaften herausrechnete. Dabei machte er sich auch eine Schwachstelle des österreichischen Unternehmensrechts zunutze: Er konnte die Signa Holding als sogenannte kleine GmbH ins Firmenbuch eintragen lassen, obwohl sie eine Bilanzsumme von mehreren Milliarden Euro hatte. Weil sie aber weniger als 50 Mitarbeiter und weniger als 10 Millionen Euro Umsatz aufwies, musste sie keinen testierten Jahresabschluss vorweisen.

Obwohl sie schon dem Namen nach eine Holding war, also eine Gesellschaft, die unter ihrem Dach mehrere Töchter hält, galt sie juristisch nicht als Muttergesellschaft. Deshalb entfiel die Pflicht einer konsolidierten Konzernbilanz, die einzelne Gesellschafter immer mal wieder erfolglos gefordert hatten.

Für die so gewagte Architektur sorgte zum einen Prime- und Development-Finanzchef Manuel Pirolt, der nebenbei auch Geschäftsführer bei Benkos Laura Privatstiftung war. Zum anderen war die Steuerberaterin und Wirtschaftsprüferin Karin Fuhrmann entscheidend, die in Österreich mehrfach als »Steuerberaterin des Jahres für Immobilien und Bauwirtschaft« ausgezeichnet wurde und eine der wenigen weiblichen Führungskräfte im Umfeld der Signa war. Die burschikos auftretende Frau bereitete mit ihrer Kanzlei auch die Zahlen der Signa Holding für die Wirtschaftsprüfer BDO auf. Gleichzeitig war Fuhrmann Vorständin in der Privatstiftung Benkos, was auf einen Interessenkonflikt hindeuten könnte.

Jedenfalls haben Fuhrmann und ihre Firma TPA Steuerberatung Erfahrungen mit Insolvenzen. Die burgenländische Commerzialbank Mattersburg, in der eine Tochter der TPA als Wirtschaftsprüferin engagiert war, wurde 2020 wegen Bilanzfälschungen geschlossen und ging pleite. Drei Jahre später folgte die frühere TPA-Tochter in die Insolvenz. Zuvor hatte die zuständige Aufsichtsbehörde die Arbeit der Wirtschaftsprüfung als »unzureichend« klassifiziert.

Hat die Commerzialbank Mattersburg hohe Millionensummen erfunden und die Bilanz nachweislich gefälscht, so agierte die Signa mit der Hilfe Fuhrmanns als Halbschattengewächs in der Konzernwelt. Sie gerierte sich als solide, kapitalmarktfähige Gesellschaft und zog damit Kapital an – so 2022 die Projektsparte Development mit einer Anleihe über 300 Millionen Euro. Gleichzeitig war sie so intransparent wie ein Familienunternehmen, als das sie René Benko auch bezeichnete.

Selbst die simpleren Jahresabschlüsse der Holding hielt Benko vor der Öffentlichkeit zurück. Die Bilanzen für die Jahre seit 2020 tauchten erst im Herbst 2023 im österreichischen Firmenbuch auf. Die Strafen, die die zuständigen Geschäftsführer zahlen mussten, übernahm die Firma. Aber letztlich war das in Anbetracht des Geldbedarfs nur Kleingeld, einige Zehntausend Euro. Etwa die Summe, die Benko gelegentlich auf Firmenkosten für ein paar Flaschen Rotwein ausgab.

Die Signa, ihre gesellschaftsrechtliche Form und ihre bilanzielle Aufstellung, war genau die Konstruktion, die Benko für seine Geschäfte benötigte: Voneinander abgeschlossene Silos, die nur er und wenige andere Getreue sämtlich kannten. Alle anderen blickten nur in Teile des Ganzen, ein Informationsfluss über die Grenzen existierte kaum und war von Benko ausdrücklich nicht erwünscht.

Eines von zahllosen Beispielen für die Abschottung der Gesellschaften: Als der »Fressnapf«-Gründer Torsten Toeller 2017 seine Anteile aus der Immobiliengesellschaft Prime nahm und in die Holding verfrachtete, bat er sich aus, weiter die Aufsichtsratssitzungen der Prime verfolgen zu dürfen, nun als Gast. Als er sich dort mit Fragen zu Wort melden wollte, soll ihn der Aufsichtsratsvorsitzende und Benko-Spezi Alfred Gusenbauer beschieden haben: »Gastrecht heißt nicht Fragerecht.« Gusenbauer streitet das ab.

Wenn es Fragen gab, sollten die Gesellschafter diese bitte persönlich an Benko stellen. In der Regel traf er sich mehrmals jährlich mit den wichtigen Anteilseignern und nahm sich Zeit; in München etwa lud er Roland Berger in die Präsidentensuite des Bayerischen Hofes ein. So monopolisierte er den Informationsfluss und konnte im Zweifelsfall jeweils die Geschichte erzählen, die auf die jeweilige Situation und den Fragenden passte. Überprüfen ließ sie sich kaum. Gleichzeitig fühlten sich viele der Gesellschafter geschmeichelt, weil Benko sich für sie so viel Zeit nahm.

Inzwischen, wenn auch zu spät, sehen die Gesellschafter klarer. Sie haben erkannt, dass schon viele Jahre, schon seit 2017, der Free-Cash-Flow in der Hauptgesellschaft Prime Selection negativ war. Dass also die Einnahmen durch Mieten und Verkäufe nicht die Ausgaben deckten für neue Immobilien. Stattdessen musste das Geld durch Kapitalerhöhungen, neue Gesellschafter und Kredite hereinkommen, um das System am Laufen zu halten.

Wendelin Wiedeking sprach gegenüber Vertrauten schon 2016 von einem »Schneeballsystem«, das Benko installiert habe, und stieg aus der Signa aus. Aber war die Signa tatsächlich ein Schneeballsystem, ein Ponzi-Scheme, wie es der amerikanische Hedgefonds-Manager Bernie Madoff installiert und damit Milliarden Kundengelder eingesammelt hatte? Folgt man einer gängigen Definition bei Wikipedia handelt es sich bei einem Schneeballsystem um ein Geschäftsmodell, das zum Funktionieren eine ständig wachsende Anzahl an Teilnehmern benötigt. Man kann sich an einen Schneeball erinnert fühlen, der den Hang hinabrollt und dabei stetig wächst, bis er eine vernichtende Kraft erreicht. Die ausgewiesenen Gewinne entstehen fast ausschließlich dadurch, dass neue Teilnehmer in dem System mitwirken und frisches Kapital einbringen.

Das für die Signa zu behaupten ist nicht nur juristisch heikel, es ist auch zweifelhaft. Denn tatsächlich entstanden immer neue Immobilien, die ihren Wert hatten und haben.

Ein langjähriger Vertrauter Benkos und Spitzenmanager sagt, die Signa sei ab einem gewissen Zeitpunkt zu einer sehr speziellen Art von Schneeballsystem geworden. Benko habe immer größere, auffälligere Gebäude kaufen oder errichten müssen, habe immer spektakulärere Übernahmen gebraucht, um neue Investoren auch außerhalb Europas zu finden. Das Chrysler Building, der Elbtower oder die Übernahme der britischen Luxus-Handelskette Selfridges gewissermaßen als Werbung für neue Geldgeber aus Asien oder dem arabischen Raum – das klingt verrückt. Aber so könnte es gewesen sein.

Diese avancierte Geschichte allerdings kann keine Bilanz erzählen. Die Wirtschaftsprüfer haben Benko nur geholfen, der Kundschaft den Eindruck eines soliden, transparenten und gut verdienenden Unternehmens zu vermitteln – und damit ein Zerrbild zu zeichnen.

KAPITEL 18

René Benko im Klagegewitter – Politiker, Staatsanwälte und Investoren stoßen auf merkwürdige Vorgänge

René Benko eilt an den Fotografen und Kameraleuten vorbei, die auf seinem Weg ins österreichische Parlament Spalier stehen. Das imposante Gebäude am Dr.-Karl-Renner-Ring in Wien gleicht mit seinem reich verzierten Portal, dem vielen Pomp und den massiven Säulen einem griechischen Tempel. Ein Bauwerk, das eigentlich den extravaganten Geschmack Benkos treffen sollte.

Doch der Tiroler wirkt gehetzt, er besitzt an jenem Mittwoch des 22. Mai 2024 kein Auge für die neoklassizistische Architektur. Zielstrebig steuert er auf den Sitzungssaal zu, wo die Mitglieder des Untersuchungsausschusses auf ihn warten – hier wird spürbar, dass Österreichs einstiger Immobilienzampano die Götterdämmerung schon hinter sich hat. Vor den Politkern und den Kameras steht ein Gescheiterter.

Der Untersuchungsausschuss mit dem Titel: »Zwei-Klassen-Verwaltung wegen Bevorzugung von Milliardären durch ÖVP-

Regierungsmitglieder« wurde von der rechtspopulistischen FPÖ und den österreichischen Sozialdemokraten, der SPÖ, eingesetzt. Im Kreuzverhör wollen sie herausfinden, ob »Milliardäre« von staatlichen Institutionen wie der Covid-19-Finanzierungsagentur des Bundes bevorzugt behandelt worden sind, wenn sie Gelder an die ÖVP gespendet haben oder die Partei in ihnen zumindest potenzielle Spender gesehen hat.

Für 10 Uhr ist der Termin angesetzt, Benko ist spät dran. Diesmal erscheint er immerhin. Zuvor hatte er mehrere Termine im März und April verschieben, absagen oder platzen lassen. So entschuldigte sich der Tiroler mal wegen eines Gerichtstermins im Landgericht Innsbruck, mal begründete sein Anwalt Norbert Wess die Absage damit, dass es unmöglich sei, einen »Überblick über die gegenüber René Benko erhobenen Vorwürfe zu erhalten«. Die Strafverfolgungsbehörden würden in bestimmten Fällen noch prüfen, ob überhaupt ein Anfangsverdacht vorliege. Seinem Mandanten sei es jedenfalls aufgrund mangelnder Kenntnis der gegen ihn erhobenen Vorwürfe »zum jetzigen Zeitpunkt faktisch unmöglich, sich gemeinsam mit seinem Rechtsbeistand auf eine Einvernahme« vor dem Untersuchungsausschuss vorzubereiten. Ein anderes Mal stellte Wess fest, dass sich die »Informationslage bisher nicht verbessert hat und die wichtigen Entschuldigungsgründe daher – nach wie vor – gegeben sind«.

Ende April wird es den Parlamentariern zu bunt, sie beschließen, Benko behördlich vorführen zu lassen. Wess reagiert sofort, setzt ein Schreiben auf, in dem er darauf hinweist, dass »verbindlich zugesagt wurde, einer Ladung für den 22.05.2024 Folge zu leisten«. Benko in Begleitung der Polizei? Kein gutes Bild für einen Unternehmer, der fürchten muss, bald auch vor einem Gericht zu stehen. Am Ende siegt ein Kompromiss, der alle Seiten das Gesicht wahren lässt: Benko wird zwar von Polizisten ins Parlament begleitet, allerdings erscheinen die Beamten in Zivil.

Vier Stunden lang wird er den Abgeordneten Rede und Antwort stehen, die sich auch für sein politisches Netzwerk interessieren. Die Frage ist, ob die staatliche Covid-19-Finanzierungsagentur (Cofag) die Gesellschaften von René Benko in der Pandemie zu üppig finanziert hat, obwohl ihnen eigentlich keine oder nur weniger Gelder zugestanden hätten. Insgesamt sind Signa-Gesellschaften nach Informationen des Ausschusses mit einem zweistelligen Millionenbetrag unterstützt worden.

Es ist 10.21 Uhr, als sich Benko das erste Mal zu Wort meldet. Er trägt einen dunklen Anzug, ein weißes Hemd und eine blaugraue Krawatte. Die formelle und teuer aussehende Kleidung täuscht nur schlecht darüber hinweg, dass die letzten Wochen und Monate dem Baumeister der Signa zugesetzt haben. Seine Augen wirken geschwollen, der Gesichtsausdruck müde.

Er startet mit einem allgemeinen Statement: Er habe Anfang April seinen Auftritt im Untersuchungsausschuss mit der Begründung abgesagt, dass ihm der Überblick fehle. Aufgrund einer »Vielzahl an Anzeigen und Vorwürfen« sei ihm nicht klar, wo er die Aussage verweigern könne, um sich selbst nicht zu belasten. Deshalb müsse er auch jetzt »jede einzelne Frage prüfen«. Die kommenden Stunden verlaufen zäh. Immer wieder stecken Benko und sein Anwalt die Köpfe zusammen, beraten sich bei ausgeschaltetem Mikrofon. Norbert Wess beugt sich dann tief nach vorne, damit niemand ihm von den Lippen lesen kann.

Der Untersuchungsausschuss ist nicht die Staatsanwaltschaft. Aber wenn Benko hier patzt und unbedacht plaudert, kann das auch juristisch für ihn Folgen haben. Im Frühjahr 2024 besitzt der Signa-Eigner mindestens so viele Gegner wie seine Signa früher Gesellschaften.

Im Zentrum des Interesses stehen gleich mehrere Punkte: Die Politiker erhoffen sich Details zur Funktion von Ex-Bundeskanzler Alfred Gusenbauer, der für Benko als Berater und Aufsichtsrat unter Vertrag stand. Sie interessieren sich für Benko als »faktischen Geschäftsführer« der Signa, eine Rolle, die ihm viele zuschreiben und für die auch einige Dokumente sprechen, die er aber dementiert. Stattdessen weist er darauf hin, seit 2013 keine offizielle Funktion innegehabt zu haben.

Fragen gibt es auch zum Chalet N, Benkos Luxushütte im Skigebiet Arlberg, benannt nach seiner zweiten Ehefrau Nathalie. Offiziell wird das Haus im Tiroler Hüttenstil, das sich in Oberlech breitmacht, zwar als Hotel geführt, aber kaum angeboten oder gar gebucht. Die Gästeliste notiert vor allem den Namen Benko, Familienmitglieder oder Freunde. Während der Pandemie residierte der Immobilienmilliardär selbst dort, er war zeitweise mit Corona infiziert – zu einem Zeitpunkt, als Hotels nicht öffnen durften.

Insgesamt erhielt die Betreibergesellschaft des Chalet N 1,1 Millionen Euro an Coronahilfen, und das möglicherweise unrechtmäßig. Das Chalet N ist ebenso wie andere Luxusimmobilien oder Benkos Privatjet Gegenstand eines laufenden Steuerverfahrens, worauf Benko verweist und lieber schweigt. Schon vor dem Erscheinen Benkos hatte Anwalt Norbert Wess die Erwartungen heruntergekocht: »Es gibt nichts, wo er antworten müsste, außer bei Vornamen, Nachnamen und Geburtsdatum.« Es verstreichen die Minuten und Stunden, am Ende wird Benko sich in fast 50 Fällen nicht mehr erinnern, keine Meinung haben oder entschlagen, also von seinem Recht Gebrauch machen, sich in laufenden Verfahren nicht selbst zu belasten.

Benko ist mittlerweile Dauergast bei Befragungen, in Rechtsanwaltskanzleien und Gerichtssälen. Viele jagen den Signa-Gründer, viele wollen Geld von ihm zurückbekommen, einige wollen ihn hinter Gittern sehen. Auch Politiker, die früher teils gut von Benko gelebt haben, gehen nun auf größtmögliche Distanz. Die Justizbehörden haben personell enorm aufgerüstet. So untersucht ein halbes Dutzend Ermittler der Wiener Wirtschafts- und Korruptionsstaatsanwaltschaft die Causa Benko. Sie arbeiten eng zusammen mit Polizeibeamten der Soko Signa und haben schon einige Haus- und Bürodurchsuchungen initiiert. Ende Juni 2024 filzten die Ermittler Benkos Villa in Igls bei Innsbruck und einen weiteren Wohnort der Familie, um Unterlagen zu den vermuteten Betrugsfällen ausfindig zu machen. Man arbeite mit den Behörden zusammen, teilte Benkos Anwalt mit.

Das präsenteste Gesicht des österreichischen Staates im Falle Benko ist das von Wolfgang Peschorn. Der Jurist sitzt der Finanzprokuratur vor und ist damit der erste Anwalt der Alpenrepublik. Er hatte Ende Januar am Landgericht Innsbruck einen Antrag auf Insolvenz gegen René Benko als Privatunternehmer gestellt. Als Begründung dienten ihm offene Steuerforderungen und eine von Benko nicht gezahlte Tranche des vereinbarten Sanierungszuschusses an die Holding.

Benko kommt einem Insolvenzbescheid des Innsbrucker Gerichts zuvor und meldet selbst Konkurs als Einzelunternehmer an. Das Verfahren beinhaltet sämtliches Privatvermögen und sein Beratungsunternehmen – und gibt nun den Insolvenzverwaltern die Chance, sämtlichen Konten Benkos nachzuspüren.

Noch im selben Monat, im März 2024, geht auch eine der wichtigsten Stiftungen von Benko in die Insolvenz, die Familie Benko Privatstiftung. Benko hatte sie 2001 mit seiner Mutter Ingeborg aufgesetzt, sie hält 10,1 Prozent an der ebenso insolventen Holding. Zweck der Stiftung ist der Erhalt der Signa-Gruppe und die »Sicherung der Versorgung der Begünstigten«, sprich René Benkos bis zu seinem Ableben, danach Verwandte und Nachfahren, »wobei Entscheidungen so zu treffen wären, wie sie ein ›verantwortlicher Familienvater, der gleichzeitig Unternehmer ist‹, treffen würde«, heißt es darin. Später wird der Zweck erweitert um die »Errichtung von Substiftungen (…) sowie die Übertragung von Vermögen auf andere Stiftungen in- und ausländischen Rechts«.

Doch seit Ende 2021 konnte die Familienstiftung ihrem Zweck nicht mehr gerecht werden. Ab da erhält sie, »infolge der angespannten Liquiditätslage der Muttergesellschaft SIGNA Holding GmbH keine Bilanzgewinnausschüttungen mehr auf ihre Gesellschaftsanteile hin«, heißt es im Insolvenzbericht von Ende Mai, damit musste »die Stiftung selbst extreme Verbindlichkeiten eingehen«.

Trotzdem vergab die Privatstiftung großzügig Darlehen, etwa an René Benko persönlich und andere Signa-Gesellschaften wie die Holding. »Die Geldströme im Konzern selbst und letztlich zur insolventen Muttergesellschaft Signa Holding GmbH«, werden »noch zu prüfen sein«, schreibt der zuständige Insolvenzverwalter Herbert Matzunski.

Auf die Spur des Geldes haben sich längst auch andere gemacht, Gläubiger und Gesellschafter, Ex-Mitarbeiterinnen und -Mitarbeiter mit offenen Rechnungen. Sie setzen Detektive ein, national wie international, die bei der Vorbereitung von Klagen helfen sollen. Gesucht werden Zeugen, Mitwisser und Mittäter, die bereit sind, gegen René Benko auszusagen.

So prüfen Gesellschafter und Geldgeber, die sich geprellt fühlen, im Frühsommer 2024 eine Klage. In dem Kreis der Millionäre und Milliardäre, die sich juristisch wappnen und eng austauschen, sind etwa Ex-Signa-Berater Berninghaus, Logistik-König Kühne, Holdinginvestor Arthur Eugster und Autodynast Robert Peugeot. Sie hoffen auf Entschädigung aus Benkos noch solventen Privatstiftungen, in denen sie reichlich Besitzstände vermuten.

Viele Gläubiger versuchen noch etwas für sich herauszuholen und greifen zu teils unkonventionellen Mitteln. Auch die Autoren dieses Buches werden Ende März angeschrieben. Per E-Mail geht ein Gesuch aus einem Land ein, das nicht der EU angehört: »Wir arbeiten momentan an einem neuen Fall bzgl. Signa Holding, und Ihre Recherche und Ermittlungen waren/sind sehr hilfreich. Hätten Sie in den naechsten Wochen (...) Zeit fuer ein Telefonat und evtl Kaffee in Hamburg.«

Das Treffen mit dem Mann, der seinen Auftraggeber nicht nennen will, findet Anfang April in der Hafencity statt. Der hartnäckige Rechercheur, der schon viele geheime Konten aufdeckte, sei es in den klassischen Offshore-Gegenden, der Schweiz oder Russland, ist zugewandt und freundlich. Man isst zu Mittag und spricht über Recherchestände, Vermutungen und Spekulationen – wobei hier der Quellenschutz auf Seiten der Buchautoren enge Grenzen setzt.

Während Mister X für seinen Auftraggeber noch recherchiert und Informationen sammelt, haben andere ihre Klagen längst eingereicht oder eigene Leute ausgesandt, um Geld einzutreiben.

Schon früh hatte der Staatsfonds Mubadala Forderungen gegen die insolvente Holding angemeldet. Noch im Dezember, wenige Tage nach Insolvenzanmeldung, gibt Insolvenzverwalter Stapf bekannt, dass die Mubadala Investment Company in einem Eilschiedsverfahren versucht, von der Holding und anderen Signa-Gesellschaften 713 Millionen Euro einzuklagen.

Die Investmentgesellschaft agiert im Auftrag der Vereinigten Arabischen Emirate und will sich eigentlich auf langfristige, renditestarke Investments konzentrieren; so steckt sie hohe Millionensummen in Energie- oder Technologiekonzerne. Zuletzt gab sie ihr Gesamtvermögen mit 302 Milliarden Dollar an. Ihr Engagement bei Signa ist erst gut fünf Jahre alt und wurde politisch eingefädelt.

Es ist das letzte Wochenende im April 2018, als sich eine Delegation aus österreichischer Wirtschaft und Politik nach Abu Dhabi aufmacht. Der damalige Bundeskanzler Sebastian Kurz hatte als Ziel ausgegeben, »die bilateralen Beziehungen noch weiter zu vertiefen«. Begleitet wird er von einer hochrangigen Wirtschaftsdelegation, unter den Teilnehmern auch: René Benko.

Benko plant »konkrete Verhandlungen mit Mubadala«, die bei Signa einsteigen und sich »bei 23 Top-Immobilien«, darunter das Einkaufsviertel Goldenes Quartier in Wien, beteiligen sollte, wie es in einem internen Papier der österreichischen Regierung festgehalten ist. Sebastian Kurz und die Wirtschaftsbosse werden mit militärischen Ehren empfangen, bei einem Essen mit dem damaligen Kronprinzen Mohammed bin Zayed Al Nahyan trifft Benko auch den Chef von Mubadala, Khaldoon Khalifa Al Mubarak.

Im Jahr darauf fliegt Benko erneut mit einer Delegation des Bundeskanzlers nach Abu Dhabi. Sebastian Kurz macht für die Araber großen Zirkus, als Gastgeschenk überreicht er dem Kronprinzen einen Lipizzaner-Hengst aus der Spanischen Hofreitschule in Wien.

Für Benko verläuft die Reise nach Plan. Nach den Treffen gibt Mubadala erst 323 Millionen Euro im Jahr 2019, dann nochmals 175 Millionen Euro drei Jahre später an Signa aus. Macht knapp 500 Millionen Euro, die nun, Ende 2023, ordentlich verzinst, als 713-Millionen-Euro-Klage vor dem Schiedsgericht in Paris landen. Und die Kläger üben Druck aus: »Es besteht ein hohes Risiko, dass die Kläger einen ernsthaften oder einen nicht wiedergutzumachenden Schaden erleiden«, wenn das Gericht keine Maßnahmen ergreife, wie etwa alle Vermögenswerte, die binnen kurzer Zeit in Bargeld umgewandelt werden können, auf einem Treuhandkonto in London zu hinterlegen, heißt es in einem 38-seitigen Antrag an das Gericht von Ende Mai 2024.

Damit ist der potente Staatsfonds nicht allein: Al Mirqab Capital aus Katar fordert ebenfalls in einem Schiedsverfahren 296 Millionen Euro zurück. Das private Investmentvehikel von Scheich Hamad bin Jassim bin Jaber Al Thani besitzt große Hotelkomplexe, steckt Geld in Energie- und Technologiekonzerne. Der 1959 geborene Politiker und Diplomat gehört zu den reichsten Männern der Welt, bis 2013 war er Premierminister von Katar.

Im Sommer 2024 laufen die Schiedsverfahren noch, doch den einflussreichen Männern aus dem Nahen Osten werden gute Chancen eingeräumt, diese zu ihren Gunsten zu entscheiden – wobei angesichts der desaströsen Finanzlage der Signa und der Insolvenz Benkos fraglich ist, ob das Geld tatsächlich wieder zurück in den Nahen Osten fließen wird.

Zivilrechtliche Klagen, so darf man vermuten, sind für Benko ohnehin weniger gefährlich als die strafrechtlich relevanten Nachstellungen. Spätestens im Frühjahr 2024 wird es für Benko zunehmend ungemütlich. Gegen ihn persönlich ermitteln gleich mehrere Staatsanwaltschaften. Wobei nichts bewiesen ist, Benko also bis auf Weiteres als unschuldig zu gelten hat – zumal er für fast gar nichts im Signa-Geschäftsbetrieb verantwortlich gewesen sein will.

Den Auftakt macht im März 2024 die Staatsanwaltschaft München, die wegen des Verdachts der Geldwäsche bei der insolventen Signa-Gruppe ermittelt – wobei in Wien geargwöhnt wird, dass es bei den Ermittlungen in München nicht recht vorangehe. In Deutschland kann nicht gegen Unternehmen, sondern nur gegen individuelle Personen vorgegangen werden, gegen welche, ließ die Münchner Staatsanwaltschaft bislang offen.

Nach einem Bericht der *Bild*-Zeitung sollen Benkos Firmen für den Kauf und die Entwicklung des Projekts »Münchens neue Mitte« knapp 1 Milliarde Euro eingesammelt haben bei Investoren und Banken. Dabei sollen die Benko-Firmen – wie so oft – die künftigen Mieteinnahmen zu hoch angesetzt haben, um höhere Kredite zu besseren Konditionen zu bekommen. Zum Großteil soll das Geld nach Vermutung der Ermittler dann ins Ausland geflossen sein und nicht in das Projekt.

Auch in Wien hat die Wirtschafts- und Korruptionsstaatsanwaltschaft Ermittlungen eingeleitet. Benko steht unter dem Verdacht, in Gesprächen mit einer finanzierenden Bank die Situation der Signa-Gruppe geschönt zu haben. Statt den 25-Millionen-Kredit wie ursprünglich vorgesehen im Sommer 2023 auslaufen zu lassen, wurde dieser von der Bank dann noch einmal verlängert.

Benkos Anwalt Norbert Wess, einer der bekanntesten österreichischen Wirtschaftsstrafverteidiger, wies die Vorwürfe als »haltlos« zurück. »Wir haben bereits Akteneinsicht bekommen und werden der Wirtschafts- und Korruptionsstaatsanwaltschaft so rasch wie möglich unsere Sicht der Dinge präsentieren«, teilte er mit.

Wess wird in den kommenden Monaten, vielleicht Jahren, gut zu tun haben – und wohl auch Unterstützung aus Deutschland bekommen. Die Münchner Kanzlei Ufer Scharf hatte angegeben, dass sie Benkos Interessen im Münchner Geldwäschefall vertritt, und den Anfangsverdacht zurückgewiesen.

Nach den Staatsanwaltschaften in München und Wien nimmt auch das kleine Alpenland Liechtenstein René Benko und seine Signa ins Visier. Schließlich bemüht man sich nach zahlreichen Schwarzgeldfällen nun seit einigen Jahren um das Image eines sauberen Finanzplatzes. Die Staatsanwaltschaft ermittelt hier wegen des Verdachts auf Insolvenzbetrug, in Österreich Krida genannt, und Geldwäsche.

»Über Antrag der Staatsanwaltschaft werden beim Fürstlichen Landgericht gegen eine natürliche Person und gegen eine juristische Person sowie gegen unbekannte Täter Vorerhebungen wegen des Verdachts der Verbrechen der betrügerischen Krida und der Geldwäscherei geführt«, teilt der leitende Staatsanwalt Frank Haun mit. Nähere Angaben, um welche Personen und Gesellschaften es sich genau handelt, macht er nicht.

Trotz aller Vorwürfe gegen ihn konnte sich René Benko in Österreich frei bewegen, ein Haftbefehl wurde bis in den Sommer hinein nicht erlassen. Das missfiel Gesellschaftern wie Gläubigern, die befürchteten, dass Beweismittel beiseitegeschafft würden oder auch noch Geld aus den Unternehmen der Signa herausgezogen würde.

Dass zahlreiche enge Mitarbeiter Benkos, wie der Finanzchef der Signa Manuel Pirolt, weiter in den Unternehmen arbeiteten, bestärkte diesen Verdacht – der von Benko und seinen Vertrauten zurückgewiesen wird.

Wieder einmal ist es Wolfgang Peschorn, Präsident der Finanzprokuratur und Anwalt Österreichs, der ausspricht, was viele denken: »Es wurde schon in ganz anderen Fällen von den Strafbehörden wegen Verdunkelungs- und Fluchtgefahr die Untersuchungshaft verhängt.«

KAPITEL 19

Untergang in mehreren Akten – die Warenhauskette Galeria als Spielball

Der Neuanfang, den der Insolvenzverwalter Stefan Denkhaus Anfang April für die Warenhauskette Galeria in der Essener Zentrale verkündet, wirkt auf altgediente Warenhausmitarbeiterinnen und -mitarbeiter wie ein Abitreffen. Mit dem Unterschied, dass zu dem Jubiläum nicht die beliebten Klassenclowns oder die Klassenbesten erscheinen, sondern vor allem die Sonderlinge.

Im Frühling 2024 wandert Galeria mit seinen damals noch 92 Häusern an ein internationales Konsortium aus den Privatinvestoren NRDC und BB Kapital. Zuvor hatte Denkhaus drei Monate lang nach Investoren gesucht, dazu Unterlagen verschickt und ordentlich Werbung gemacht. Die Wahl des Investors fällt Denkhaus leichter, als ihm lieb sein kann: Kurz vor Ablauf der Bieterfrist hatten sich fast alle Investoren zurückgezogen, auch das Beteiligungsunternehmen Droege Group, das lange als aussichtsreicher Kandidat gegolten hatte. Den allermeisten Konkurrenten des Gewinnerkonsortiums fehlte die Fantasie, wie sie die oftmals maroden Häuser in eine erfolgreiche Zukunft führen könnten.

Übrig blieb neben NRDC und BB Kapital nur ein weithin unbekanntes Investorenduo, das kürzlich erst die Schuhmarke Salamander erworben hatte. Ein hochrangiger Ex-Signa-Manager beschreibt die Entscheidung als Wahl zwischen dritter und vierter Liga. Der Vergleich ist nicht ganz zufällig gewählt, denn der Mann hinter BB Kapital heißt Bernd Beetz und ist Präsident des SV Waldhof Mannheim – ein deutscher Traditionsverein, der in der 3. Liga vor sich hindümpelt. Der große Traum von René Benkos Warenhaus AG als Dominatorin der deutschen Innenstädte scheint mit dem Ergebnis des Bieterprozesses somit endgültig ausgeträumt.

Die neuen Geldbringer sind alte Bekannte, aber nicht unbedingt alte Freunde. Insbesondere mit dem Kürzel NRDC verbinden viele Galeria-Beschäftigte ungute Erinnerungen. NRDC steht für National Realty and Development Corp., die Beteiligungsgesellschaft von Richard Baker, zu der auch Hudson's Bay gehört, ein Betreiber großer Warenhäuser wie dem Luxustempel von Saks Fifth Avenue in New York. Von 2015 bis 2018/19 gehörte Kaufhof zu Bakers Unternehmen, eine Phase, die vielen Kaufhof-Mitarbeitern als Knechtschaft unter einem unfähigen Herrn in Erinnerung blieb. Die Übernahme durch Signa 2018/19 erschien vor diesem Hintergrund anfänglich wie eine Erlösung.

Baker, als Millionärskind aufgewachsen, wohnt im Reichenstädtchen Greenwich, das unweit von New York City liegt und wegen der vielen dort ansässigen Hedgefonds auch Upper Hedgistan genannt wird. Bakers leben auf 1600 Quadratmetern in einer schlossgleichen Villa mit zwei Pools und mehr als einem halben Dutzend Garagen. Bei Kaufhof verstörte er die Beschäftigten mit diffusen Konzepten und seinem Schoßhündchen Bella, seiner haarigen Reisebegleitung, die im Privatjet die Stewardessen mit ihren Hinterlassenschaften beschäftigte.

Schon Bakers Vater besaß eine Immobilienfirma, der Junior übernahm 2015 mit Hudson's Bay den Kaufhof von der Metro.

Baker gab sich vor dem Deal handelsaffin, besuchte fast alle 104 Filialen und kaufte auch Krawatten und Schuhe ein.

Auch Benko betonte stets sein echtes Interesse am Handel, gut aber fand er vor allem die von Baker eingeführte Trennung von Immobilien und Warenhausgeschäft. Das System von Opco (operativer Handelsgesellschaft) und Propco (Immobiliengesellschaft), wie es neudeutsch heißt, machen viele mitverantwortlich für den Zusammenbruch von Galeria. So höhlte Baker Kaufhof mit überhöhten Mieten aus und wirtschaftete das Warenhaus runter. Das Management gleiche einem »Klub von Glücksspielern« schrieb das *manager magazin*. Zwischenzeitlich sprach die Anteilseignerseite im Aufsichtsrat ausschließlich englisch.

Bis Baker überraschend genau jenen Bernd Beetz ins Kontrollgremium holte, dem nun ebenfalls ein Teil von Galeria gehört. Damals sollte Beetz als Restrukturierer den Sanierungskurs von Kaufhof begleiten und die Arbeitnehmervertreter im Aufsichtsrat zähmen. Allerdings amtierte Beetz nur kurz und weitgehend erfolglos. Stattdessen half er, den Verkauf von Kaufhof an Signa mit in die Wege zu leiten.

Beetz und Baker lernen sich in Amerika kennen, damals ist Beetz Vorstandschef des US-Kosmetikkonzerns Coty. 2012 war Beetz dann arbeits-, wenn auch nicht mittellos, als er bei Coty gehen musste. Einen Teil seines Geldes investierte Beetz in den SV Waldhof Mannheim und führte ihn aus der Regionalliga in die 3. Liga. Damit war er in seiner alten Heimat, in der Beetz in bescheidenen Verhältnissen aufgewachsen war, ein bedeutender Mann, obwohl er steuerschonend in der Schweiz lebt und dort das Leben zu genießen scheint. Zu Heimspielen des Lieblingsclubs seiner Kindheit, der ihm nun mehrheitlich gehört, fliegt er häufig mit dem Privatflugzeug ein. Sein eigentliches finanzielles Ziel, den SV Waldhof in die 2. Liga zu führen und dann Anteile teurer zu verkaufen, erreichte er bisher nicht.

Bei Galeria wird Beetz nun erneut mit den altbekannten Problemen konfrontiert, einem Unternehmen, das an den Interessen der Kundschaft offensichtlich vorbeigemanagt wird. Nach und nach schließen immer mehr Häuser, die Zahl der Mitarbeiterinnen und Mitarbeiter sinkt kontinuierlich und hat sich in den letzten zehn Jahren mehr als halbiert. Im Frühjahr 2024 wird wieder eine vierstellige Anzahl von Beschäftigten gehen, auch die Zentrale in Essen soll nun geschlossen werden und in die Düsseldorfer Filiale an der Schadowstraße umziehen.

Auslöser für die inzwischen drei Pleiten waren regelmäßig auch die zu optimistischen Planungen des Managements. Mit »schönen hohen Zahlen«, wie es intern hieß, galt es zu operieren, um wenigstens auf dem Papier die überteuerten Mieten zahlen zu können. Selbst ohne den Zusammenbruch der Mutter Signa, der zur dritten Insolvenz geführt hatte, wäre es für Galeria in den nächsten Jahren eng geworden; zu wenige Kundinnen und Kunden zieht es in die Warenhäuser, die weder einladend wirken noch genügend Verkaufspersonal beschäftigen.

René Benkos Interesse an Galeria ließ nach der Übernahme 2019 ziemlich schnell nach. In den Anfangsjahren besuchte er die Sitzungen des obersten Steuerungsgremiums im Handel, das alle sechs bis acht Wochen tagte, und beteiligte sich rege an Diskussionen. Das war ein größerer Kreis, an dem manchmal externe Arbeitsrechtler teilgenommen haben, wenn es Themen mit der Gewerkschaft Verdi gab, oder Architekten, wenn Umbauten anstanden. René sei immer dabei gewesen, das habe ihm Spaß gemacht und dafür habe er sich auch Zeit genommen, erzählt einer der Handelsexperten der Signa.

In der späteren Phase kümmerte er sich zumindest noch um die Finanzierung, schießt Geld nach, wenn es eng wird und sichert sich so den Rückhalt bei den Arbeitnehmern. Benko persönlich handelte nach der ersten Pleite 2020 mit der Bundesregierung die Konditionen für das Darlehen des Wirtschaftsstabilisierungsfonds aus. Bei der zweiten Insolvenz 2022 kümmert sich Benko nurmehr am Rande um den Patienten. Als es für Galeria ein drittes Mal eng wird, lässt Benko das Warenhaus fallen. Zu überbordend waren da bereits die Probleme in der gesamten Gruppe.

Die Alarmzeichen bei Galeria waren unübersehbar. Im September 2023 führt der Aufsichtsrat ein neues Reporting ein, offensichtlich auch, um sich nicht den Vorwurf einer Insolvenzverschleppung einzuhandeln. In einem Schreiben weist er die Geschäftsführung an, »den Vorsitzenden des Aufsichtsrats unverzüglich zu informieren, wenn 1. die Ist-Liquidität am Monatsende um mindestens 10 Prozent unter die Werte der Plan-Liquidität fällt und/oder 2. die Ist-Liquidität unter 100 Millionen € sinkt«. Kurz nach dem Erlass ist es bereits das erste Mal so weit.

Galeria-Aufsichtsratschef Wolfram Keil wechselt vollends in den Krisenmodus. Keil ist ein Signa-Mitarbeiter früher Stunde, zunächst vor allem mit Vertragsdetails, später mit der Vorbereitung und dem Vollzug von Übernahmen beschäftigt. Bis zum Herbst 2023 ist der Finanzer Benkos wichtigster Handelsmanager innerhalb der Signa. An jenem Herbsttag zieht Benko überraschend eine zugesagte Zahlung von 150 Millionen Euro an die Tochter Signa Sports United zurück, jenes Konglomerat aus verschiedenen Onlineshops, das erst 2021 an die Börse ging und zwei Jahre später als Pennystock den Rückzug antrat.

Noch am Wochenende zuvor soll Benko bestätigt haben, dass das Geld kommen werde. War Keil bis dahin damit beschäftigt, das darbende Handelsgeschäft auf Profitabilität zu trimmen, fängt er nun an, die endgültige Abwicklung in sein Gedankenspiel mitaufzunehmen. Für alle Signa Handelsbeteiligungen analysiert er die Bilanzen, ermittelt den Wert des Geschäfts, auch im Falle einer Liquidation.

Wie bei der SSU steht Benko auch bei Galeria im Wort. Um dem Warenhaus einen Neustart nach der zweiten durchlaufenen Insolvenz zu ermöglichen, hatte er 200 Millionen Euro Unterstützung zugesagt, 100 Millionen aus der Signa Holding, 100 Millionen aus der Immobiliengesellschaft Prime. Im Februar 2024 sollte die erste Tranche in Höhe von 50 Millionen Euro fließen. Keil und das Galeria-Management um Olivier van den Bossche stellen Notfallpläne auf: Kommt Benkos Geld nicht, könnte man die Mieten für die Galeria-Häuser einbehalten, ist eine Idee.

Ende November 2023 meldet die Signa Holding Insolvenz an, kurz darauf ist auch das Handelsgeschäft in Österreich zahlungsunfähig. Der Handelsableger in der Schweiz, zu dem Galeria gehört, will eine Nachlassstundung beantragen. Bei dem Verfahren gewinnt das Unternehmen Zeit, um eine Sanierung zu prüfen, dabei läuft das operative Geschäft weiter. In einer Videokonferenz trifft René Benko mit seinen Managern zusammen, darunter Holding-Geschäftsführer Marcus Mühlberger ebenso wie Aufsichtsratschef Wolfram Keil und einige andere.

Benko und Mühlberger sollen versucht haben, die Handelsmanager davon abzuhalten, die Schweizer Gesellschaft samt Galeria von der Signa-Gruppe loszulösen. Brauche es das wirklich? Könne man nicht noch warten? Als die Beteiligten ohne Einigung auseinandergehen, ziehen Keil und der Verwaltungsratspräsident der Retail Selection, Christian Wenger, ein bekannter Anwalt und Unternehmer in der Schweiz, den Schnitt einfach durch.

»Als klar wurde, dass René Benko nicht mehr ihm Sinne der Handelsgruppe agierte, haben wir für die Retail-Gruppe Schutz in einem provisorischen Nachlassverfahren gesucht«, erinnert sich Keil.

Damit war klar: Galeria steht ab sofort zum Verkauf.

Er habe davon beim Abendessen erfahren, erzählt Galeria-Chef Olivier van den Bossche Vertrauten. Die Konsequenz, mit der Keil und Wenger vorgegangen sind, mag den belgischen Manager überrascht haben, doch die Entscheidung passt zu seinen Plänen. Schon Wochen zuvor hatte er den Kontakt zu potenziellen neuen Investoren gesucht und erste Vorgespräche geführt, ebenso wird eine erneute Insolvenz durchgespielt. Interesse hatte etwa der Düsseldorfer Investor Walter Droege angemeldet, der die Galeria-Manager in die Poststraße nach Düsseldorf einlädt. Zwischen Kunstobjekten von Joseph Beuys oder Gerhard Richter stellen Finanzchef Guido Mager und Olivier van den Bossche ihr Projekt »Phoenix« vor – den Verkauf von Galeria aus der Insolvenz.

Es ist ein Projekt mit vielen Fragezeichen und wieder sehr optimistischen Zahlen. Neu daran ist der Vorschlag, Galeria in eine andere Gesellschaftsform zu überführen, etwa ein Stiftungskonstrukt. Damit würde die bisher relevante Arbeitnehmerseite im Aufsichtsrat weitgehend machtlos, die Mitbestimmung würde empfindlich beschnitten. Gleichzeitig sollen die Signa-Mieten um 80 Millionen Euro gesenkt, große Teile der Flächen an Konzessionspartner abgegeben und der Onlinearm galeria.de zum Marktplatz ausgebaut werden, auf dem auch andere Händler ihre Waren anbieten können.

Eine Insolvenz erscheint damals schon fast unausweichlich. »Last Christmas für Galeria«, titelt etwa das Branchenblatt *Textil-Wirtschaft*. Zeitgleich bereitet Galeria-Chef van den Bossche medial das Narrativ für die dritte Galeria-Pleite binnen drei Jahren vor: Die hohen Mieten an Signa seien der Grund, weshalb Galeria nicht profitabel wirtschaften könne.

Im neuen Jahr ist es so weit, für Galeria beginnt es recht routiniert: Es ist Dienstag, 9. Januar 2024, als Olivier van den Bossche die dritte Insolvenz binnen drei Jahren beim Amtsgericht in Essen anmeldet. Diesmal im Regelverfahren, statt in Eigenverwaltung unter einen Schutzschirm zu schlüpfen. In der Pressemitteilung spricht die Galeria-Spitze von einem Befreiungsschlag. Noch Ende Januar öffnet der Datenraum für Interessenten. Und doch ist diesmal alles anders. Weder kann Galeria auf staatliche Hilfe hoffen noch auf Zugeständnisse der Mutter Signa. Die Zukunft? Bestenfalls offen.

Aber wie bietet man ein stets klammes, in die Jahre gekommenes Warenhausgeschäft Investoren an? Das 50-seitige Prospekt, das die internationale Investmentbank Houlihan Lokey erstellt, klingt dann auch ein wenig wie eine Immobilienanzeige für ein stark renovierungsbedürftiges Haus. Das Papier ist mit »Investment Opportunity« überschrieben. Galeria sei »Marktführer« bei verschiedenen Produktgruppen, der »unbestrittene Marktführer« in Deutschland und das zweitgrößte Warenhaus Europas. Die Fortführungsprognose liest sich optimistisch, negative Zahlen finden nur Platz in der Vergangenheit. Die Ergebnisprognose? In 2025/26 und 2026/27 bei knapp 100 Millionen Euro.

Für Beetz und Baker hätte es des Investorenprospekts kaum bedurft. Seit ihrem Ausstieg bei Galeria hat sich zwar einiges verändert, aber zu wenig zum Guten. Der Renovierungsbedarf der Häuser ist hoch, die Logistik zu teuer, der Onlinehandel nach wie vor lahm. Wo genau sie die Chancen für Galeria sehen, lässt das zweite B & B-Duo nach Benko und Berninghaus zunächst offen. Die Warenhauskette bekommen sie umsonst, dazu wohl auch eine gefüllte Kasse. Es sei von Beginn an klar gewesen, dass das ein 1-Euro-Deal werde, sagt ein Beteiligter im Verkaufsprozess. Die Frage sei nur gewesen: Wie viel wird in Galeria investiert?

Die Schlüsselfrage lässt Beetz bei der Präsentation des Deals auf der Pressekonferenz in Essen unbeantwortet: Angeblich, so heißt es von Insidern, soll er einen einstelligen Millionenbetrag einbringen, Baker eine zweistellige Millionensumme. Unter 200 Millionen Euro müsse man erst gar nicht anfangen, rechnet dagegen ein Warenhauskenner vor. Beetz wiederum sagt unverbindlich: »Ich glaube, dass es sich wirklich lohnt, sich für das Warenhaus in Deutschland ins Zeug zu legen.« Gleichzeitig wird Beetz an anderer Stelle deutlich. Galeria soll eine andere Gesellschaftsform bekommen. Damit würde der Aufsichtsrat aufgelöst und das gesetzliche Mitbestimmungsrecht der Arbeitnehmer ausgehebelt.

Ist das nun der allerletzte Akt des Untergangs? Zu den Verlierern der Signa-Pleite gehört die Kaufhauskette auf jeden Fall. Denn nach Benkos Insolvenz müssen knapp zehn weitere Häuser schließen. Und die neuen Investoren haben schon einmal ihre Unfähigkeit bewiesen.

KAPITEL 20

»A schöne Leich« – die Verlierer und die Gewinner der Insolvenz

Es ist kurz vor Weihnachten 2023, als Erhard Grossnigg sich per Brief an bekannte Investoren der Signa wendet, doch von froher Botschaft keine Spur: »Wir benötigen EUR 350 Mio. schnell«, heißt es darin.

Für Signa feiert Grossnigg ein spätes Comeback. Vor sieben Jahren, mit seinem 70. Geburtstag, hatte der österreichische Unternehmer und Investor angekündigt, nur noch Vorstandsmandate in seinen eigenen Stiftungen auszuüben. Nun sitzt er als Chefrestrukturierer in der Geschäftsführung der Signa, um die größte Immobilienpleite Europas abzuwenden. Die Immobiliensparten Development und Prime leben noch, allerdings atmen sie sehr flach.

Grossnigg genießt in Österreich ein hohes Ansehen, lange Zeit galt er dort als »Paradesanierer«. Ihm selbst gehört etwa die Porzellanmanufaktur Augarten, die Wiener Version von Meissen-Porzellan. Doch die besten Jahre liegen hinter ihm. Den Signa-Job, so sagen einige, verdankt der Mann, der über eine gewaltige

Briefmarken- und Uhrensammlung verfügt (allein mehr als 120 Swatch-Modelle, diverse Rolex) und noch nie eine SMS geschrieben hat, vor allem einem guten Freund: Hans Peter Haselsteiner, kurz HPH genannt. Haselsteiner ist mit 15 Prozent an der Prime und 9 Prozent an der Development einer der größten Anteilseigner der Signa, für ihn stehen mit der Pleite von René Benkos Luftschloss Hunderte Millionen Euro auf dem Spiel. Mit Grossnigg besitzt er nun einen Vertrauten im Vorstand, mit dem er sonst sein Büro teilt. Die beiden logieren im siebten Stockwerk eines gelbgestrichenen Altbaus in der Walfischgasse, nebenan gibt es das beste Wiener Schnitzel der Stadt.

Bei der Signa scheitert gleich der erste Versuch Grossniggs, die Pleite abzuwenden. Nur wenige Tage nach Versenden des Bettelbriefs melden die beiden Immobiliengesellschaften Prime und Development Insolvenz in Eigenverwaltung an. Bei dieser Form der Pleite bleibt das Management an Bord, bekommt aber einen Sanierungsverwalter zur Seite gestellt.

Im Falle der Signa ist das besonders pikant. Denn die Multi-Geschäftsführer Marcus Mühlberger, Christoph Stadlhuber und Finanzchef Manuel Pirolt genießen aufgrund ihrer langjährigen Nähe zum Signa-Erbauer René Benko das Misstrauen von Gläubigern und Gesellschaftern. Und auch Grossnigg, »der Supergspusi von Haselsteiner«, wie ein Gesellschafter argwöhnisch anmerkt, stößt auf Skepsis.

Zu eng erscheint den Investoren die Bindung zwischen Benko und dem Baulöwen Haselsteiner. Niemand weiß, auf welcher Seite der Unternehmer aus Österreich steht. Seit Jahren schon pflegen Haselsteiner und Benko eine Nehmen-und-Geben-Beziehung. So erhält Haselsteiner etwa im Gegenzug zu seinem Signa-Engagement ab 2022 Sponsoringgelder der Holding für die Tiroler Festspiele, die er maßgeblich finanziert. Zu seinem 80. Geburtstag wiederum schenkt Benko seinem Investor einen Ausflug im Privatflugzeug mit Ledersesseln und Lounge-Sofas, einer Bombadier Global Express. Die Reise allerdings kommt nie zustande.

Für seine Mitgesellschafter bleibt Haselsteiner lange ein Phantom. Er erscheint nicht zu Gesellschafterversammlungen, erst kurz vor dem Signa-Zusammenbruch wird er für sie sichtbar. Eine noch im Sommer zugesagte Einzahlung in die Kapitalrücklage in Höhe von 52 Millionen Euro bleibt er der Holding schuldig, während Mitgesellschafter von ihm Geld einbringen.

Haselsteiner habe noch in den letzten Wochen vor der Holding-Insolvenz das Loblied auf Benko gesungen, es gäbe zwar kurzfristig einen Liquiditätsengpass, aber im Kern sei die Signa kerngesund, sagt ein Mitgesellschafter.

Anfang Januar wendet sich Grossnigg erneut an potenzielle Geldgeber, im Nachgang an seine »Einladung vom 23.12.«, wie er formuliert, in der er »die Teilnahme an einem Massekredit in Form eines Genussrechtes angeboten habe«.

»Ich bin mit meinen Kollegen nach wie vor der Ansicht, dass es uns nur gelingen kann, unser Immobilienvermögen im Wert zu erhalten, wenn wir die nötige Liquidität haben, um laufende Rechnungen zu bezahlen (und Insolvenzen zu vermeiden) beziehungsweise bei Bauprojekten die Wiederaufnahme und Fortsetzung des Bauvorhaben (sic!) zustande [zu] bringen, wozu es der angesprochenen Finanzierung bedarf.« 9 Prozent Zinsen bietet er den Investoren an, dazu einen Anteil am »Mehrwert (Verkaufswert vs. Zerschlagungswert)«.

Während Grossnigg öffentlich vom Erhalt der Signa träumt, glauben Signa-Insider längst nicht mehr an Rettung durch Sanierung. Grossniggs Vision von einer Fortführung der Signa-Geschäfte hält auch Haselsteiner wach. In einem von Mitgesellschaftern und Investmentprofis als bizarr empfundenen Gespräch mit dem *Handelsblatt* wirbt Haselsteiner für den Erwerb von Genussrechten, eine hochriskante Kreditform.

Er könne sich vorstellen, »Genussrechte der Signa Prime zu zeichnen, damit Geld reinkommt und die Sanierung in Eigenverwaltung werterhaltend umgesetzt werden kann«, gibt er dem Wirtschaftsblatt zu Protokoll.

Doch mit Ablauf der Zahlungsfrist Mitte Januar 2024 zeichnet niemand, auch Haselsteiner nicht.

Der Vorstand eines großen institutionellen Geldgebers findet kein gutes Wort über Haselsteiner und dessen Vertrauten Grossnigg. Haselsteiner sei es immer nur um Haselsteiner gegangen und sein eigenes Vermögen. Grossnigg habe als Vorstand überfordert gewirkt und ein regelrechtes Chaos hinterlassen. Am Ende habe das Werte für alle Beteiligten vernichtet.

Wie in einem Kinofilm läuft indes der Niedergang in der Holding. Mitarbeiterinnen und Mitarbeiter des Auktionshauses Aurena rücken mit Werkzeug in den Signa-Firmensitzen an und schleppen unter anderem in Wien Tische, Wandbilder, Fußmatten und Firmenlogos aus dem barocken Palastbau in der Innenstadt.

Zum Schluss wird der rote Teppich eingerollt. Das Toilettenset bringt etwa 1557 Euro, eine Signa-Schneekugel 991 Euro, sechs Flaschen Rotwein Château Batailley Pauillac 2265 Euro. Souvenirs einer historischen Pleite. Eine Cessna, das Flugzeug der Holding, wird für knapp 5 Millionen Euro verkauft.

Geld, das der Sanierungsverwalter Christof Stapf benötigt, um den Betrieb der obersten Dachgesellschaft aufrechtzuerhalten und womöglich die Gläubiger zu bedienen. Für den verschlossenen Mann, der Medien meidet, wird sein größter Fall vermutlich auch sein letzter sein.

Bei Übernahme des Mandats ist der Jurist 65 – und eine Sanierung erscheint von Anfang an fast aussichtlos. Die Holding ist, mit Ausnahme der Medienbeteiligungen an der *Krone* und einem Anteil am Chrysler Building, nahezu frei von Assets und auf Ausschüttungen der Gesellschaften Prime und Development angewiesen. Doch schon die Zusammenarbeit mit den Immobiliengesellschaften gestaltet sich schwierig.

Als Stapf Ende Januar 2024 die Geschäftsführung der Holding komplett übernimmt, bestimmt bei Development und Prime noch das alte Signa-Management. Zusammen mit Sanierungsvorstand Grossnigg, den viele für eine Benko-Haselsteiner-Marionette halten, agieren die Architekten des unüberschaubaren Systems aus Einzelgesellschaften, Zwischengesellschaften und Obergesellschaften.

Im Januar kann Grossnigg eine Finanzspritze für die Development vermelden. Haselsteiner gewährt der Signa Development einen gut besicherten Massekredit in Höhe von 25 Millionen Euro und wird satt daran verdienen. Mit Abrufen der ersten Tranche fällt im ersten Monat ein Zinssatz von 1,5 Prozent an, macht im Jahr 18 Prozent Zinsen, dazu würde der Zinssatz um jeweils 0,42 Prozent weiter ansteigen für jeden Monat Zahlungsverzögerung. »Ich sehe mich in der Verantwortung als wesentlicher Aktionär den Schaden für das Unternehmen und die Gläubiger zu minimieren«, erklärt Haselsteiner öffentlich. Den eigenen inklusive.

Schon jetzt zeichnen sich die gewaltigen Dimensionen des Signa-Zusammenbruchs ab. In Benkos ehemals wichtigsten Dachgesellschaften, der Holding, Prime und Development, türmen sich im Frühjahr 2024 die Forderungen der Gläubiger gleich zu mehreren Elbtowern auf, zusammen beläuft sich die Summe auf mehr als 20 Milliarden Euro, fast doppelt so viel wie beim betrügerischen Zahlungsdienst Wirecard. Nur einen Bruchteil davon erkennen die Sanierungsverwalter an.

Summen, um die es zu streiten lohnt. Im Wochentakt treffen die Interessen in den Gläubigerausschüssen der Signa-Gesellschaften aufeinander. Die der Gläubiger, die möglichst viel von ihrem Geld wiederbekommen wollen, und die der Schuldigen an der

Pleite, zu denen zweifellos Benkos altgedienter Finanzchef Manuel Pirolt gehört. Dieser streitet eine Verantwortung ab. Erstmals spricht er im Juni 2024 öffentlich. In einer Wiener PR-Agentur empfängt Pirolt die Autoren dieses Buches. Der stattliche Mann wirkt abgekämpft. Auf die Frage, welche Schuld er bei sich sehe, antwortete er, dass er »bis zuletzt alles versucht« habe, »um die Gesellschaft zu retten. Es ist uns nicht gelungen.«

Das Misstrauen der Gläubiger gegenüber dem Immer-noch-Vorstand Pirolt ist groß. Und das nicht erst, seit im Februar herauskam, dass keinerlei Vorstandsprotokolle der Immobiliengesellschaft Prime aus den Jahren 2022 und 2023 vorliegen. Pirolt sagt sogar, es seien nie welche geführt worden; dafür habe die Zeit gefehlt. Wegen solcher Absonderlichkeiten irren die Insolvenzverwalter im Labyrinth der von Pirolt mit designten rund 1000 Signa-Gesellschaften und deren vielfältiger Verflechtungen umher.

Nur eine Handvoll Menschen sitzt in den entscheidenden Gremien, als die Aufarbeitung läuft. Als vielleicht bedeutendster Gegenspieler der Signa hat sich ein Staatsbeamter herauskristallisiert: Wolfgang Peschorn, als Präsident der Finanzprokuratur Anwalt der Interessen Österreichs und ein Mann, der das Wort zu führen versteht.

Peschorn also verlangt im Gläubigerausschuss der Development »endlich eine Gesamtaufarbeitung aller Signa-Gesellschaften«. Worauf Pirolt gefragt haben soll, ob es denn einen Grund für dieses Ansinnen gebe. Peschorn antwortete mit der Gegenfrage: In wie vielen Gesellschaften Pirolt denn Geschäftsführer gewesen sei – so etwa 300? Ja, bestätigte der Finanzchef. Darauf erwiderte der Präsident: »Da haben Sie die Antwort auf Ihre Frage!«

Der Schlagabtausch ist symptomatisch für eine grundlegende Entwicklung: Im Frühjahr 2024, rund 100 Tage nach den Insolvenzen, gewinnen die Aufklärer nur langsam die Oberhand bei

Österreichs größter Insolvenz, die in viele deutsche Städte ausstrahlt, die den Elbtower in Hamburg genauso betrifft wie das KaDeWe in Berlin.

Der Erbauer des Reichs, René Benko, musste inzwischen auch als Einzelunternehmer Insolvenz anmelden. Mehrere Staatsanwaltschaften beschäftigen sich mit Benko, ebenso ein Untersuchungsausschuss im österreichischen Parlament.

Gleichzeitig üben die Gläubiger auf vielfältige Weise enormen Druck aus. Die Banken und Versicherer machen Eingaben beim zuständigen Handelsgericht, um die Insolvenzfälle so zu managen, dass ihr Schaden möglichst begrenzt bleibt. Sogar die Anteilseigner, die Millionäre und Milliardäre, beginnen sich miteinander zu verbünden. In unregelmäßigen Telefonkonferenzen versuchen sie mit ihren Anwälten zu klären, wo Benko und seine Partner sie getäuscht haben, welche Forderungen sie gegenüber den Insolvenzverwaltern stellen und welche Informationen sie überhaupt untereinander austauschen dürfen.

Manche wollen Gerechtigkeit. Und sehr viele ihr Geld zurück. René Benko, der Mann, den die Welt des Geldes und der Politik angebetet hat, dieser Mann hat keine Freunde mehr.

Die gerichtlich eingesetzten Sanierungsverwalter indes haben alle Hände voll zu tun, die empörten Gläubiger zu beruhigen. Bei der Prime sorgen geplante Immobilienverkäufe im Paket für Ärger, etwa des Goldenen Quartiers zusammen mit dem Park Hyatt. Die Gläubiger fürchten, dass sie wegen der schlechten Immobilienkonjunktur zu Ramschpreisen verkauft werden müssen. Der Deal platzt.

In einem Schreiben ans Wiener Handelsgericht (Aktenzeichen: 6 S 206/23w – 40) fordern Versicherungen und Banken den Entzug der Eigenverwaltung bei der Signa Prime und regen an, in Vorstand und Aufsichtsrat Menschen mit Immobilienkompetenz zu engagieren.

Gläubiger einer Anleihe der Development wiederum halten zahlreiche Zahlungen in den letzten Monaten vor der Insolvenz für obskur. Die Gläubiger sind vor allem Hedgefonds aus London. Und die wissen sich zu wehren.

Die Gläubiger fragen sich, ob ausgeübte Put-Optionen der Anteilseigner wie Roland Berger bedient wurden. Und ob die 189,8 Millionen Euro, die Klaus-Michael Kühne für den Berliner Bürokomplex Beam gezahlt haben soll, tatsächlich angekommen oder irgendwo versackt sind. Ein Vorstand eines großen institutionellen Geldgebers hat dazu eine klare Meinung: Das sei problematisch, dem werde man hinterhergehen. Das bereite den Anwälten beider Seiten noch wahre Freude.

Den Sanierungsverwaltern bleibt angesichts des Widerstandes großer Gläubiger letztlich nichts anderes übrig, als mit einem neuen Sanierungsplan die schlimmsten Bedenken zu zerstreuen und den Gläubigern dauerhaft Mitspracherechte einzuräumen.

Es ist kurz vor Ostern, als Mehrheiten der Gläubigerversammlungen der beiden Immobiliengesellschaften einer Treuhandsanierung zustimmen. Österreichs Anwalt, Wolfgang Peschorn, der den Plan entschieden ablehnt, wird überstimmt. »Den Gläubigern wurde suggeriert, dass es gar nichts für sie gäbe, wenn man in Konkurs gehe«, kritisiert er. »Mit der Annahme der Sanierungspläne wurde allerdings der Aufklärung der Vorgänge um Signa ein Hindernis entgegengestellt.«

Nun wird das Vermögen der Prime und Development an Treuhänder übergeben, in diesem Fall den Sanierungsverwaltern, und komplett verwertet, was bis zu fünf Jahre dauern kann. Der Erlös fließt an die Gläubiger. Die Quote soll mindestens 30 Prozent betragen.

Mit der Entscheidung in den Gläubigerausschüssen, so meinen viele, trete endlich mehr Ruhe ein, zumal die Hauptversammlungen von Prime und Development den Plänen ebenfalls zustimmen.

Doch in den kommenden Tagen und Wochen erschüttert ein kleines Beben nach dem nächsten die Signa.

Im April 2024 meldet die Holding Konkurs an, weil mit »keinen nennenswerten Beteiligungswerten aus den Beteiligungen an SIGNA Prime und SIGNA Development mehr zu rechnen« sei, wie es in der Begründung heißt. Und die erst jüngst neu konstituierten Aufsichtsräte von Development und Prime zerlegen sich wenige Tage nach Formierung.

In einer gemeinsamen Mitteilung geben Karin Exner-Wöhrer, Vorstandschefin der Salzburger Aluminium AG (SAG), und der Immobilienexperte Michael Mitterdorfer ihren Rücktritt bekannt.

»Es traten Auffassungsunterschiede über die Rolle und Aufgaben des Aufsichtsrats im Sanierungsverfahren auf. Diese ließen sich nicht restlos klären.« Deswegen habe man die Gremien informiert, die Aufsichtsratsmandate in der Signa Development Selection AG sowie der Signa Prime Selection AG zurückzugeben, erklären Exner-Wöhrer und Mitterdorfer in einer Pressemitteilung der Salzburger Aluminium Group.

Der Rücktritt der beiden offenbart ein grundlegendes Problem: Der Neustart der Signa-Gesellschaften gerät zum Fehlstart, die Treuhänderschaft erscheint als Irrweg. Denn in dem Dreieck aus Treuhändern, Aufsichtsräten und Vorständen herrscht großes Misstrauen.

Wie groß die Dissonanzen sind, geht aus zwei Schreiben hervor, die der Sanierungsverwalter und Treuhänder der Prime, Norbert Abel, an die Aufsichtsräte schickt. Nur einen Tag nach Bestellung der neuen Kontrolleure, am 11. April, übt er per E-Mail massiven Druck aus, den Immobilienspezialisten Herwig Teufelsdorfer als neuen Vorstand der Signa Prime zu bestellen. »Die Bestellung des (...) neuen Vorstandes bis zum 12.04.2024 ist sohin eine unabdingbare Voraussetzung, um die Wahrung der

Gläubigerinteressen sowie die weitere ausreichende Handlungsfähigkeit der SPS [Signa Prime Selection] sicherzustellen.«

Als Grund für die Eile nennt Abel die Rückholung der deutschen Immobilien aus der Insolvenz, um die »Quotenerwartung für die Gläubiger« nicht zu verschlechtern.

Teufelsdorfer war zuletzt Berater der Signa, davor Vorstandsmitglied der S Immo, einer österreichischen Immobiliengesellschaft, die an der Börse notiert. Er kann als kompetenter potenzieller Vorstand gelten, doch Abel gibt den Aufsichtsrätinnen und -räten keine Zeit, sich selbst ein Bild vom Kandidaten zu verschaffen. Die gesetzte Frist erlaubt nur ein Abnicken. Der Lebenslauf des Kandidaten liege bei, teilt der Sanierungsverwalter lapidar mit und schließt mit einem klaren, wenn auch verquast formulierten Hinweis auf mögliche Schadensersatzforderungen: »Wir haben Sie darauf hinzuweisen, dass aus unserer Sicht dringend angezeigt ist, hier keine Schadensursachen zu setzen, welche jedenfalls Ihnen in Ihrer Personalverantwortung obliegt.«

Auch übt Abel Kritik am neuen Aufsichtsratschef der Prime, Sebastian Schäfer, lange in Diensten der Credit Suisse und seit Januar 2024 für den Logistik-Milliardär und Signa-Aktionär Klaus-Michael Kühne im Einsatz. »Wir halten ausdrücklich fest, dass unserem Ansuchen, einen Aufsichtsratsvorsitzenden außerhalb des Aktionärskreises zu bestellen, Ihrerseits nicht nachgekommen wurde«, schreibt Abel. »Wir haben dahingehend bereits erste negative Reaktionen aus Deutschland erhalten. Kritisch gesehen wird vor allem das bereits auch in der Öffentlichkeit bekannte Interesse der Kühne Gruppe an einzelnen Immobilien in Deutschland.«

Abel und der Prime-Vorstand sehen den Aufsichtsratschef offensichtlich als *conflicted* an und sollen deshalb beschlossen haben, dass mit Kühne nicht über den Verkauf von Immobilien verhandelt werde. Kühne hatte in der Vergangenheit unter anderem am Hamburger Alsterhaus und am Elbtower Interesse angemeldet.

Tatsächlich kann bei Schäfer von einem unabhängigen Aufsichtsrat nicht die Rede sein. Ebenso aber muss man bei Teufelsdorfers Vorstandskollegen Manuel Pirolt Zweifel haben, dass er durchweg im Sinne der Gläubiger agiert. Denn Pirolt war als langjähriger Finanzchef der Signa Benkos engster Vertrauter und damit mitverantwortlich für den Untergang der Signa, der inzwischen etliche staatsanwaltliche Ermittlungsverfahren ausgelöst hat.

Während es in den beiden Gesellschaften kracht und die Akteure sich gegenseitig blockieren, stellt die Republik Österreich das Treuhandkonstrukt bei den Signa-Gesellschaften infrage und legt Rechtsmittel dagegen ein.

Deren Vertreter Wolfgang Peschorn sieht keinen Vorteil in der Sanierung und bezweifelt, dass höhere Werte für die Immobilien erzielt werden, wenn schon früh die ganzen Gebäude veräußert werden. »Ein Insolvenzverfahren dient gerade auch der Hygiene im Wirtschaftsleben. Die Gläubiger, die Geld verlieren, sollen erfahren können, wer für ihre Verluste verantwortlich ist«, sagt Peschorn. »Der Sanierungsplan steht dieser vollumfassenden Aufarbeitung entgegen. Dazu kommt, dass es im Fall der Signa um die bestmögliche Liquidation von Vermögenswerten und nicht um das Sanieren zum Zwecke eines Unternehmensfortbetriebs geht.«

Die Signa-Insolvenzen werden Jahre, im Falle des Konkurses vielleicht Jahrzehnte dauern. Nur wenige haben es geschafft, ihr Geld in Sicherheit zu bringen. Die Anteilseigner werden neben Benko und seinem alten Management die großen Verlierer sein, vor allem wenn sie – wie Kühne oder die RAG-Stiftung – spät und zu hohen Kursen eingestiegen sind. Denn für sie wird kaum etwas oder nichts übrig bleiben, wenn die Gläubiger bedient wurden. Darüber hinaus drohen etliche der Geschädigten mit zur Verantwortung gezogen zu werden, sofern sie Beirats- und Aufsichtsratsmandate hatten.

Weniger betroffen sind die geldgebenden Banken, denn die meisten von ihnen sind über Grundpfandrechte abgesichert.

Wie kompliziert und risikoreich allerdings die Verwertung der Signa-Immobilien für potenzielle Käufer sein kann, zeigt der Verkauf des weltberühmten Hotels Bauer in Venedig.

Die Signa Prime verkaufte die Ikone, die mit ihrer Lage am Canale Grande auf einen Wert von 400 Millionen Euro geschätzt wurde, im April 2024 an die deutsche Schoeller-Gruppe. Damit sollte ein Pfandrecht bedient werden, das Schoeller sich mit einer Finanzierung an die Signa im Sommer 2023 gesichert hatte. Doch der Verkauf wackelte sofort erheblich. Denn während die Signa Prime das Hotel an Schoeller weiterreichte, schlug ein weiterer Signa-Finanzierer, AC Limited aus den Emiraten, das gleiche Haus an einen Private Equity Investor aus London los. AC Limited hatte das Hotel Bauer als Sicherheit für eine im Sommer 2023 gegebene Finanzierung in Form von Mezzaninen erhalten.

AC Limited habe das Hotel zwischen Signing und Closing des Deals mit der Schoeller-Gruppe verkauft, erzählt Pirolt beim Interviewtermin, das mache den Deal mit Schoeller brisant. Nun müssen Anwälte klären, welcher Deal gilt.

So verlieren fast alle in der Insolvenz: Die schlecht besicherten Geldgeber, darunter Pensionskassen und Versicherer, alle Anteilseigner und natürlich all jene, deren Jobs an den Immobilien und Unternehmen hängen. Aber es gibt auch Gewinner: Die großen Profiteure der Signa-Pleite sind die Anwälte, Sanierer und Insolvenzverwalter, ihr Einsatz wird mit Hunderten Millionen Euro belohnt. Für sie ist die Signa eine »schöne Leich«, wie man in Bayern und Österreich besonders prunkvolle Bestattungen nennt.

KAPITEL 21

René Benko, der Familienunternehmer – was von den gehorteten Schätzen noch da sein könnte

Wenn René Benko sonntags morgens beim Frühstück sitzt, das Telefon klingelt und am anderen Ende ein Geschäftspartner oder Politiker wichtige Informationen mit ihm austauschen möchte, dann nimmt er selbstverständlich ab. Egal, ob seine Kinder gerade laut lachen, die Musik aufdrehen oder wild herumtoben – er schickt sie nicht weg.

Er könne sich an Telefonate erinnern, da war Ex-Kanzlerkandidat Armin Laschet (CDU) in der Leitung und im Hintergrund schrien die Kinder beim Frühstück, erzählt ein alter Freund der Familie. Da habe René nix gekannt. Andere Gesprächspartner wissen noch, dass Benko am Sonntag vom Spielplatz aus mit ihnen telefonierte.

Benko liebt seine Kinder, ein großmütiger Vater, der von seiner Signa stolz immer wieder als »Familienunternehmen der 1. Generation« spricht. Die Firma ist seine Familie, die Familie seine Firma. Und die unscharfe Trennung juristisch womöglich ein Problem, das noch viele Anwälte beschäftigen wird. Denn die Vermengung von Privatem und Geschäftlichem half dem Ex-Milliardär dabei, Millionenbeträge aus dem Signa-Konstrukt in die Kassen der Familienmitglieder zu überführen – es gilt freilich die Unschuldsvermutung.

Benkos wichtigste Helfer und Helfershelfer sind dabei oft deckungsgleich. Der vielleicht engste Sparringspartner ist Finanzchef Manuel Pirolt, der jahrelang als Vorstand in den Immobiliengesellschaften agiert. Gleichzeitig ist er bis Frühjahr 2024 Vorstand in der Laura Privatstiftung, mal arbeitet er also für die Firma, mal für die Familie, mal steht er bei Geschäften auf beiden Seiten. Erst mit seinem Ausscheiden aus der Stiftung räumt er mögliche Interessenkonflikte ein.

Welche Bedeutung Benkos Blutsverwandte für diesen haben, lassen schon die Namen von Benkos Stiftungen, Gesellschaften und Firmen erahnen. Diese haben zwar ihren Sitz in verschiedenen Ländern, gerne in intransparenten Steueroasen wie Liechtenstein und Luxemburg, wo sie teils als Briefkastenfirmen firmieren. Aber egal, wo sie angesiedelt sind, tragen sie die Namensinitialen, den Vornamen oder Bestandteile der Namen von Tochter, Mutter oder Ehefrau.

Seiner Mutter Ingeborg, einer verrenteten Erzieherin, widmete Benko namentlich die Ingbe-Stiftung in Liechtenstein. Entweder stiftet er mit ihr gemeinsam oder setzt sie als Begünstigte ein, so spielt sie auch in der Laura Privatstiftung eine Rolle. Namensgeber hier ist die mittlerweile erwachsene Tochter Laura aus erster Ehe.

Rückwärts gelesen ist Laura auch Namensgeberin der Arual Stiftung, ebenso im Steuerparadies Vaduz angesiedelt. Lange arbeitete die Arual-Stiftung, gegründet schon Ende 2008, komplett im Verborgenen. Im Firmenregister nicht einmal auffindbar, enttarnt sie das Magazin *News* aus Österreich mithilfe eines geheimen Gutachtens von Benkos Steuerberatungsfirma TPA.

Darin heißt es: »Die wirtschaftliche Stifterin ist laut den Unterlagen die Laura Privatstiftung«. Diese ist auch die alleinige Begünstigte. Für den Fall, dass die Laura Stiftung Konkurs anmelden müsste, würden natürliche Personen in den Genuss der Ausschüttungen kommen. Die Arual-Stiftung, so berichtet es die österreichische *Kronen Zeitung*, soll immer wieder Goldbestände aufgebaut haben, um damit neue Käufe durchzuziehen, 2021 soll sie über Goldbarren im Wert von 7,8 Millionen Euro verfügt haben.

Auch seine zweite Frau Nathalie hat Benko versorgt. Das Handelsregister führt sie gleich in mehreren Firmen als Direktorin oder Geschäftsführerin, etwa in der NB Luxury Assets SL oder der NB Immo auf Ibiza, wo die Familie viele Tage im Jahr in den eigenen Häusern verbringt.

Rechtlich sind Stiftungen selbstständig, das Stiftungsvermögen gehört allein ihnen. Mitglieder der Stifterfamilie können sich aber Zuwendungen aus laufenden Erträgen des Stiftungsvermögens zukommen lassen.

Wer ist diese Patchwork-Familie, die René Benko umgibt, die stark von seinem mit der Signa erwirtschafteten zwischenzeitlichen Reichtum profitiert hat?

René Benkos Familienunternehmen ist stark matriarchalisch geprägt, was angesichts der fast durchweg von Männern und einem rauen Umgangston geprägten Signa erst einmal überrascht. Seine Mutter genießt René Benkos volles Vertrauen. Das Verhältnis zwischen Mutter und Sohn beschreiben der Familie Nahestehende als liebevoll, die Eltern als »wirklich bodenständige, nette Leute«. Im unübersichtlichen Stiftungs- und Firmengeflecht taucht Benkos Vater nur ganz am Rande auf, als letzter Begünstigter der Familie Benko Privatstiftung am Ende einer langen Reihe.

Für René Benko nimmt seine Mutter eine Schlüsselposition ein. Die *Kronen Zeitung* aus Österreich bezeichnet sie deshalb auch als »Stroh-Mama«. Über sie fließen immer wieder Millionen an Benko, wie geleakte Dokumente zeigen.

Demnach schenkt Mutter Benko ihrem Sohn schon im Jahr 2015 15 Millionen Euro, Geld, das sie damals als Begünstigte aus der Laura Stiftung erhielt und dann an ihren Sohn weiter überwies. Die *Krone* schreibt im April 2024, dass sich Benko »mithilfe seiner Berater und seiner Mutter einen diskreten Geldkreislauf eingerichtet haben dürfte«.

Als Benko im Frühjahr 2024 Insolvenz als Privatunternehmer anmeldet, bemerkt der Insolvenzverwalter in seinem Bericht: Benko könne seinen Lebensunterhalt »nur durch die Unterstützung seiner Familie (insbesondere seiner Mutter) bestreiten«. Bankkonten weisen nur ein Plus »in relativ geringer Höhe« auf.

Wie viel Geld René Benko tatsächlich noch besitzt, liegt im Dunkeln. Dass der einstige Milliardär, den *Forbes* für das Jahr 2022 mit 5,4 Milliarden US-Dollar noch als drittreichsten Österreicher führte, nun von 3700 Euro monatlich lebt, wie er selbst zu Protokoll gibt, bezweifeln Gläubiger und Ex-Geschäftspartner. Vormals hatte er als »Angestellter« der Signa Holding monatlich 60.480 Euro bezogen, Prämien und Honorare aus Beraterverträgen mit Signa-Firmen kamen on top. So erhielt Benko vier Jahre vor der Pleite 29 Millionen Euro Jahressalär. Dazu kamen Hunderte Millionen Euro, die er mit dem Verkauf von Signa-Anteilen an Gesellschafter erlöste.

Hinter dem Geld, das in die Privatsphäre floss, recherchieren nun die Gläubiger mithilfe von Detektiven her. Die Investoren der Signa Holding wollen es genauer wissen, in der Hoffnung, noch etwas von ihrem verlorenen Geld zu retten.

Ihre Aufmerksamkeit erregte etwa ein Deal der Ingbe-Stiftung. Noch im August 2023, nur wenige Wochen vor den ersten Insolvenzen, verkaufte die Stiftung Aktien an der Immobiliengesellschaft Prime in Höhe von 46 Millionen Euro, bezahlt wird mit sechs schmucken Villen im Luxusressort »Eden« am Gardasee – wertvolle Immobilien, die in die Privatsphäre wechseln. Während die Anteile an der Prime inzwischen voraussichtlich wertlos sind, behalten die Häuser ihren Wert.

Ebenso am Gardasee liegt die »Villa Ansaldi«, Benkos Prachtbau mit Erkern und Türmen, der sich hinter meterhohen Hecken und dunklen Toren versteckt. Das Haus liegt mitten im kleinen, noblen Örtchen Sirmione, mit Pool, Kinderspielplatz, privatem Seezugang und Hubschrauberlandeplatz. Die Villa, die über zwei massive Briefkästen verfügt, einer für Benko privat, einer für die Signa Holding, wird über verschiedene Zwischengesellschaften von der Arual-Stiftung gehalten, Mieterin ist die Signa Holding. In einem Jahr bringt die Dachgesellschaft Unterlagen zufolge 240.000 Euro für die Italien-Residenz auf, die Miete ist indexiert, steigt also jährlich an.

Ein Leben im Luxus auf Firmenkosten, das die Gesellschafter im Nachgang nun erst richtig ärgert. Benkos Insignien der Macht, wie seine 62-Meter-Yacht »Roma«, mit Wasserrutsche und Beachclub, seine Kunstsammlung mit zig Kunstwerken von Pablo Picasso über Jean-Michel Basquiat oder Andy Warhol, sein Privatjet, sie alle gehören der Laura Stiftung – und sind mittlerweile weitgehend verkauft. Die Yacht etwa schenkte sich der südafrikanische Geschäftsmann Paul van Zuydam, Eigner der Firma Le Creuset, die weithin bekannte gusseiserne Bräter und Töpfe herstellt.

Darüber hinaus liegt in der Laura Stiftung ein beträchtliches Immobilienvermögen; so wechselte erst kurz vor Anmeldung der Insolvenz das Chalet N, Benkos Luxusferienhaus in Lech am Arlberg, von der Holding in die Stiftung. Ob das rechtens war, hängt wesentlich vom gezahlten Kaufpreis ab, der im Frühjahr 2024 noch nicht öffentlich ist.

Auch ein weiterer Verkauf eines architektonischen Schmuckstücks, das – von seinen Eckdaten her – ins Portfolio der Signa Prime gepasst hätte, wird sicher noch weitere Untersuchungen nach sich ziehen: Direkt am Berliner Gendarmenmarkt, einer der teuersten Adressen der Republik, steht das Schokoladenhaus, ein imposanter Altbau mit reich verzierter Fassade. 2019 wechselte es von einer Signa-Gesellschaft in den Besitz der Laura Stiftung. Hinzu kommen Hunderte von Immobilien in Berlin, Dresden, Leipzig oder Chemnitz. Gläubiger sprechen von »Benkos Schattenreich«.

In diesem noch weitestgehend unausgeleuchteten Firmengeflecht der Signa werden sämtliche Rechte, »so weit nicht anders geregelt«, von Benkos Mutter »alleine« ausgeübt. So steht es zumindest in der letzten einsehbaren Stiftungsurkunde. Ohne Benkos Mama geht nichts.

Auf seine Schwiegermutter indes könnte Benko wohl gerne verzichten. Denn die nimmt die Insolvenz ihres angeheirateten Sohnes zum Anlass, mit ihm und ihrer Tochter abzurechnen. Die Schwiegermutter, die in einem Tiroler Bergdorf nahe Innsbruck lebt, lädt sich ein *Bild*-Reporterteam nach Hause ein und sagt, mit dem Finger auf ein Foto ihres Schwiegersohnes deutend: »René gehört ins Gefängnis. Ihm ist das ganze Geld zu Kopf gestiegen.«

Zwischen Nathalies Mutter und den Benkos gibt es schon lange keinen Kontakt mehr, zur Hochzeit sei sie nicht eingeladen gewesen, erzählt sie dem Boulevardblatt. »Bis heute weiß ich nicht, warum. Für mich brach damals eine Welt zusammen.«

Das Ehepaar Benko lernte sich auf einer Party in Seefeld kennen. Nathalie arbeitete als Model, als Rezeptionistin oder Bar-Frau. Demnach trafen sich die beiden im Nachtclub von Nathalies damaligen Freund, einem Laden namens »Top Dance« im österreichischen Irdning. In ihrem Job lernte sie häufiger reiche und berühmte Männer kennen, zum Beispiel den Fußballstar

David Beckham. »Plötzlich stand er hinter mir und legte mir seine Hand auf die Schulter. Es stimmt, David und ich haben bis in die Morgenstunden geplaudert. Die anderen Mädels waren wie verrückt nach ihm. Mir war er völlig wurscht, denn ich bin keine, die sich jemandem an den Hals schmeißt«, erzählte sie in der Zeitschrift *Woman*.

2010 läuten die Hochzeitsglocken. Österreichs Aufsteiger will nicht nur Geld, er will auch Liebe. Für den Fall einer Scheidung sichert er sich ab. In einem Ehevertrag soll er Gütertrennung vereinbart haben, sofern die Verbindung mit Nathalie in die Brüche gehen sollte. So berichteten es verschiedene Medien, Benko wollte sich dazu nicht äußern.

Es scheint gewirkt zu haben. Das Paar ist Mitte 2024 noch zusammen.

Allerdings kann Nathalie bald auch geschäftlich ihr eigenes Ding machen. Nach der Heirat stattet Benko Nathalie finanziell für die Gründung eines Gastrogewerbes in seinem Kaufhaus Tyrol aus, der Dolce Vita GmbH. Erst übernimmt sie selbst die Geschäftsführung, später springt ihr jüngerer Bruder ein. Das Familienbusiness – es wächst.

Mit Nathalie bekommt Benko drei Kinder, als Familiennest baut er ein ehemaliges Fünfsternehotel auf einem Sonnenplateau nahe Innsbruck um, die Villa Igls. Zwölf Meter unter der Erde entsteht für fast 2 Millionen Euro ein riesiger Wellness-Bereich mit einem Nachbau der Blauen Grotte auf Capri.

Gebaut hat seine Luxusvilla die Schlosshotel Igls Betriebs GmbH. Die Gesellschaft ist der Laura Privatstiftung zuzuordnen. Doch die Kosten für die Villa zahlt ab Dezember 2021 die Signa Holding mit Investoren wie Strabag-Eigner Hans Peter Haselsteiner oder »Fressnapf«-Gründer Torsten Toeller, pro Monat beläuft sich die Miete zunächst auf 65.000 Euro. Die Verträge für beide Seiten, für Mieter und Vermieter, hat Marcus Mühlberger unterschrieben, Geschäftsführer der Signa Holding und auch der Schlosshotel Igls Betriebs GmbH.

Während Benko noch im Frühjahr 2024 mit seiner Familie in Igls im Luxus lebt, durchlaufen seine wichtigsten Gesellschaften Insolvenzen. Damit dürfte auch der größte Teil von Benkos Vermögen verloren sein, denn der steckte in den Anteilen an der Signa Holding, die ihm rund zur Hälfte gehörte. Mindestens eine der bekannten vier von ihm gegründeten Stiftungen ist pleite. Der Milliardär Benko? Wahrscheinlich Geschichte. Als weiterhin sehr reiche Familie allerdings können die Benkos noch gelten.

Natürlich ist noch Geld da. In den Stiftungen stecken Millionenwerte. Darüber hinaus könnte Benko im Laufe der Jahre auch unbemerkt an anderer Stelle Vermögen aufgebaut haben. Denn verschwiegene Steuerparadiese wird es so lange geben, wie es reiche Menschen gibt. Und erste Spuren, denen Insolvenzverwalter und Detektive nachgehen, führen in die Karibik.

Allerdings: So wie Benko die Mittel hatte, sich die besten Finanzberater zu besorgen, so haben die reichen Gläubiger die Mittel, seinem Geld hinterherzuspüren. Auch mehrere Staatsanwaltschaften ermitteln gegen René Benko persönlich, so die Staatsanwaltschaft in München wegen Geldwäsche und die in Wien wegen Kreditbetrug. Auch Liechtenstein hat ein Strafverfahren gegen Benko eingeleitet.

Benko, so ist sich der Nationalratsabgeordnete Yannick Shetty von den liberalen Neos sicher, wird sein in Sicherheit gebrachtes Geld kaum genießen können. »Sollten die umfassenden Vorwürfe stimmen, muss Herr Benko mit einer Gefängnisstrafe rechnen.« Benko streitet alle Vorwürfe ab, aber würde ein Gericht das anders sehen, müssten das Geld dann andere ausgeben – sofern etwas übrig bleibt. Seine Familie, die lange in unverschämtem Luxus lebte, hat da sicherlich ein paar Ideen.

KAPITEL 22

Fünf Lehren aus der Pleite und ein spekulativer Blick in die Zukunft René Benkos

Victor Lustig, 1890 in Böhmen geboren und 1947 in den USA gestorben, war ein Jahrhunderttalent. Mit René Benko teilte er die Fähigkeit, den Menschen alles verkaufen zu können, und zeitweise auch die Branche, in der er tätig war. Sein größter Coup gelang ihm im Handel mit einem Gebäude. Victor Lustig veräußerte im Jahr 1925 einem Schrotthändler den Pariser Eiffelturm für die Summe von 1 Million Franc. Er hatte sich als Beamter des Postministeriums ausgegeben und erzählt, man wolle den Eiffelturm wegen der hohen Unterhaltskosten abreißen, damit stünden 7000 Tonnen Eisen zum Verkauf. Das Geschäft müsse allerdings wegen der zu erwartenden Proteste diskret ablaufen.

Der betrogene Schrotthändler glaubte die Geschichte. Und er erstattete aus Scham nicht einmal Anzeige, als Lustig mit dem Geld ins Ausland verschwand, worauf der den Eiffelturm sehr bald ein zweites Mal verkaufen wollte.

René Benko ist kein Victor Lustig, er handelte mit Gebäuden und Unternehmen, die seiner Firma und damit auch ihm als größtem Aktionär gehörten. Aber ähnlich wie Lustig gelang es ihm, seine Geldgeber von einer sehr unwahrscheinlichen Geschichte zu überzeugen: Dass die Signa dank seines Talents in allen Belangen der Konkurrenz überlegen sei. Die Signa sollte Jahr für Jahr eine mehr als doppelt so hohe Kapitalrendite erwirtschaften als sonst im Geschäft mit Immobilien üblich. Das Unternehmen sollte jedes Jahr zweistellige Wachstumsraten liefern und satte Dividenden, während andere bestenfalls das eine oder das andere leisten, so wie der Chemiekonzern BASF hohe Dividenden verteilt und der Onlinehändler Amazon starke Wachstumsraten erreicht. Der Wert der Anteile an der Signa vervierfachte sich innerhalb von zehn Jahren, während Aktienindizes wie der DAX kaum eine Verdopplung boten. Und obendrein verfügten viele Geldgeber über die Möglichkeit, ihre Anteile wieder zurückzugeben, zum aktuellen Kurs, fast wie an der Börse, während im Immobiliengeschäft das Geld üblicherweise wie festbetoniert liegt.

Das ging einige Jahre gut, weil Fremdkapital nichts kostete und die Immobilienbranche boomte, aber es war kein Geschäftsmodell, das auf Dauer tragen konnte. Die Pleite war eine direkte Folge seines Wirtschaftens. Lange vor dem Ende schon war mehr Geld aus dem Unternehmen herausgeflossen als hinein. Es gibt viele Indizien dafür, dass die Signa spätestens im Laufe des Jahres 2022 nicht mehr auf festem Fundament stand. Schuld waren also René Benko, seine Geschäftsführer und auch Aufsichtsräte, die Signa dieses Finanzgebaren der sehr lockeren Hand immer genehmigten. Die Europäische Zentralbank (EZB) ist dagegen nicht die Schuldige, auch wenn sie mit den Zinserhöhungen und dem von ihr verursachten Kreditstopp der Banken 2023 die Probleme der Signa offenbar werden ließ.

Heute fragen sich viele Geldgeber, wie sie auf Benkos Erzählungen hereinfallen konnten. Der Gründer der gleichnamigen Beratung, Roland Berger, der 2013 eingestiegen ist und im Laufe der Zeit noch Kapital nachlegte, macht sich heute zum Vorwurf, dass er nicht vorsichtiger war. Benkos vielleicht wichtigster Investor, der österreichische Bauunternehmer Hans Peter Haselsteiner, fragte sich öffentlich: »Wie konnte mir das passieren?« Und Torsten Toeller, der mit der »Fressnapf«-Kette unternehmerisch bis heute erfolgreich ist, ärgert sich darüber, dass er sich immer wieder von Benko beschwatzen ließ, als er transparente Bilanzen forderte und sie dann doch nie bekam: »Ich habe viel Geld verloren. Noch größer aber ist die emotionale Niederlage und die damit verbundene negative Energie. Ich möchte daher mit dieser Angelegenheit zumindest öffentlich abschließen und mich wieder anderen Themen widmen, die mir positive Energie stiften.« Toeller sieht jetzt einen anderen am Zug: »Es ist ja jetzt auch alles gesagt. Der Einzige, der schweigt, ist René Benko selbst.«

Aber warum gelang es Benko, so viele Profis von seiner Geschäftsidee zu überzeugen? Sicherlich auch, weil er charmant und ideenreich ist und ein sehr guter Immobilienentwickler. Wenn andere Beton sahen, sah er Möglichkeiten – noch heute schwärmen Menschen davon, wie er das Beste aus Immobilien herausholte. Und fleißig war er auch. Wie geschickt René Benko sein Netz gesponnen hat, wie detailgenau er vorging, zeigt das Protokoll eines Untersuchungsausschusses des österreichischen Nationalrats vom April 2024. Da fragen die Abgeordneten einen untergeordneten Finanzbeamten, der Benkos Luxusferienhaus in Lech, das Chalet N, und weitere Gesellschaften geprüft hat, ob er denn René Benko persönlich kenne. Der antwortet zu allseitiger Überraschung: »Mhm, ich habe ihn einmal getroffen, und zwar war das beim Auftakt der letzten Prüfung, mir erinnerlich am 30.9.2020. Da hat Herr Benko uns die Signa-Gruppe vorgestellt.« Es gab Kaffee und Häppchen für eine Handvoll von Betriebsprüfern, mit dabei in Benkos Innsbrucker Büro war auch ein Geschäftsführer der Signa und dessen oberste Steuerfachfrau. Was Wunder, dass der zeitweilige Milliardär Benko persönlich kaum je Steuern zahlte und seine horrenden Ausgaben für Luxus jeder Art regelmäßig von der Steuer absetzen konnte.

So machte sich der Tiroler Aufsteiger die Schwächen seiner Opfer zunutze. Mancher, wie der untergeordnete Betriebsprüfer, mag sich gebauchpinselt gefühlt haben, wenn der Milliardär ihm persönlich bei Schnittchen seinen Konzern vorstellte. Andere freuten sich über Einladungen auf Benkos Yacht »Roma«, in sein Chalet oder zur Jagd, denn damit wurden sie Teil von etwas Besonderem. Sie waren gleichzeitig unter sich und obenauf – und sie profitierten erst einmal sehr gut davon. »Täter und Opfer passen oft zusammen wie Hand und Handschuh«, sagt Thomas Knecht, lange Leitender Arzt der Fachstelle für Forensische Psychiatrie und Psychotherapie des Psychiatrischen Zentrums Appenzell Ausserrhoden und ein viel beschäftigter Gerichtsgutachter auch bei White-Collar-Crimes. »Er spielt etwas vor, was der andere gerne wäre. Er lebt den Traum vom Fliegen. Oft verdient das Opfer am Anfang auch sehr gut. Dann frisst Gier Hirn.«

Gier wie Neid gelten seit dem Mittelalter als Todsünden. Im Kapitalismus sind sie gleichzeitig ein unverzichtbarer Antrieb wie ein potenzieller Zerstörer. Bei der Signa wirkten diese Kräfte so stark wie selten nur im Wirtschaftsleben. Innerhalb von 20 Jahren schuf René Benko aus dem Nichts Europas größten privat geführten Immobilienkonzern. Und hinterließ Schäden, die sich noch gar nicht seriös beziffern lassen. Allein bei den drei wichtigsten Gesellschaften der Signa – der Holding sowie den Immobiliengesellschaften Prime und Development – haben Gläubiger bis Anfang Juni 2024 Forderungen von über 20 Milliarden Euro angemeldet, die allerdings nicht einmal zur Hälfte von den Insolvenzverwaltern anerkannt wurden. Wer Benko Geld geliehen hat oder wem Benko Zahlungen schuldig blieb, kann – im Schnitt – mit einer Quote von 30 Prozent rechnen; das heißt, zwei von drei Euro dürften verloren sein.

Gänzlich leer ausgehen werden voraussichtlich die Mitinhaber der Signa. Sein eingesetztes Eigenkapital wird der Club der Milliardäre, den Benko von den großen Gewinnchancen überzeugte, voraussichtlich verlieren. Unter den Anteilseignern sind aber auch Investoren, die ihnen anvertrautes Geld in die Signa steckten. Darunter Versicherungen und Pensionskassen, aber auch die RAG-Stiftung, deren Geld eigentlich dafür sorgen soll, dass die Bergbaustollen im Ruhrgebiet und im Saarland nicht für bleibende Schäden sorgen.

Die Signa-Pleite wird also Spuren nicht nur im privaten Vermögen von Reichen hinterlassen, die das finanziell sehr gut verkraften können. Auch politisch dominierte Investoren wie die Bayerische Versorgungskammer oder die RAG-Stiftung werden jeweils Hunderte Millionen Euro verlieren, womit die Kosten der Pleite auf größere Gruppen der Gesellschaft umgelegt werden. Ebenso gilt das für Versicherungen wie R+V oder Signal Iduna, die ihren Kunden nun weniger auszahlen können. Und etliche projektierte oder angefangene Bauten wie der Hamburger Elbtower werden – wenn überhaupt – wohl nur fertiggestellt werden, wenn auch staatliche Gelder die Betonmischer wieder zum Rotieren bringen.

Sehr viel direkter noch spüren die Pleite allerdings die rund 500 Mitarbeiter und Mitarbeiterinnen der Signa, die dadurch arbeitslos wurden. Die gezeichneten Mitarbeiteraktien, bei vielen eine Basis der Altersversorgung, sind wertlos geworden. Weit mehr Beschäftigte noch sind betroffen bei den Handelsunternehmen, die der Signa gehörten. Als Benko Karstadt und Kaufhof 2019 fusionierte, arbeiteten dort noch gut 25.000 Menschen. Inzwischen sind es nach drei Pleiten noch etwa 12.000 Beschäftigte. Allerdings muss gesagt werden, dass es die Warenhäuser auch unter anderen Eigentümern schwer gehabt hätten – und dass die neuen Herren der Traditionsfirma, der kanadische Unternehmer Richard Baker und der deutsche Investor Bernd Beetz, auch nicht für eine sichere Zukunft stehen.

Ähnliches gilt für die österreichische Möbelhauskette Kika/Leiner, die Benko für ein paar Jahre übernommen und sie kurz vor der Insolvenz weitergereicht hatte. Dort wurden etwa 2000 Jobs seit der Übernahme durch die Signa gestrichen. Staatliche Bürgschaften wie die 680 Millionen Euro, die der deutsche Wirtschaftsstabilisierungsfonds an Galeria gezahlt hat, sind weitgehend verloren, so wie etwa 20 Millionen Euro, mit denen der österreichische Staat Kika/Leiner indirekt unterstützt hatte. Auch der schweizerische Globus und die Luxus-Warenhauskette aus Berliner KaDeWe, Hamburger Alsterhaus und Münchner Oberpollinger haben teils Staatsgelder bekommen, und sie werden nun an ihren Mitarbeitern sparen müssen.

Wenn also der Signa-Gesellschafter Hans Peter Haselsteiner sagt, »Die Geschädigten sind in erster Linie die Gesellschafter«, dann ist das bestenfalls die halbe Wahrheit.

Aber man kann aus dem Desaster lernen. Fünf Konsequenzen sollten wir aus dem tiefen Fall der Signa ziehen.

1. Vermeide zu viel Nähe

René Benko war nicht nur mit den meisten seiner Mitarbeiter, sondern auch seinen Geschäftsfreunden und Investoren per Du. Er suggerierte Nähe und lud ein: Bankvorstände genauso wie reiche Unternehmer oder auch Politiker wie Österreichs seinerzeitigen Kanzler Sebastian Kurz. Seine Einladungen zum Törggelen, zum Verkosten des neuen Weins, im Herbst in Wien waren begehrt, genauso fühlten sich viele geschmeichelt, wenn sie auf die Yacht, zur Jagd oder in die Villen am Gardasee und Lech kommen durften. Jedem großen Investor gab Benko das Gefühl, er und nur er sei ihm besonders wichtig – und unterstrich das mit persönlichen Treffen. »An seinem Bärtchen konnte man nicht erkennen, dass er uns belogen hat«, seufzt sein Geldgeber Roland Berger. Der Luxus, mit dem sich René Benko umgab und an dem er seine Investoren und Geschäftsfreunde teilhaben ließ, erinnert an die TV-Serie *Kir Royal* und an den von Mario Adorf gespielten Generaldirektor Heinrich Haffenloher, der sagt: »Ich scheiß' dich zu mit meinem Geld.«

Diese Strategie verfing auch bei vielen Politikern. Neben österreichischen Mächtigen wie Sebastian Kurz und dem ehemaligen Kanzler Alfred Gusenbauer, der schon als Politiker für Benko lobbyierte und später Millionenbeträge kassierte, waren auch deutsche Mächtige beeindruckt von Benko. Der heutige Bundeskanzler Olaf Scholz sorgte als Hamburgs Erster Bürgermeister für die Unterzeichnung des fatalen Bauvertrags für den Elbtower und ließ später im Bund während der Galeria-Pleiten Geld regnen. Bayerns Ministerpräsident Markus Söder traf Benko bei etlichen Einladungen in München, wo Benko vielfältige Interessen hatte. So war die Bayerische Versorgungskammer, die im Geschäftsbereich der bayerischen Landesregierung liegt, ein großer Geldgeber.

Zum ehemaligen nordrhein-westfälischen Ministerpräsidenten und CDU-Kanzlerkandidaten Armin Laschet baute er ein enges Verhältnis auf – man war per Du –, weil viele der Galeria-Warenhäuser von eminenter Bedeutung für die Innenstädte von Nordrhein-Westfalen waren. Und Armin Laschet führt das Kuratorium der RAG-Stiftung an, die Benko so leichtfertig Geld gab, im Signa-Aufsichtsrat passiv agierte und bis zum Sommer 2024 keine personellen Konsequenzen im Vorstand der RAG-Stiftung gezogen hat.

Heute wollen viele Politiker und Geldgeber nichts mehr wissen von ihrer früheren Nähe zu Benko. Das ist verständlich. Wenn sie allerdings schon vor Jahren auf professionellen Abstand gegangen wären, wäre das Geschäftsmodell der Signa sehr viel früher aufgefallen.

2. Investitionen in Beton sind riskanter, als es den Anschein hat

Das Vertrauen in Beton als Geldanlage ist traditionell sehr hoch, nicht nur in Deutschland; regelmäßig halten rund zwei Drittel der Befragten Immobilien für eine sichere Investition. Das ist menschlich verständlich, weil man etwas Sichtbares bekommt für sein Geld, aber historisch falsch. Denn die Investition in einzelne Immobilien birgt höhere Risiken als ein breit gestreutes Aktiendepot.

In Zeiten wie diesen mit relativ hohen Zinsen und – nach der Immobilienhausse der 2010er Jahre – immer noch hoch bewerteten Immobilien stimmt das allemal. In einer Umfrage des Zentrums für Europäische Wirtschaftsforschung (ZEW) unter Finanzmarktexperten und -expertinnen vom März 2024 schnitten Immobilien von allen betrachteten Anlageklassen am schlechtesten ab; nur 24 Prozent der Befragten würden zu diesem Zeitpunkt raten, in Immobilien zu investieren.

Aber Vorsicht ist auch zu anderen, besseren Zeiten für Beton und Stein angesagt. Davon zeugen die zahlreichen Finanzskandale, die immer wieder von diesem Sektor ausgingen – lokal begrenzt oder auch global wirksam.

Viele (ehemals) vermögende Deutsche erinnern sich noch an den kurzzeitigen Boom in Ostdeutschland nach der Deutschen Einheit 1990. Eine Art Betongoldfieber brach aus, begünstigt durch steuerlich attraktive Modelle. Doch als die Immobilienpreise Jahr um Jahr sanken, ruinierte das viele Investoren, darunter etliche Promis wie den Schlagersänger Matthias Reim oder den Entertainer Wolfgang Lippert. Sie hatten sich – wie René Benkos Signa auch – hoch verschuldet, in der Hoffnung, dass die Immobilienwerte steigen würden.

Tritt aber das Gegenteil ein, löst das eine fatale Mechanik aus: Die sinkenden Immobilienwerte reduzieren automatisch den Eigenkapitalanteil an der Immobilie, während Tilgung und Zinsen stabil bleiben oder sogar steigen, wenn man Anschlussfinanzierungen braucht. Und wenn die Einnahmen etwa durch Mietausfälle sinken, geben die Banken keine neuen Kredite; denn durch den gesunkenen Eigenkapitalanteil an der Immobilie gehört das Objekt ohnehin schon der Bank. Die Überschuldung war mit ein Grund für die Pleite der Signa. Benko hätte 2023 allein in seiner wichtigsten Immobiliengesellschaft Prime Kredite in Höhe von 1,4 Milliarden Euro refinanzien müssen. Aber kaum jemand gab ihm noch Geld.

Die Signa ist aktuell nicht die einzige große Immobilienpleite. Auch Firmen wie die Deutsche Invest Immobilien mussten Insolvenz anmelden, andere wie die Adler Group kämpfen noch ums Überleben.

Bleibt die aktuelle Pleitewelle ein auf die Immobilienbranche begrenztes Problem, so zeigte die Finanzkrise 2008, dass der Immobiliensektor das Zeug haben kann, die gesamte Weltwirtschaft zum Absturz zu bringen. Ursache der Krise war die viel zu freigiebige Kreditvergabe an amerikanische Privatleute, die sich auf Pump immer neue Häuser kauften und sich auf weiter steil steigende Immobilienpreise verließen. Investmentbanker packten die verschiedensten Immobilienkredite in Pakete, verrührten sie zu komplexen Finanzprodukten und verkauften diese an andere Banken oder institutionelle Investoren.

Als die Immobilienpreise fielen und die Schuldner nicht mehr zahlen konnten, wurden auch die Pakete wertlos und die Banken mussten mit hohen Ausfällen rechnen. Schließlich trocknete kurzfristig der gesamte Geldfluss der Welt aus, weil keine Bank mehr der anderen traute und Geld lieh. Erst als die Regierungen und Zentralbanken schnell Garantien gaben und Geld einschossen, war die Kernschmelze des Weltfinanzsystems abgewendet. Die Finanzkrise führte zu einer tiefen Rezession und anschließend mehreren Jahren geringen Wachstums. In der Folge verwandelten sich auch viele sogenannte offene Immobilienfonds in Geldgefängnisse. Zahlreiche private Anleger in Deutschland und Österreich kamen – anders als erwartet – nicht mehr an ihr Geld heran und verloren große Teile davon.

3. Verlasse dich nicht auf Wirtschaftsprüfer und Gutachter

René Benko renommierte gegenüber Banken und anderen Geldgebern regelmäßig mit seinen von unabhängigen Experten bewerteten Immobilien und den testierten Bilanzen. Tatsächlich arbeiteten sich mit KMPG und PwC sowie BDO große und international anerkannte Wirtschaftsprüfer durch die Bilanzen. Und für die Bewertung der Grundstücke und Gebäude engagierte die Signa ebenfalls die Bekanntesten der Branche wie Jones Lang LaSalle. Wenn Benko von »den internationalen Gutachtern« und einem »dreistufigen Verfahren« sprach, log er nicht. Warum aber testierten die Prüfer die Bilanzen von 2022 im Mai 2023 ohne Einschränkung, wenn alle großen Signa-Gesellschaften ein gutes halbes Jahr später Pleite waren? Und warum waren in den Augen potenzieller Investoren die Werte der Immobilien so hoch angesetzt, dass sich im Herbst 2023 niemand mehr auf die Bewertungen verlassen und frisches Geld einschießen wollte?

Diese Fragen werden voraussichtlich Gerichte klären müssen. Die Insolvenzverwalter der Signa klären im Frühsommer 2024 gutachterlich, ob sie Ansprüche gegen die Wirtschaftsprüfer geltend machen können. In diesem Zusammenhang werden auch die Immobilienbewertungen und ihr Zustandekommen eine Rolle spielen.

Klar ist schon jetzt eine prinzipielle Unwucht des Systems: Sowohl Wirtschaftsprüfer als auch Immobilienbewerter werden immer vom Auftraggeber bezahlt, in diesem Fall von der Signa. Das könnte Dienstleister wie Wirtschaftsprüfer, Immobilienbewerter oder auch Ratingagenturen dazu verführen, für die Anliegen ihrer Auftraggeber ein besonders offenes Ohr zu haben – wie vor der Finanzkrise 2008. Da hatten die Ratingagenturen Standard & Poor's, Moody's und Fitch etlichen komplexen Finanzprodukten gute Qualität attestiert, die sich letztlich als toxisch, also wertlos, erwiesen. Die Ratingagenturen wurden von den Banken bezahlt, die dank der guten Ratings die von ihnen geschnürten Wertpapierpakete teuer weiterverkaufen konnten.

Auch die Wirtschaftsprüfer waren in etliche Skandale involviert, in jüngerer Zeit in die Pleite des deutschen Digitalunternehmens Wirecard. Hier steht EY im Fokus, das viele Jahre lang aufgeblasene Bilanzen testiert hatte und sich deshalb mit hohen Schadensersatzforderungen konfrontiert sieht.

Die Branchen der Wirtschaftsprüfer wie Immobilienbewerter geben sich ihre Regeln weitgehend selbst. Kritiker fordern eine strengere staatliche Aufsicht und schärfere Regeln, so wie sie die Ratingagenturen inzwischen erfahren. Das würde aber nichts daran ändern, dass weiterhin die Auftraggeber ihre Dienstleister engagieren und bezahlen. Anleger, private wie professionelle, sollten also trotz einwandfreier Bewertungen skeptisch bleiben – und nicht in Geschäftsmodelle investieren, die sie selbst nicht gänzlich verstehen.

4. Die Gesetzgeber sollten Einfallstore für Betrüger schließen

Die meisten Gesetze entstehen in guter Absicht. Doch nicht selten haben sie Folgen, mit denen niemand gerechnet hat. So ist es auch mit Paragraf 246 des österreichischen Unternehmensgesetzbuches, der »größenabhängige Befreiungen« von einem Konzernabschluss regelt. Eigentlich wollte Wien damit kleine Unternehmen von lästigen und teuren Bilanzvorschriften entlasten. Dass die Signa Holding als Muttergesellschaft eines Konzerns mit einem bilanzierten Vermögen von weit über 20 Milliarden Euro die Ausnahmeregeln nutzen würde, erschien schwer vorstellbar. Tatsächlich aber fanden René Benko und seine Finanzexperten einen Passus, der die Signa Holding davon befreite, einen Konzernabschluss vorlegen zu müssen – mit extremen Folgen. Wegen des fehlenden Konzernabschlusses hatten bis zuletzt weder Investoren von außen noch Gesellschafter einen wahrhaftigen Überblick über die Finanzlage des Konzerns. Und die Pleiten kamen dann sehr viel schneller, als man nach Lektüre der Einzelabschlüsse erwarten konnte.

Für Leonhard Dobusch, Betriebswirtschaftsprofessor an der Universität Innsbruck und einer der frühen Kritiker Benkos, ist klar: »Die Signa hat eine Intransparenzstrategie gefahren. Das heißt, eine Verschärfung der Transparenzregeln ist geboten. Aber das sollte nicht die Masse der kleinen GmbHs treffen.«

Das Unternehmensgeflecht der Signa mit seinen rund 1000 Einzelunternehmen, zahlreichen Zwischengesellschaften und mehreren Sparten war zumindest anfänglich auch für die Insolvenzverwalter kaum zu durchschauen. Allerdings ist diese große Anzahl von Projektgesellschaften für Immobilienunternehmen typisch. Das hat vor allem zwei sachliche Gründe: Wenn ein einzelnes Projekt – also der Kauf oder Bau einer Immobilie – nicht funktioniert, soll das nicht die anderen Projekte in Mitleidenschaft ziehen. Und zweitens hilft die Separierung einzelner Objekte, sich die Grunderwerbssteuer zu sparen, wenn man weitere Investoren hinzunimmt (Share-Deals).

Dies ist nur eine von vielen Möglichkeiten, mit Immobilien Steuern zu sparen. Das Deutsche Institut für Wirtschaftsforschung (DIW) kritisiert in einer Studie die Bevorzugung der Immobilienbranche gegenüber Investitionen in andere Segmente. Es stelle sich die Frage, »ob Deutschland als Wirtschafts- und Technologiestandort gut beraten ist, gerade Investitionen in den Immobilienbereich zu fördern, während Erwerbseinkommen sowie riskante Investitionen mit großen Wachstumspotenzialen hoch belastet werden, etwa bei der Digitalisierung oder auf anderen innovativen Märkten«.

Ähnliches gilt für Österreich. Fatal wird es aber insbesondere dann, wenn das Steuersparen zu intransparenten Unternehmen führt, wie es bei der Signa so offensichtlich der Fall war.

5. Die Wahrheit muss auf den Tisch – auch bei den Investoren

René Benko hat bei der Signa insbesondere in den letzten Jahren wie ein Finanzzauberer agiert, das immer knapper werdende Kapital wurde teilweise hin- und hergeschoben. Aber bis wenige Monate vor den Pleiten haben ihn private Investoren, Banken und Versicherer, aber auch Stiftungen und Pensionskassen gewähren lassen. Die Privatleute, die sich an der Signa beteiligt hatten, bezahlen dafür mit ihrem eigenen Geld. Sie sind reich, sie können es sich leisten.

Ein gewisses Maß an struktureller Verantwortungslosigkeit herrscht dagegen offensichtlich in etlichen Unternehmen vor, in denen Vorstände das Geld anderer Leute investiert haben. Mit Ausnahme der Schweizer Bank Julius Bär hatte zumindest bis zum Sommer 2024 niemand seine verantwortlichen Vorstände gefeuert – obwohl einzelne Investoren wie die RAG-Stiftung, die R+V-Versicherung oder die Bayerische Versorgungskammer jeweils hohe dreistellige Millionenbeträge mit der Signa vernichtet haben. Dadurch werden Kunden weniger Geld aus Lebensversicherungen bekommen und Pensionäre geringere Renten. Die Vorstände spüren es allenfalls durch geringere Bonizahlungen in einem Jahr, wenn der Verlustbetrag abgeschrieben werden muss. Auch öffentliche Gelder von über 600 Millionen Euro sind wohl für immer verloren gegangen, als der Staat Geld in Benkos Warenhauskette Galeria Karstadt Kaufhof und in die KaDeWe-Gruppe einschoss.

Umso dringlicher wäre eine Aufarbeitung der Fehler, die auch aufseiten der Geldgeber gemacht wurden, von denen etliche gleichzeitig als Aufsichtsräte in der Signa Verantwortung trugen. Diese kritische Revision müssen nun die Insolvenzverwalter leisten, die Staatsanwälte und die Öffentlichkeit insgesamt. Es stimmt schon, was Wolfgang Peschorn sagt, Präsident der Finanzprokuratur und damit der oberste Anwalt der Republik Österreich: »René Benko war es nicht alleine.«

Aber natürlich wird der Erbauer und Zerstörer der Signa auch dann ganz vorne auf der Bühne stehen, wenn es um die juristische Aufarbeitung des Skandals geht. In Wien ermitteln ein halbes Dutzend Staatsanwälte im Fall Signa und zahlreiche Polizeibeamte der eigens gebildeten Soko. Es gab zahlreiche Hausdurchsuchungen bei der Signa und auch in Benkos Haus. Es geht vor allem um Delikte wie schweren Betrug und Untreue, es geht um die Frage, ob Insolvenzen verschleppt wurden oder möglicherweise sogar Geld gewaschen wurde.

Auch wenn bis zu einem Urteil die Unschuldsvermutung zu gelten hat, halten es informierte Kreise in Wien zumindest für hochwahrscheinlich, dass es zu einem Prozess gegen René Benko kommen wird. Dass er offiziell seit 2013 nur als Berater und großer Gesellschafter der Signa fungierte, dürfte Benko dabei nicht helfen. Es gibt etliche Belege dafür, dass er das Sagen hatte und damit als »faktischer Geschäftsführer« verantwortlich ist, und die er entkräften müsste.

Parallel zu den staatlichen Ermittlern haben sich große Investoren auf die Spur ihres verlorenen Geldes gemacht. Darunter sind vermögende Deutsche, aber auch Scheichs aus Saudi-Arabien und den Vereinigten Arabischen Emiraten. Sie bezahlen Detektive und Rechercheure, um an Benkos Privatvermögen zu kommen. Bei seinen vier bekannten Stiftungen wird einiges, aber nicht annähernd genug zu holen sein. Auch einzelne Grundstücke und Häuser, die sich im Besitz der Familie Benko befinden und inzwischen öffentlich wurden, bezahlen angesichts der Milliardenschäden kaum mehr als die Portokosten. Benko, so die Hoffnung der Detektive, muss anderswo noch hohe Beträge versteckt haben, die er durch den Verkauf von Signa-Anteilen in den vergangenen 15 Jahren eingenommen hatte. Erste Spuren führen in die Steuerparadiese der Karibik. Benkos Erzählungen vom Frühling 2024, dass er von 3700 Euro monatlich und den Zuwendungen seiner Mutter lebe, glaubte jedenfalls kaum jemand unter den Geldgebern.

Zumindest gesellschaftlich hat Benko seinen tiefen Sturz schon hinter sich. Als »desperat« bezeichnete ihn sein alter Spezi, der Bauunternehmer Haselsteiner. Seine früheren Geschäftsfreunde fühlen sich betrogen und wollen nichts mehr von ihm wissen. Echte Freunde abseits des Geschäftlichen scheint Benko nicht gehabt zu haben. In Deutschland oder Österreich wird wohl keiner mehr mit ihm Geschäfte machen, selbst wenn die Ermittlungen für ihn glimpflich ausgehen sollten.

Aber die Welt ist groß, wenn kein Haftbefehl gegen einen existiert. Victor Lustig, der Mann, der den Eiffelturm verkaufen wollte, wanderte in die USA aus und startete da eine zweite Karriere (bevor er auch dort mit dem Gesetz in Konflikt kam). Zu etwas Ähnlichem riet René Benko einer seiner damals engsten Vertrauten Ende 2023. Er solle doch seine Familie aus der Schusslinie bringen und sich selbst auch. Im deutschsprachigen Teil Europas werde er nicht mehr auf die Beine kommen. Da lachte Benko noch. Inzwischen wäre er wohl froh, ganz woanders zu sein.

Personenregister

Über die Autoren

Margret Hucko berichtet seit vielen Jahren über René Benko und kennt ihn von etlichen Treffen. Sie arbeitete für die *Financial Times Deutschland* und für *Spiegel online*, seit 2018 ist sie Redakteurin des *manager magazins*. Zusammen mit ihrem Mann und ihren beiden Söhnen lebt sie in Hamburg.

Martin Noé zählt zu den profiliertesten Wirtschaftsjournalisten Deutschlands. Er war Chefreporter des *Handelsblatts*, Chefredakteur des *manager magazins* und zuletzt Chefkorrespondent beim *manager magazin*. Er lebt mit seiner Frau in Hamburg und hat zwei erwachsene Kinder.